와튼스쿨은 딱 두 가지만 묻는다

와튼스쿨은
딱 두 가지만 묻는다

♦ G. 리처드 셸 지음 | 김윤재 옮김 ♦

당신에게 성공이란 무엇인가,
그리고 어떻게 성공할 것인가

마인드
빌딩

과거와 현재,
그리고 미래의 제 학생 여러분,
제게 너무나 많은 가르침을 줘서 감사합니다.

어떠한 기만이나 착각 없이, 있는 그대로
정확히 사물을 직시할 용기를 내야만
비로소 성공으로 가는 길에 빛이 비칠 것이다.

《주역》

"우리가 《와튼스쿨은 딱 두 가지만 묻는다》를 '올해의 책'으로 선정하는 이유는 사람들이 성공을 정의하고 달성하는 데 가장 도움이 되었다고 믿기 때문이다. 풍부한 연구와 공정성은 물론 인문학적인 통찰을 담고 있기에, 더욱 성공하기를 바라는 사람들의 마음과 책장에 자리 잡을 만한 가치가 있다." _800-CEO-READ

"성공을 달성하는 법에 대한 이 탁월한 저서는 협상, 설득, 대인관계 분야에서 저자의 명백한 전문성이 뒷받침되어 있음은 물론, 이런 종류의 탐구에 필요한 요소를 정확히 갖추고 있다. '상식'과 '격려' 말이다." _〈북리스트〉

"리처드 셸의 《와튼스쿨은 딱 두 가지만 묻는다》는 개인적으로든 직업적으로든 더욱 유익한 삶을 위한 안내서다. '이래야 한다'고 가르치는 게 아니라 인생의 진정한 의미와 기쁨을 발견하도록 돕는다. 진정한 인생의 소명을 받아들이는 데 성공한 사람들의 고무적인 이야기들이 이 책에 현실성을 더해주고 있다."

_〈리얼 비즈니스Real Business〉

"대학 졸업을 앞두고 있든 커리어의 중대한 변화를 고려 중이든 상관없이, 이 책은 당신의 인생에서 가장 큰 의미의 원천을 발견하여 자신만의 경로를 설정하고 성공을 정의할 수 있도록 도울 것이다."
〈패스트 컴퍼니〉

"리처드 셸은 와튼스쿨에서 유일하게 '성공의 의미'를 다루는 강의를 개설했고, 수차례 우수강의상을 수상한 교수다. 그 강의를 몸소 체험했던 학생으로서, 나는 이제 그가 그 엄청난 가치를 지닌 통찰을 독자들과 나눈다는 사실에 전율을 느낀다. 리처드는 당신이 성공이란 정말 무엇인지 숙고하도록 도울 것이며, 내가 아는 한 그는 그 작업에서 가장 신뢰할 만한 안내자다."
_앤절라 더크워스, 펜실베이니아대학 교수, 《그릿》 저자

"오랜 경험과 지혜가 이 한 권의 통찰력 있는 책에 녹아 있다. 독자들은 자신의 삶을 점검하고 변화시키는 데 나서게 될 것이다."
_캐럴 드웩, 스탠퍼드대학 교수, 《마인드셋》 저자

"인생이라는 게임에 대한 환상적인 코칭! 자기 인생의 소명을 달성하는 일은 사업적인 소명의 달성보다 훨씬 더 중요하다. 이 책은 그 방법을 알려 준다!"
_마셜 골드스미스, 《트리거》 저자

"이 책에서 리처드 셸은 성공을 성취의 목표가 아닌 삶의 태도로 받아들이라고 제안한다. 그리고 이 새로운 사고방식은 당신 자신

과 주변 사람들의 인생을 바꿔놓을 것이다."

_다니엘 핑크, 《드라이브》 저자

"이렇게 멋진 책이라니! 성공을 향한 여정이 지혜에 기댈 수 있다면, 성장과 실현의 여정이 될 수 있다. 리처드 셸은 이미 당신 내면에 깃들어 있는 지혜에 접속하는 법을 보여준다."

_차드 멩 탄, 《너의 내면을 검색하라》 저자

"리처드 셸은 마음과 가슴을 모두 솜씨 좋게 이끌면서, 직장과 가정에서 진정한 성공의 의미를 구하고자 하는 이들을 위한 로드맵을 제시한다. 이 책에서 당신은, 당신이 항상 원해 왔지만 깨닫지 못했던 삶을 창조하도록 돕는 일에 헌신하는 현명한 멘토를 만나게 될 것이다. 셸은 성공을 향한 첫 번째 단계가 가장 중요하다는 점을 알려준다. 올바른 질문을 던지는 일 말이다."

_숀 아처, 《행복의 특권》 저자

"리처드 셸은 과학적 근거가 탄탄하면서도 현명하고 실용적인, 또한 개인들의 이야기를 풍성히 담은 글을 쓴다. 내가 가르치는 대학생 모두에게 읽히고 싶은 책이다."

_배리 슈워츠, 스워스모어대학 교수, 《선택의 심리학》 저자

"이 고무적인 가이드는 월요일 아침에 깬 당신의 현실에 소명을 불어넣을 도구를 제공할 것이다."

_로라 밴더캠, 《시간 전쟁》 저자

"이 책은 물론 인쇄물이지만, 사실은 나침반에 가깝다. 그리고 이 나침반의 바늘은 바로 당신을 향하고 있다. 당신 깊숙한 곳에 자리 잡은 긍정적인 욕구를 찾아내어, 성공을 향한 여정을 떠나라."

_윌리엄 J. 바이런, 세인트조셉대학교 교수,

《자신감을 갖고 일을 찾아라Finding Work Without Losing Heart》저자

"리처드 셸은 당신이 자기 이해, 의미 있는 일, 깊은 인간관계에 근거하여 성공적인 삶을 향한 길을 찾아내기를 바란다. 등산화 끈을 조여 매고 피켈을 챙겨라. 중요한 여정 앞에 놓은 장애물을 극복하는 데 이보다 더 뛰어난 안내서는 찾지 못할 것이다."

_조시 루이스, 벤처투자 기업Salmon River Capital

프롤로그

인생에서 가장 중요한 질문 두 가지

하버드대학은 대부분의 학문 분과branch를 다 가르치지.

랠프 왈도 에머슨

정말 그래요. 뿌리는 빼고 가지branch만 가르쳐서 문제지만.

헨리 데이비드 소로

에머슨은 소로의 후견인이었으며, 둘 다 하버드대학교 출신이다 _옮긴이

펜실베이니아대학교 경영대학원 와튼스쿨 교수인 저는 세상에 주로 협상, 설득, 인간관계 분야를 연구하는 사람으로 알려져 있습니다. 이 주제들에 대해 두 권의 베스트셀러를 펴냈고, 학사 과정과 MBA 과정 학생들을 가르치고 있으며, 이외에도 네이비씰Navy SEAL 과 FBI의 인질협상관부터 포시즌스 호텔 고위 임원이나 구글의 관리자 등, 다양한 사람들을 교육하는 일 또한 맡고 있죠.

현재의 이런 모습만을 보는 사람들은, 제가 서른일곱 살이 돼서야 학자로서의 커리어를 시작했으며, 20대 대부분을 내가 누구인지, 무엇을 원하는지 잘 모른 채 지냈다는 사실에 깜짝 놀라더군

요. 하지만 그때야말로 제 인생에서 가장 중요한 시기였지요. 당시 경험했던 강렬한 실패로 인해 처음으로 '성공의 의미'를 깨달을 수 있었으니까요.

과연 그때, 무슨 일이 일어났는지 되짚어 보면 다음과 같습니다.

저는 군 장학생으로 대학에 입학했습니다. 학비 면제와 생활비 지급 조건으로 졸업 후 해군 장교로 입대해 6년간 복무하기로 했죠. 군인 집안 출신인 제게는 당연한 선택인 듯싶었습니다. 아버지는 해군 장교로 퇴역 후에 버지니아 군사대학교에서 지도자로 활동했고, 할아버지 두 분 모두 직업 군인 출신이었죠.

여기까지는 아무런 문제가 없었습니다.

하지만 베트남 전쟁이 터지면서 상황이 바뀌었죠. 그 전쟁의 명분을 이해할 수 없었고, 주변에도 전쟁을 반대하는 친구들, 교수들이 많았던 탓에 저는 장학금을 포기하고 징집 영장을 학교에 반이 납했습니다. 평화주의자가 되겠다고 결심하면서, 저의 군인 집안은 자부심은커녕 위기와 갈등의 원인으로 전락해 버렸지요.

상징적인 행동이 미치는 영향력은 어마어마하죠. 징집 영장을 반납했던 그날, 제 인생의 맥락이 끊어진 듯 느껴졌습니다. 문학과 글쓰기를 계속 공부하긴 했지만, 제가 누군지 더는 갈피를 잡을 수가 없었죠. 대학을 졸업한 후에 저는 군복을 입게 되리라는 과거의 당연했던 기대와는 달리 사회복지사가 되어 난방, 수도, 전기가 공급되지 않는 열악한 환경에서 지내는 사람들을 돌보는 일을 하게 됐습니다. 그 덕에 아무리 가혹한 환경에서도 사람은 생존할 수 있다는 점을 배울 수 있었지만, 어떻게 살아야 할지는 여전히 알 수 없었죠. 도저히 미래가 보이지 않았기에 그 일을 그만두고는 시간 제 페인트공 일을 시작했습니다. 부모님과의 대화는 단절됐고 명절에도 찾아뵙지 않았죠. 제 속에서 '성취'라는 단어가 산산이 부서진 겁니다. 어떻게 다시 얻을 수 있을지도 알지 못했죠.

이 책을 쓰게 된 여정은 그렇게 시작되었습니다.

여정은 예기치 않게 시작된다

사회학자들의 정의에 따르면, 20~35세 사이의 이른바 '오디세이 시기Odyssey Years'에 사람들은 자기 고유의 가치와 목표를 발견하기 시작합니다. 갑작스러운 해고나 이혼으로 인해, 혹은 은퇴할 나이가 되어서야 이 시기가 시작되기도 하죠. 이 시기에는 인생의 다음 단계가 어떻게 펼쳐질지 파악해야 합니다. 때로는 가족이나 문화로 인한 갈등, 또는 경제적 압박에 시달릴 수도 있지요. 사람마다 각자의 고유한 여정을 겪기에 어디서 끝을 맺을지도 정확히 알 수는 없습니다.

저의 오디세이 시기는 '마술magic'로 시작됐습니다. 자기계발 세미나를 찾아다니며 확언, 시각화, 자기최면, 마인드 컨트롤 기법을 익혔고, 나아가 초월 명상법, 그리고 심리치료술까지 익혔죠. 페인트공으로 일하는 동시에 지역 극장에서 연기를 하기도 했고, 심지어 인민혁명순회극단이라는 어설픈 좌익 극단과 함께 순회공연을 다니기까지 했습니다.

하지만 이런 분주한 활동과는 달리 제 삶 자체는 절망적이었지요. 페인트칠을 하는 시간 내내 저는 '속된 성공의 판타지'를 꿈꾸곤 했습니다. 세계적인 명성의 시인이 되었다가 유력 국회의원에도 당선되는 식이었죠. 이런 공상에 빠지다 보면 어느새 창틀 하나가 다 칠해져 있곤 했습니다.

그중에서도 특별히 생생했던 백일몽 하나가 있습니다. 로비스트와 컨설턴트 들이 득실거리는 워싱턴 D.C 한복판의 멋진 사무실의, 크고 멋진 화분과 환한 창문 앞에 서서 도로 위 사람들과 자동차들을 내려다보는 모습이었죠. 화분까지 딸린 사무실을 쓰다니, 저는 대단한 인물임이 틀림없는 겁니다.

그때의 이미지가 너무나 강렬했나 봅니다. 결국 나중에는 거의 상상했던 그대로 현실이 되었거든요. 페인트칠에 지쳐서 신문 구인광고를 뒤지며 사무직 일자리를 찾던 때였습니다. 그러다 하루는 교외의 사무단지에 가서 부동산 영업직 면접을 보게 됐죠. 말끔한 차림의 면접관은 제게 '향후 5개년 계획'을 묻더군요. 물론, 제게 그런 계획이 있을 리 만무했죠. 5년은커녕, 5일 뒤에 뭘 할지도 몰랐으니까요.

하지만 면접관이 이어서 던진 질문은, 제가 전혀 생각해 보지 않았던 것이었습니다. "다른 사람보다 특히 더 잘할 수 있는 일이 뭡니까?" 대학에서 영문학을 전공했을 때 단어 구사력만큼은 동기들 중에서도 뛰어난 편이었습니다. 여기에 생각이 미친 이후, 제 구직 활동의 방향은 바뀌게 됐습니다.

워싱턴 D.C의 전화번호부에서 잡지, 신문, 조합 소식지, 광고회사, 기금 모집 단체 등등 글쓰기 능력이 필요할 만한 곳은 죄다 뒤져서 일일이 전화를 걸었죠. 그러다가 어느 기금 모집 컨설팅 회사에 면접을 보게 되면서 일이 풀렸습니다. 이 회사는 마침 사회복지 관련 업무를 맡을 만한 직원을 찾고 있었고(해당 분야에 새로운 고객이 생겼기 때문에) 저는 작문 테스트에 통과했습니다. 그런데 너무나 놀랍게도, 출근 첫날 제 사무실에 들어서는 순간, 거리가 내려다보이는 창문 옆에 화분이 놓여 있는 게 아니겠습니까!

이 사건으로 인해 저는 커리어에 대한 중요한 교훈을 세 가지 얻을 수 있었지요. 첫째, 공상만으로도 즐거울 수는 있지만, 실제 직업을 구하기 위해서는 실행에 나서야 한다. 둘째, 일자리를 구하려면 내가 남보다 더 잘하는 일을 찾아야 한다. 그래야 제대로 입을 열 수 있으니까. 그리고 마지막이자 가장 중요한 교훈은, 새로운 일을 시작한 지 얼마 안 되어 깨달을 수 있었죠.

바로 성공이란 '장소'가 아니라는 점이었습니다.

새 직장은 페인트공보다 나을 게 전혀 없었던 겁니다. 급여도 높았고 어디 가서 내세울 만한 전문직이긴 했지만, 화분이 놓인 사무실이 가슴에 안고 있던 질문에 별다른 답을 주지는 못했던 것이죠. 단지 제가 전문가 흉내를 내며 연기하는 배우처럼 느껴질 뿐이었습니다.

그래서 1976년 6월 어느 날, 저는 직장을 그만두고 평생 모은 3,000달러와 배낭 하나 걸쳐 메고 세계일주에 나섰습니다. 언제 돌아올지, 아니 과연 돌아오기나 할지 알 수 없었죠. 그저 제 인생이 올바른 방향으로 나아가고 있다는 확신을 다시 얻을 수 있길 간절히 원할 뿐이었습니다.

처음에 도착한 그리스에서는 가급적 싼 호스텔에서 묵었고 때로는 공원에서 밤을 보내기도 했습니다. 그리스 북부 아토스 산의 그리스 정교회 수도원부터 갈릴리 호수의 언덕까지 걸으며 내내 성경을 손에서 놓지 않았죠. 동서양의 교차점인 이스탄불에 이르니, 인도 뉴델리까지 매일 운행하는 급행버스가 다닌다는 걸 알게 됐습니다. 단 35달러만 내면 도중에 어디서든 내렸다가 하루, 일주일, 혹은 한 달 후에라도 다시 탈 수 있다는 겁니다. 그 버스에 올라 이스탄불에서 이란으로, 또 아프가니스탄으로 이동했습니다. 그리고 그곳에서, 저의 오디세이는 궤도를 완전히 이탈하게 됩니다.

인생의 밑바닥에 닿다

그날을 지금도 생생하게 기억하는 이유는 여행 과정을 죄다 일기로 기록해 뒀기 때문입니다. 그러니까 헤라트, 칸다하르를 거쳐 카불까지 아프가니스탄을 가로지르는, 이틀간의 흙먼지로 가득한 고달픈 여정이 끝나가고 있었죠. 200킬로미터쯤 지나 새로운 분쟁지역에 들어설 때마다 버스는 정차해서 경비대원을 교체하곤 했습니다. 그러면 승객들은 남녀노소를 불문하고 지붕 위에 탔던 사람까지 전부 버스에서 내려 나무 그늘이나 양철지붕 오두막 아래서 차를 마셨죠. 운전사 옆에 총을 메고 서 있던 군인들이 내리고 새로운 지역의 보호를 담당하는 새로운 군인들이 올라타고 나면, 운전사는 승객들을 불러모아 버스를 출발시켰습니다. 카불에 들어서자 비가 내리기 시작하더군요. 버스에서 내려 진흙투성이 거리로 발을 내딛는데 약간 어지럼증이 느껴졌습니다. 그제야 오늘이 크리스마스라는 게 떠올랐습니다.

"호텔은 어디죠?" 운전사에게 묻자 그는 손가락을 들어 근처의 낮은 건물들 쪽을 가리켰습니다. 온몸과 배낭이 비에 흠뻑 젖은 채로 하룻밤에 50센트짜리 싸구려 호텔의 마지막 남은 방을 얻을 수 있었죠. 사실 방이라기보다는 복도에 더러운 이불보를 커튼처럼 두르고 그 아래 간이침대를 놓은 게 전부였습니다.

짐을 풀고 호텔을 나와 시내로 향하려는데, 갑자기 어지럼증이 심해지더니 50미터도 채 가지 못하고는 정신을 잃고 길가에 쓰러지고 말았지요. 정신을 차려보니 저는 진창에 누운 채였고, 주변에 호기심이 가득한 검은 얼굴들이 동그랗게 모여 있더군요. 더러운 아프가니스탄 군복을 입은 남자가 양손을 무릎에 대고 허리를 구부린 채 저를 들여다보고 있었습니다. 한 소년이 일어서라며 손을 내밀더군요. 몸에 이상이 있다는 건 확실했지만, 가까스로 일어설 수는 있었죠.

인생의 바닥을 쳤다는 걸, 바로 그 순간에 정확히 알아차리는 건 흔한 일이 아닙니다. 하지만 호텔로 비틀거리며 돌아온 그날 아침, 제가 바로 그런 상태라는 걸 확실히 알 수 있었죠. 몇 분 뒤, 옆방에서 마리화나를 피우던 호주 여행객들로부터 제 현기증의 이유를 배웠거든요. 그들 중 한 명이 저를 거울 앞으로 데려가더니 눈을 들여다보라고 하더군요. 흰자위가 퀭한 노란색이었습니다.

"간염肝炎이에요." 그가 일러주었죠.

그때 만약 누군가가, 제가 앞으로 법학대학원을 수석으로 졸업하고, 보스턴의 연방항소법원 서기로 일하다가 와튼스쿨에서 법학, 윤리학, 경영학을 가르치는 교수가 될 거라고 말했다면, 분명 그 사람이 제정신인지 의심했을 겁니다. 하지만 그날, 제 삶의 무언가가 크게 바뀌었습니다. 1년간 저 자신을 정신적으로나 육체적으로 한계까지 몰아붙여 결국 외로움과 괴로움에 병까지 얻었으면서도 여전히 인생의 방향을 찾지 못한 상태였습니다. 깊은 절망감이 엄습해 왔죠.

변화란 때로, 더는 정체 상태에 머무를 수 없는 경우에 일어나기도 합니다. 그날 밤 호텔 복도의 간이침대에 누워 있던 제게, 여행 중의 정체 상태는 도저히 견딜 수 없는 대상이었던 거죠. 어떤 변화를 맞이하게 될지는 알 수 없었지만, 무작정 떠돌아다니기만 해서는 나 자신의 문제를 해결할 수 없으리란 걸 깨달았습니다.

그리고 운명은 그 밤에 바로 저를 찾아왔습니다. '하나님의 자녀 Children of God'라는 종교 단체 소속의 유럽인 10대 두 명이 한밤중에 저를 찾아와, 커튼 사이로 머리를 들이밀고는 '메리 크리스마스'라고 적힌 갈색 종이봉투를 내밀더군요. 그 안에는 갓 구운 쿠키 두 개와 귤 한 알과 함께, 모세 다비드라는 선지자의 글귀가 들어 있었습니다.

또한 나중에 일기에 적었듯이, 그들은 깊은 신념에 근거한 목적의식이 삶을 어떻게 바꿔놓는지에 대한 강렬한 인상도 제게 남겨주었지요. 모세 다비드의 종말론적 가르침에는 별 감흥을 받지 못했지만, 그 두 젊은이의 신념이 가진 힘은 저를 깊은 생각에 빠지게 만들었습니다. 그들 역시 카불 뒷골목의 호텔에 이르기까지 저와 똑같은 여정을 거쳐 왔을 겁니다. 크리스마스 이브도 함께 겪고 있었죠. 하지만 절망에 빠져 있는 저와는 달리, 그들은 유쾌함과 활기가 넘쳤고 너그러웠지요. 대체 저는 무엇을 놓친 걸까요?

어둠의 심연에 빠지려는 찰나의 저를 이 두 '천사'가 구해준 것이었습니다. 그리고 나만의 관점을 찾아 자신의 내면을 들여다보고자 하는 희망과 욕구의 작은 불꽃을 일으켜주었지요. 다음날 눈을 뜨자, 몸은 여전히 아팠지만 그 전과는 달라진 제 자신을 느낄 수 있었습니다.

프랑스 소설가 마르셀 프루스트는 이렇게 썼지요. "발견의 여정이란 새로운 지평선을 찾는 것이 아니라 새로운 관점으로 보는 데 있다." 이 말의 의미를 카불에서 비로소 이해할 수 있었습니다. 도시를 둘러싸고 있는, 깎아지른 듯 아름다운 산맥에 더는 눈길이 가지 않더군요. 그 대신 그 산들을 바라보는 저 자신이 정확히 어떤 사람인지, 그 단서를 찾으러 내면을 들여다보기 시작했던 겁니다.

나는 어떻게 승려가 될 뻔했나

건강을 되찾은 몇 주 후부터, 저의 여정은 외적인 여행보다 내면의 경험에 집중하는 쪽으로 변화했습니다. 카이베르 고개를 넘어 파키스탄과 인도로 향하면서 힌두교의 수행처인 아시람에서 명상법을 배웠고, 마침내 스리랑카의 칸두보다Kanduboda 불교 수도원에 자리를 잡게 되었죠. 현자 시발리 테라Venerable Seevali Thera 스님의 인내어린 지도 아래 하루 열여덟 시간씩 앉아 성찰 명상 수련을 한 끝에, 인식, 신념, 변화, 고통과 죽음의 본질을 어느 정도 깨우칠 수 있었습니다. 또한 하루살이의 부산스러움 속에 사로잡혀 이미 배웠던 것들을 얼마나 쉽게 잊어버릴 수 있는지도 알게 되었죠. 조금씩, 제 자신과 가족, 그리고 제 감정이 점점 선명하게 이해되기 시작했습니다. 저는 이 책을 통해 독자 여러분도 이러한 깨달음을 달성하길 바랍니다.

불교 명상법의 기초를 배우고 나자 저는 부처의 삶을 더욱 깊이 공부하는 데 매달렸습니다. 부처가 깨달음을 얻은 부다가야, 삶과 죽음에 대한 통찰력에 대해 처음으로 설법을 베푼 사르나트 등 인도의 성지聖地를 순례했고, 이후 몇 달 동안 네팔, 태국, 홍콩, 대만을 거쳐 한국에 다다랐죠. 그리고 남쪽 지방 산자락에 자리 잡은 아름다운 절, 송광사에서 구산 스님을 만났습니다. 제가 일기에 적은 표현에 따르면 스님은 '매우 직설적이고 눈빛이 매서우며 작지만 활기가 넘쳤고', 규모가 큰 승려 단체를 이끌고 있었습니다. 스님보다는 농부에 가까워 보이는 인상이었는데, 지금은 영국에서 명상 센터 운영을 돕고 있는 프랑스 여승 송일 스님이 통역을 맡았죠.

구산 스님은 제게 여행을 중단하고 송광사에서 승려가 되어 깨달음을 얻는 데 평생을 바치라고 권했습니다. "가장 쓸모 있는 삶이란 인생에 대해 온전히 깨우치고 이를 모두와 똑같이 나눌 수 있는 사람만이 이끌 수 있는 것"이기에 본인의 제안을 신중히 고려해 보라고 하셨죠. "깨우치지 못한 채 남을 도우려는 사람은 깨우친 사람만큼 그 일을 잘할 수 없다네."

송광사에 한동안 머물면서 스님의 제안을 깊이 고민했습니다. 인생의 갈림길을 만난 셈이었죠. 그중 하나의 길은 가장 깊은 내면의 진리를 탐구하는 데 평생을 바치는 일이었고, 제가 그간 바라마지 않던 길이기도 했죠. 또 집으로 되돌아가는 길이 있었습니다. 그리하여 과연 그간 깨달은 인식, 감정, 내면에 대한 이해가 과연 오디세이 여정을 시작하면서 남겨뒀던 갈등을 해결하는 데 도움이 될지 테스트해 보는 것이었죠.

고심 끝에 제가 택한 길은, 저를 선당禪堂이 아닌 지금의 제가 있는 곳으로 이끌었습니다. 그런 결정을 내린 데는 세 가지 이유가 있었는데, 그중에서 말로 쉽게 표현할 수 있는 이유는 하나뿐입니다.

쉬운 이유부터 시작하지요. 첫째, 명상 수련을 하면서 저 자신에 대해 너무나 명확한 사실을 배웠기 때문입니다(물론 저는 맨 마지막에야 알게 됐습니다만). 바로 제가 기본적으로 실천가 타입이라는 것이었죠. 도전거리를 찾아다니고 문제를 해결하는 편이 가만히 앉아 있는 쪽보다 제게 더 잘 어울렸던 것이죠.

둘째 이유는 카불에서의 크리스마스 이브 이후로 제가 끊임없이 물어왔던 질문에 대한 답을 준, 비가시적非可視的인 무언가와 관계가 있었습니다. 자신의 내면세계를 강렬하고 직접적으로 경험한 일은 저의 자아정체성을 굳혀주었죠. 정신적 실체를 구성하는 충동, 불안, 기억, 계획, 공상, 두려움의 행렬을 지켜보며 관찰하는 법을 깨닫게 된 겁니다. 그런 관찰을 수행하는 제 안의 '자아'는 생각, 불안, 두려움 그 자체와는 다른, 보다 더 강력한 존재였습니다. 자아라는 건 없다고 가르치는 종교가 오히려 저의 정체성을 찾는 데 도움을 준 셈이었죠. 이제 저는 세상과 그 안에서의 제 자리에 대해 나름의 관점을 갖게 된 겁니다. 카불에서 한밤중에 저를 찾아왔던 두 젊은이가 가졌던 신념 체계와 같은 것이었지만, 그들과는 달리 저는 어떤 단일한 진리나 이념에 매달리지 않고도 인생의 불확실성, 신비, 의심과 더불어 살 줄 알게 되었습니다.

마지막 셋째 이유는, 직면하기 힘든 인생의 근본적인 사실과 타협했기 때문이었습니다. 고통과 죽음이 불행한 이들에게만 발생하는 예외적 현상이 아니라, 모든 가치 있는 삶에 필수적으로 수반되는 도전과제라는 점을 깨닫게 된 거죠. 제 이야기도 언젠가 끝맺을 거란 점을 이해하고 받아들였습니다. 제가 할 일은 단지, 제 앞에 남은 삶을 이용해 목적의식을 가진 내러티브를 완성하는 것이었죠.

제가 집에 돌아온 이유는, 결국 카불에서 시작했던 탐색이 끝났기 때문이었던 겁니다.

학교에서 새로운 길을 찾다

T. S. 엘리엇은 "우리의 모든 탐험의 끝은, 우리가 출발한 곳에 도착해 그 장소를 처음으로 이해하는 것"이라고 썼습니다. 저 역시

그랬지요. 집에 돌아왔을 때는 이미 20대 후반이었지만 여전히 어떻게 살아야 할지 몰랐습니다. 하지만 다행히 주변에 좋은 사람들이 있어 주었죠.

돌아온 탕아인 저는 부모님과 화해하고 버지니아주 렉싱턴의 친가 빈방으로 거주지를 옮겼습니다. 그곳은 아버지가 해병대를 전역한 후 제가 어린 시절을 보낸 작은 동네였죠. 그리고 가정용 단열재 방문판매 일자리를 구했습니다. 어린 시절의 추억이 깃든 장소들을 방문할 때마다 예전과 달라진 게 거의 없다는 점에 깜짝 놀랐죠. 부모님, 옛 친구와 선생님 들과는 달리 저에게만 그 풍경이 새삼스러울 뿐이었죠.

그렇게 한 해를 보내면서 다시금 '내가 남들보다 더 잘할 수 있는 일'이 무엇인지 고민한 끝에 저는 글쓰기 능력이 중요한 직업을 찾게 됐습니다. 결국 법조계가 그런 분야라는 결론을 내리고는 샬러츠빌에 있는 버지니아대학교 법학대학원에 지원했죠. 또한 대학 시절 만났던 여성과 다시 사랑에 빠져 결혼하게 됐습니다.

그렇게 법학대학원 수업을 받던 어느 날, 마음이 요동치는 일이 생겼습니다. 법적 주제에 관한 토론을 앞둔 150명의 다른 학생들과 함께 강의실에 앉아 있던 중이었죠. 실력이 매우 뛰어난 교수님이었기에, 저는 다음에는 그가 어떤 질문을 던질지 궁금했고 저를 지목해주길 내심 바라고 있었습니다. 그 순간 솟아난 에너지와 지적인 흥분에 온몸이 사로잡혔고, 저는 깨달았습니다. 이 강의실의 교단에 서는 일을 제가 원한다는 사실을. 다른 사람들에게도 이런 흥분과 통찰을 선물해주고 싶었습니다. 교수가 되어서 말이죠.

이후로 수업을 받으면서 이런 생각은 더욱 확고해졌고 구체적인 직업적 목표가 생겼습니다. 이후로 6년 동안, 저는 롤 모델을 찾았고, 법학대학원을 졸업했으며, 연방항소법원에서 서기로 일했고, 변호사로 활동한 끝에, 37세가 되어서야 비로소 오디세이 시기를 끝내고 와튼스쿨의 강단에 설 수 있었습니다.

1986년에 임용된 이후 정교수까지 승진하는 동안 저는 학계의 비밀 하나를 깨우쳤습니다. 교수라는 직업은 자신의 열정을 단지 좇기만 하는 게 아니라 창조해낼 수 있게 한다는 사실이죠. 그처럼 저는 처음에 법학만을 가르쳤지만, 나중에는 와튼스쿨 최초로 협상과 갈등 해결에 관한 강의를 개설했던 겁니다. 그 덕분에 저는 사회심리학을 더욱 깊이 공부할 수 있었고, 학생들에게 과거 여행으로부터 얻은 정서적 자각自覺에 대해 조언해줄 수 있었죠. 커리어와 열망에 대해 수많은 학생과 대화를 나누면서, 저는 '성공'의 개념을 탐구하는 일이 결국 자신의 목표와 정체성을 숙고하도록 돕는 매우 의미 있는 방법이라는 점을 깨달았습니다.

대학이라는 환경은 제가 배우고 싶은 주제를 저보다 훨씬 더 잘 아는 동료들과 만날 수 있게 해주었습니다. 예를 들어, 성공학을 연구하면서 만난 펜실베이니아대학의 마틴 셀리그먼 교수는 1990년대 후반에 긍정심리학 분야를 확립한 세계적 석학이었죠. 또한 셀리그먼 교수의 수제자였던 앤절라 더크워스는 제가 벤저민 프랭클린 탄생 300주년 기념 성공학 세미나를 기획하도록 도와주었습니다. 프랭클린의 자서전은 미국 최초의 성공학 서적이었기에, 우리는 심리학, 철학, 종교학 분야의 선도적인 학자들을 초청해 오늘날 성공의 의미에 대해 강연하는 자리를 마련했던 겁니다. 물론 그 강연들로부터 저 역시 많은 것을 배웠고요.

2005년, 저는 마침내 와튼스쿨에 '윤리적, 역사적 관점에서 살펴보는 성공학 강좌'를 개설하여(앞으로 이 책에서는 그냥 '성공학 강좌'라고 부르겠습니다) 지금까지 이어오고 있습니다. 이 강좌에는 고대부터 현대에 이르기까지의 성공에 대해 다루는 실용서, 철학서, 전기, 심리학 연구 논문에 대한 제 연구가 집약돼 있죠. 이 성공학 강좌의 독서 목록에는 벤저민 프랭클린을 비롯해 아리스토텔레스, 플라톤, 데일 카네기, 찰스 린드버그, 스티븐 코비의 저작들이 포함돼 있습니다.

〈월든〉의 저자이자 철학자 헨리 데이비드 소로는, 자신의 친구이자 멘토인 랠프 왈도 애머슨에게 "하버드대학은 대부분의 지식 분과branch를 가르치지만 뿌리가 아닌 가지branch만 가르치는 게 문제"라고 지적한 바 있죠. 따라서 성공학 강좌에서 저의 목표는, 학생과 교수가 강의실에서 인생의 목표와 성공의 개념에 대해 직접적이고 솔직하게 대화함으로써 그 '뿌리'에 도달하는 것입니다. 제 강의가 널리 알려지면서 학생은 물론 기업 임원과 리더를 대상으로 성공의 의미에 대해 강연해 달라는 요청을 지속적으로 받고 있지요.

이 흥미로운 주제를 가르치면서 저는 과연 무엇을 배웠을까요? 그것은, 아이비리그 대학생들과 기업의 리더들 또한 성공의 안내자를 원하는 수백만의 일반인과 전혀 다르지 않다는 점입니다. 어떻게 해야 남들과 잘 지낼 수 있을까, 어떻게 더 좋은 커리어를 쌓고 삶에서 의미를 찾을 수 있을까, 이러한 복잡한 문제를 해결하고자 누구나 도움을 구하지요. 이들에게는 아주 약간의 도움이 필요할 뿐입니다. 마치 여러 해 전 워싱턴 D.C에서 페인트공으로 일하며 마술을 찾아 자기계발 세미나를 전전했던 시절의 저처럼 말이죠. 성공학 강좌에서 그랬듯이, 이 책에서 저는 여러분에게 '성공의 추구'라는 미로를 헤쳐나갈 몇 가지 지름길을 개방적인 대화체로 제공할 예정입니다.

성공에 비결은 따로 없다

성공을 다룬 여타의 책들과 이 책이 다른 점은 뭘까요?

첫째, 저는 열혈 기업가나 유명인사도 아니고, 여러분에게 성공담을 들려주어 제가 고안한 '시스템'을 적용해 보라고 권하는 동기부여 강사도 아닙니다. 이 책에서 제 인생에 대해 다룬 이야기는 이미 앞에서 읽은 게 전부일 겁니다. 그리고 말이 나온 김에 얘기하죠. 성공을 반드시 보장해주는 '절대적 시스템' 따위는 다루지 않을 겁니다. 다만 40년이 넘는 시간 동안 성공이라는 주제를 열심히 공부하면서 얻은 지혜를 나누고자 할 뿐이죠. 그래서 이 책을 읽으며 여러분이 직접 자신만의 독특한 능력과 개성을 바탕으로 목표를 세우고 성공 시스템을 구축할 수 있도록 구성했습니다.

둘째, 성공에서 어떤 미스터리나 불안감을 배제하고자 했습니다. 즉 여기에는 여러분이 찾아내야 할 '비결' 같은 건 없다는 말입니다. 또한 인생에서 반드시 찾아내야 할, 혹은 죽도록 노력해야 할 '단 하나의 진정한 목적' 따위도 존재하지 않죠. 아마도 여러분은 이미 성공의 기본 요소를 갖고 있으며 다음에 이뤄낼 목표가 팔을 뻗으면 닿을 만큼 가까이 있을 겁니다. 단, 그걸 알아볼 만큼 명료한 정신을 갖추고 있어야 할 뿐이죠.

셋째, 저는 이 책을 통해 희망을 선물하고 싶습니다. 말콤 글래드웰의《아웃라이어》는 어떤 분야에서든 세계적인 수준의 성과를 내려면 행운과 함께 타고난 재능, 뛰어난 유전자, 사회적 이점, 적절한 타이밍, 집요한 노력이 뒤따라야 한다는 점을 설득력 있게 논증한 바 있지요. 그는 '성공 스토리'라는 것이 대개는 행운과 환경 대신 개인을 주역으로 잘못 내세운 영웅담에 지나지 않는다고 했습니다. 저도 글래드웰의 주장에 동의합니다. 우리가 '극도로 성공한 인물'이라고 칭하는 (글래드웰 본인 같은) 소수의 사람들은 대부분, 말 그대로 대단히 재능이 뛰어나고, 매우 운이 좋으며, 뛰어난 유전자와 지칠 줄 모르는 추진력을 가졌죠.

하지만 그렇지 못한 우리들 나머지에게도, 여전히 희망은 있습니다.

이 책은 여러분이 분명히 실천할 수 있는 다음 두 가지 일을 도와줄 겁니다. 목표를 명확히 설정하기, 그리고 그 목표를 달성하는 방법을 이해하기.《아웃라이어》는 빌 게이츠, 비틀즈, 그리고 다수의 노벨상 수상자들이 어떻게 그토록 뛰어난 성취를 이룰 수 있었는지 설명하지요. 이 책은 다른 목표를 가졌습니다. 저는 현재 당신이 어떤 장점과 단점을 가졌든지 상관없이, 지금 서 있는 그 자리에서 출발하도록 돕고자 합니다. 즉 이 책을 진정한 성공의 비전을 찾아 나서기 위한 발판으로 삼기 바랍니다. 저의 학생들이 말해주듯이, 그 과정이 곧 당신의 인생을 바꿔줄 테니까요.

오직 자신만이 답할 수 있는 두 가지 질문

학생들과 기업 임원들은 제게 이런 질문을 자주 던집니다. "주요 관심 분야가 설득과 협상인데, 어떻게 성공을 연구하게 되었나요?" 그러면 저는, 사실 성공에 대한 연구를 먼저 시작했다고 답하지요. 성공의 의미를 곰곰이 따져봐야만, 실천할 만한 가치가 있는 일이 무엇인지 판단하는 평생의 작업이 시작될 수 있습니다. 그 과정을 거쳐 세운 목표를 달성하는 데 타인에게 영향을 미치고, 설득하고, 협상하는 기술이 도움을 주는 것이지요.

이 책에서 저는 성공학 강좌의 수강생들에게 던지는 것과 똑같은 질문 두 가지를 여러분에게도 던질 겁니다.

- **첫 번째 질문** "성공이란 무엇인가?"
- **두 번째 질문** "어떻게 성공할 것인가?"

문제 해결을 돕기 위해 이 책은 위 두 질문을 공부하는 부분과, 질문에 답하기 위한 아이디어와 과제를 제시하는 부분으로 나뉘어 있습니다. 때로는 성공에 관한 제 나름의 의견을 내놓기도 하겠지만, 자신을 위한 성공에 관한 질문에 대답할 수 있는 사람은 오직 당신 자신뿐이지요. 더구나 살아가면서 분명 예상했던, 혹은 예기치 못했던 난관을 만나면 이 책을 처음 읽었을 때 내놓았던 대답을 수정해야 할 겁니다. 삶의 어떤 국면에서는 올바른 대답이었다고 해도, 나중에는 말이 안 될 수도 있는 거죠. 영화《해리 포터와 죽음의 성물 2》에서 해리 포터가 헤르미온느에게 소리쳤듯이 말입니다. "언제 계획대로 된 적이 있어? 막상 해보면 늘 엉망진창이 돼 버리잖아!" 직장을 얻었다가도 실직할 수도 있고, 사고가 터지기도 하고, 경력이 바뀌기도 하고, 어느새 퇴직이 다가와 있기도 하죠. 이 책에서 제기하는 질문은 지금 고민할 필요가 있을 뿐 아니라 나중에 다시 되새길 만한 가치 또한 있는 겁니다.

이 책에서 저는 학생 및 기업 임원 들과 교류하면서 고안한 과제와 평가 방법을 소개할 예정입니다. 그 바탕에는 종교, 문학, 철학에서 얻은 통찰력과 탄탄한 심리학적 원칙들이 깔려 있지요. 곧 알게 되겠지만, 성공은 결코 단순하지 않습니다. 숨겨진 가정과 모순이 늘 존재하지요. 또한 가족의 기대로 증폭된 문화적 신념은 마치 자동조종장치처럼 우리의 직관, 감정, 행동을 움직일 수 있습니다. 심지어 우리가 그 영향력을 거의 인식하지 못할 때조차도 말이지요.

앞으로 다룰 내용에 대하여

이제부터 이 책이 어떻게 구성될지 살펴보겠습니다. 1부에서는 첫 번째 질문 "성공이란 무엇인가?"에 대한 답을 4개의 장에 걸쳐 탐색할 겁니다. 제가 트레이닝을 할 때 사용하는, 성공가치에 대한 질문을 던지며 시작됩니다. 그런 다음 성공에 대한 질문에 사람들이 흔히 내놓는 대답들, 행복, 가족, 직업적 명성, 부富, 그리고 의미 있는 일을 뜻하는 소명calling 등을 살펴보겠습니다.

1장은 어떤 삶을 살지 선택하면서 출발합니다. '여섯 가지 인생 실험'이라는 자기평가 방법을 통해 여러분이 현재 성공에 대해 어떤 태도를 취하고 있는지 살펴볼 수 있습니다. 만약 자유로운 선택권이 주어진다면, 행복을 얻는 데 전념하겠습니까, 아니면 중대한 성취를 목표로 삼겠습니까? 아마 "둘 다 추구하겠다"고 대답하고 싶겠지만, 이 두 가지는 사실상 양자택일의 관계에 있죠. 이 양자택일의 관계에 대해 현재 자신이 어떤 생각을 갖고 있는지 살펴보는 기회가 될 겁니다.

2장은 "성공이란 무엇인가?"에 대해 아마도 가장 뻔해 보이는 대답을 살펴보겠습니다. 만약 길거리에서 만난 사람 아무에게나 '성공'이 본인에게 어떤 의미인지 묻는다면, 대개는 곧장 '행복'이라고 답할 겁니다. 하지만 정작 '행복'의 정확한 의미를 물어보면 이번에는 그리 명확하게 대답하지 못하지요. 누군가는 '가족'을 떠올릴 테고, '쾌락'을 언급하는 사람도 있을 것이고, '신의 뜻'을 실천하는 것이라고 답하는 사람도 있을 겁니다. 마틴 셀리그먼의 긍정심리학 덕택에 최근 수십 년 사이에 행복에 관하여 많은 연구가 이뤄졌지요. 우리는 그 연구결과들을 살펴보면서 매우 중요하지만 이해하기 힘든 '행복'이라는 단어의 의미 파악을 시도해 볼 예정입니다.

3장은 성공에 대한 개념을 정의할 때 가족과 사회가 어떤 역할을 하는지 탐색합니다. 설령 부모로부터 의사나 변호사가 되라는 요구를 받지는 않았더라도, 뭔가 '대단한 인물'이 되기를 바란다는 암묵적인 메시지를 받았던 경우가 많을 겁니다. 그것이 의미하는 바는 정확히 무엇일까요? 또한 유명인의 영향력이 큰 현대사회는 "성공이란 무엇인가?"라는 질문에 '명성'과 '부'를 강조하지요. 왜 그토록 많은 사람들이 이러한 성공의 척도에 목을 매는지 그 이유를 면밀히 살펴보겠습니다. 만약 여러분 본인이 이 두 특정한 목표에 별 관심이 없다고 해도, 3장을 통해 주변 사회가 성공 목표에 끼치는 영향을 잘 이해할 수 있을 겁니다.

4장은 여러분의 직업적 열망과 관계된 성공에 중점을 둡니다. '일'을 바라보는 관점은 크게 세 가지로 나눌 수 있습니다. '직업'과 '커리어'일 수도 있고, 그 외에 특별한 의미를 지닌 어떤 개념일 수도 있죠. 연구결과에 따르면, 흥미롭게도 일의 의미는 어떤 직업을 가졌느냐보다는 사람들 내면에서 비롯된다고 하지요. 예를 들자면, 제가 한국의 송광사에 머물렀을 때는 설거지나 화장실 청소 같은 하찮은 일도 의미 있게 여겼습니다. 그런 일을 하면서 마음챙김과 공동체에 봉사하는 태도를 수행할 수 있기 때문이었죠. 반대로 간호사, 사회복지사, 교사처럼 남들이 보기에는 의미 있는 직업에 종사하는 사람들일지라도, 실제로 물어보면 자신의 일을 그저 돈을 벌기 위한 수단으로 여길지도 모릅니다.

성공에 대한 자신만의 생각을 정리한 다음에는, 이 책이 던지는 두 번째 질문, "어떻게 성공할 것인가?"에 답할 차례입니다. 2부에서는 당신의 성공 여정을 안내하기 위한 5단계 프로세스를 제공합니다.

우선 저를 첫 번째 직업과 현재의 커리어로 이끌었던 질문, 즉 "남들보다 내가 더 잘할 수 있는 일은 무엇인가?"를 고민해 볼 필요가 있습니다. 5장은 자신의 독특한 적성, 열정, 능력을 살펴볼 겁니다. 또한 사회적 유형, 성취 추진력, 지적/창의적 충동, 정서적 기질을 알아보기 위해 개인 평가표도 작성할 예정이지요. 성공을 연구하면서 느낀 가장 거대한 아이러니는, 성공의 비밀이란 찾기 힘든 저 멀리 '어딘가'에 숨겨져 있다고 여기는 사람들이 너무나 많다는 점이었습니다. 하지만 진실은 훨씬 간단하지요. 이미 당신 안에 답이 있습니다. 우리는 타고난 능력을 찾아내기만 하면 됩니다.

자신의 강점을 알았다면 이제 자신감의 동력을 발견해야 할 차례입니다. 노먼 빈센트 필이 1952년에 출간한《긍정적 사고방식The Power of Positive Thinking》첫머리에서 "당신 자신을 믿으라!"고 촉구했듯이 말이죠. 6장은 자신의 인생에 이러한 신념을 불어넣도록 도와줄 겁니다.

이후에 이어지는 3개의 장은 장기 목표를 향한 성취 프로세스에 관한 내용입니다. 7장은 성공학에서 제가 가장 좋아하는 주제, 정신 집중의 힘에 대해 고찰할 겁니다. 이 주제에 관해서는 여러 마법과 말장난들이 난무하죠. 우리는 찰스 린드버그가 '세인트루이스의 정신'이라는 소형 비행기를 몰고 세계 최초로 대서양을 횡단한 이야기를 발판 삼아, 마음의 진정한 네 가지 힘, 열정, 상상력, 직관, 이성이 자신에게 가장 중요한 장기 목표를 달성하는 데 어떻게 작용하는지 살펴보려 합니다.

8장은 성공 엔진에 동력을 제공하는 에너지를 다룹니다. 각자 자신이 선호하는 연료가 따로 있죠. 하지만 저는 내적 만족과 외적 보상 모두를 추구하는 사람이 어느 하나에만 의존하는 사람보다 단일 작업을 더 오래 수행할 수 있고, 더 강력한 성취감을 얻기 쉽다는 점을 발견했습니다. 혹시 자신이 중요한 에너지의 근원을 그간 무시해 온 건 아닌지 점검하는 기회가 될 겁니다.

9장은 책의 후반부를 정리하면서 사교술이 성공에 끼치는 영향을 탐색합니다. 성공을 다룬 대부분의 책은 사교술의 피상적인 면, "친구를 얻는 법"과 네트워킹 측면만을 강조하지요. 하지만 성공 전반에서 가장 중요한 힘은 신용과 진정한 인간관계를 통해 영향력을 발휘하는 능력입니다. 사회적 상호작용의 과제는 다양한 사람들과 어울릴 수 있도록 자신을 조정하는 동시에 자의식自意識을 유지하는 법을 알아내야 한다는 것이죠. 이 장에서는 중요한 프로젝트를 진행하면서 타인의 신뢰를 얻는 실용적 방법뿐 아니라 이미지 관리의 과학에 대해서도 다루겠습니다.

이 책의 결론부인 에필로그에서는 우리가 함께 살펴봤던 중심 주제들과 교훈들을 되짚어 봅니다. 성공에 대한 자신의 개념을 더욱 발전시키기 위해서 직업 생활과 개인적 삶에서 어떤 행동을 취해야 할지 목록을 작성해 볼 겁니다.

앞으로 이 책에서 여러분은 수많은 이들에 대한 다양한 사연들을 만나게 될 것입니다. 대개는 그들이 어떻게 역경을 이겨내고, 실수를 만회하고, 자신의 믿음을 지켜내고, 자신만의 성공을 달성했는지에 관한 이야기들이죠. 하지만 궁극적으로 이 책은 그 사람들에 대한 이야기가 아닙니다. 사실은, 바로 '당신 자신'에 대해 다루고 있죠.

애플 창업자 스티브 잡스는 2005년 스탠퍼드대학교 졸업 연설에서 이런 말을 남겼습니다. "여러분의 시간은 한정돼 있습니다. 그러니 남의 삶을 사느라 시간을 낭비하지 마세요. … 남의 의견을 듣느라 자기 내면의 목소리가 파묻히지 않게 하십시오. 정말 중요한 것은 가슴과 직관을 따르는 용기를 갖추는 일입니다. 가슴과 직관은 여러분이 진정 무엇이 되고 싶은지를 이미 알고 있으니까요."

독자 여러분이 자기 내면의 목소리를 좀 더 분명하게 듣고 앞으로의 삶에서 무엇을 해야 할지 발견하는 데 이 책이 도움이 되길 바랍니다.

이제부터 즐거운 일이 시작될 겁니다. 몸을 맡기세요.

차례

1부 첫 번째 질문 : 도대체, "성공이란 무엇인가?"

첫 번째 질문 :
도대체, "성공이란 무엇인가?"

1부의 네 개 장에서는 성공에 대해 당신이 현재 어떻게 생각하고 믿고 있는지를 점검할 겁니다. 곰곰이 생각해 본다면, 자신의 고유한 생각이라고 여겨왔던 것들이 사실은 대부분 가족, 친구, 사회나 대중매체로부터 비롯되었다는 점을 깨닫고 놀랄 수도 있습니다. 이렇듯 믿음의 원인들을 이해하고 나면, 그 믿음을 수용, 거부, 통합함으로써 자신의 삶에 보다 창의적으로 다가서는 방법을 결정할 수 있지요.

멀리서는 성공이 명확한 것처럼 보입니다. 즉, 성공한 사람은 부, 명성, 행복, 성취감, 직업적 지위, 삶의 여유 등 원하는 것을 모두 소유하고 있는 듯하지요. 하지만 이런 조건들에 실제로 직접 가까이 다가갈수록, 성공은 점점 더 복잡하고 모호해집니다. 이 때문에 성공을 성취해야 할 목표가 아닌 삶의 방식으로서 규정하는 사람들이 점점 늘고 있는 것이죠.

이제부터 "성공이란 무엇인가?"라는 질문에 대한 가장 흔한 대답들, 행복, 명성, 부, 직업적 지위, 의미 있는 일을 각각 살펴볼 겁니다. 이 조건들을 모두 갖출 수 있다면 좋겠지만, 인생에서는 보통 하나를 얻으려면 하나를 포기해야 하죠. 그렇다면, 당신의 최우선순위는 무엇인가요?

당신은 어떤 삶을 살고 싶은가
가장 먼저 떠오르는 답에 관하여

**내면의 목소리에 귀를 기울이면
누구나 자신을 지배하는 패턴을 발견할 수 있다.**

미셸 드 몽테뉴

처음 에릭 애들러Eric Adler를 만난 건 와튼스쿨 MBA 1학년이던 그가 제가 가르치는 와튼스쿨 법학 필수과목을 수강했기 때문이었습니다. 연갈색 머리에 동급생보다 약간 나이가 많았던 에릭은 성실하고 열정적이고 현명해서 어느 교수든지 아끼는 학생이었죠. 하루는 제 연구실로 찾아오더니 수업을 들으며 생긴 의문에 대해 이야기를 나누길 청하더군요. 전에 법학을 공부해 본 적이 없었기에 유독 관심이 많은 듯했습니다. 하지만 오래지 않아 우리의 대화는 좀 더 깊고 개인적인 문제로 이어졌죠. "솔직히 아직도 제가 원하는 게 뭔지 확신이 안 서요." 에릭이 입을 열었습니다. "경영대학원 공부가 좋긴 한데, 앞으로 어떻게 해야 할진 모르겠습니다."

경영대학원에는 크게 두 부류의 학생이 있습니다. 대다수인 '퀀트Quants'는 학부에서 경제학, 수학 또는 공학을 전공했고, 첫 직장이 영리기업체였으며, 암산으로 복잡한 '순현재가치' 계산을 해낼 줄 아는 사람들이죠. 이들은 자신이 무엇을 원하는지 압니다. 큰 거래를 성사시키거나, 거액을 투자하거나, 대기업에 자문하는 전략 컨설턴트가 되는 겁니다. 이런 학생들이 글로벌 비즈니스에 품는 열정은 존경스러울 정도입니다. 세계 경제에서 가장 중요하고 영향력 있는 일자리를 두고 경쟁하는 즐거움을 위해 자신의 재능을 쏟아부으니까요.

하지만 다른 한편에는 '시인Poets'이라 부르는 부류도 있습니다. 과거에 프로 운동선수, 직업군인, 자선단체 봉사자, 언론인 등 다양한 직업을 가졌던 사람들이죠. 경영대학원은 이들에게 완전히 새로운 커리어를 제공하는 기회입니다. 통계학과 금융 수업은 시인들에게 좀 불리한데, 퀀트들은 책을 펴지 않고도 이미 마스터한 과목을 두고 그들과 경쟁해야 하기 때문이죠. 교수들 중에서는 '시인' 부류라고 할 수 있는 저이기에, 가급적 시인들의 마음을 달래주려고 노력하는 편입니다.

학부에서 경제학과 공학을 전공한 에릭은, 수학에는 능숙했지만 그래도 시인에 가까웠습니다. 최고의 인문대 중 한 곳인 스와스모어대학을 졸업한 후 볼티모어의 유명 사립 고등학교에서 8년간 교사로 일했죠. 학생들을 가르치는 일이 즐겁긴 했지만, 틀에 박힌 일을 떠나 좀 더 강렬한 일을 원하게 됐습니다. 경쟁적이고, 시간을 다투는 에너지가 가득한 그런 일을 말이죠. 그래서 경영대학원에서 공부하다 보면 자신이 앞으로 어떤 일을 해야 할지 발견할 수 있으리라는 기대를 품었던 겁니다. 그로부터 반년이 흐른 지금, 이제 에릭은 진정한 탐색을 막 시작한 셈이었죠.

"교육에 대한 과거의 지식과 지금 경영에 대해 배우고 있는 지식이 나중에 결합되면 큰 도움이 될 거야." 제 말에 에릭은 고개를 끄덕이면서도 어딘가 석연치 않은 표정이었습니다.

"예전 일로 돌아가고 싶은 생각은 없어요. 제가 추구하는 건 변화거든요." 그가 다른 수업 때문에 자리를 뜰 때까지 우리는 몇 분 더 대화를 나눴고, 저는 에릭에게 언제든지 원할 때 또 찾아오라고 권했습니다. 와튼스쿨에서 보낸 2년간 실제로 에릭은 그렇게 했지요. 제가 가르치는 협상 수업까지 수강하면서요.

하지만 솔직히 말하자면, 에릭이 MBA 과정을 밟는 동안 저는 불안해하고 있었습니다. 경영대학원에는 커리어 중심주의 문화가 만연해 있기 때문이었죠. 어떤 일이 좋은 직업인지에 대해 모두가 생각이 같았고, 그래서 오래지 않아 기술, 금융, 컨설팅이라는 유망한 산업군으로 모든 학생들이, 심지어 마음에 의심을 품고 있던 사람들까지도, 휩쓸려 들어가 버리기 일쑤였던 겁니다. 에릭의 상황에서는 이러한 분위기에 저항하기가 더욱 어려울 것이었고요.

아니나 다를까, 2학년이 시작되자마자 에릭은 저를 찾아와 선언했습니다. "제가 하고 싶은 일을 찾았어요!" 목소리가 잔뜩 들떠 있었죠. "컨설턴트가 되고 싶어요!" 내심 우려스러웠지만 겉으로는 그를 축하해주고 행운을 빌어주었습니다.

몇 달 후, 에릭은 목표했던 대로 워싱턴 D.C의 한 컨설팅 기업체에 일자리를 얻었습니다. 하지만 졸업 직전에 만나본 그는, 심사가 복잡해 보이더군요. 알고 보니 처음 선택했던 회사로부터는 입사를 거절당했던 겁니다. 앞으로 맡게 될 일은 자신이 꿈꿨던 것과는 거리가 멀다고 했습니다. "이 회사에서 오래 경력을 쌓을 생각은 없어요. 하지만 당장은 이곳에서 시작하는 게 맞는 것 같네요."

대개는 이렇게 이야기가 마무리될 겁니다. 그리고 10년, 혹은 20년이 흐른 뒤 에릭을 우연히 만나 그간 어떻게 지냈는지 궁금했노라고 말을 건넸겠죠.

하지만 에릭의 이야기는 그렇게 끝나지 않습니다. 1년이 채 지나지 않았을 무렵, 저는 와튼스쿨이 개최한 컨퍼런스에서 에릭이 입사했던 회사 사람을 만나 그의 안부를 물었죠. 그녀는 다소 불편한 표정으로 이렇게 말했습니다. "에릭은 컨설턴트에 어울리지 않았어요. 이제는 저희와 함께 일하지 않는답니다." 지금은 뭘 하는지 모른다고 하더군요. 가슴이 덜컥 내려앉는 듯했습니다.

하지만 그로부터 얼마 뒤, 에릭의 스토리는 제 예상보다 훨씬 더 흥미롭게 전개되어 나갔다는 사실을 알게 됐죠. 컨설턴트라는 직업이 자신에게 어울리지 않는다는 점을, 그는 회사보다도 더 일찍 깨달았습니다. 처음 맡은 프로젝트는 오랜 공을 들여 대기업에게 비용 절감 방법을 분석해 주는 일이었는데, 그 결과물은 고작 소비자에게 청구서를 발송할 때 단면이 아닌 양면 인쇄를 권고하는 것이었습니다. 이런 일이나 하려고 경영대학원에 갔나 하는 실망감에, 결국 에릭은 다시 자신의 진정한 관심사와 열정을 찾아 나서게 됐죠. 다만 이번에는 한층 절박한 심정이었습니다.

이 장의 첫머리에서 인용한 프랑스 철학자 미셸 몽테뉴는, 자기 자신의 목소리에 귀를 기울이면 자신을 지배하는 패턴을 찾아낼 거라 말했죠. 바로 에릭에게 그런 일이 일어났습니다.

우선 그는 자신만의 재능과 지식을 독특하게 결합해 중요한 일을 하려면 자신이 직접 사업을 해야 한다는 점을 깨달았죠. "내가 뭘 할 수 있을까?" 에릭은 스스로에게 물었습니다. 사실 그의 부모님은 두 분 모두 창업 경험이 있었고, 사업체를 키워 매각한 뒤 또 다른 회사를 차리기도 했었죠. 에릭은 기업가정신과 위험 감수가 가정생활의 일부이자 저녁 식사의 자연스러운 대화 주제인 분위기에서 자랐던 겁니다. 경영대학원이라는 문화는 그의 경력을 '어디에서 일해야 하지?'라는 구직의 문제로 한정시켰지만, '내가 뭘 할 수 있을까?'를 묻자마자 그의 마음속에는 자신이 가장 잘 아는 분야에 대한 아이디어가 샘솟기 시작했습니다. 바로 '교육'이었죠.

고교 교사 시절을 되돌아보면서 에릭은 오래 품어두었던 질문을 꺼냈습니다. "가정 환경이 좋지 않지만 장학금을 받고 엘리트 사립학교에 진학한 학생들이, 왜 학교에 잘 적응하지 못할까?" 그 아이들이 아무리 똑똑하더라도, 유복한 학생들에 비해 어렸을 때부터 쌓아야 하는 사회적 기반과 공부 습관이 부족하기 때문임을 그는 알고 있었지요. 그리고 이 문제를 해결하기 위해서 불우한 학생들을 위한 '공교육 기숙학교'를 세워야겠다는 얼핏 터무니없는 아이디어를 떠올리기에 이르렀습니다. 이런 학교를 만든다면 공부하기에 안전한 환경, 함께 성적 향상에 전념할 수 있는 또래 집단,

롤 모델과 책임감 있는 문화를 아이들에게 제공할 수 있을 것이었습니다. 에릭이 그려낸 학교의 모습은, 엄격한 교과 과정과 탁월한 교사들이 갖춰진 기숙형 고등학교였죠. 적절한 환경만 제공된다면 불우한 학생도 성공할 수 있다는 점을 세상에 증명해 보이는 것이 설립 목표인 학교였습니다.

한동안 에릭은 만나는 사람마다 자신의 꿈을 설명해 주었습니다. 그리고 컨설팅 회사를 그만두기 직전 새로 입사한 임원이 프린스턴대학 졸업생인 라지브 비나코타Rijiv Vinnakota를 만나보라고 추천해 주었죠. 자신이 전에 다니던 회사에서 라지브가 에릭과 거의 비슷한 얘기를 하고 다녔다면서 말입니다. 워싱턴 D.C의 어느 패스트푸드 음식점에서 만나 세 시간 동안 이야기를 나눈 에릭과 라지브는, 곧바로 힘을 합치기로 마음을 모았습니다.

그로부터 두 달 만에 두 사람은 시범학교 설립 제안서를 완성했습니다. 또 18개월 만에 200만 달러 모금에 성공했고, 워싱턴의 낡은 건물을 개조한 후 학교를 열었지요. 처음 모인 학생들은 워싱턴에서 환경이 가장 열악한 지역에 거주하는 아이들 중 추첨을 통해 선발된 6학년생 40명이었습니다.

이렇게 '교육적 진화와 발달을 위한 학교School of Educational Evolution and Development', 즉 SEED가 탄생했습니다. 최대한 많은 학생들을 대학에 보낸다는 목표 아래 나중에는 6학년부터 12학년까지, 한 학년당 약 50명씩의 학생을 받았습니다.

이후의 이야기는 널리 알려졌죠. 에릭과 라지브는 2002년 '오프라 윈프리 쇼'에 출연하여 '인생 우수 활용상Use Your Life Award'를 받왔고, ABC '나이트라인'과 CBS '60분'에도 출연했으며, 다른 도시에도 SEED 학교들이 추가로 세워졌습니다. 무엇보다도 중요한 점은, 이들이 고안한 학교 모델이 빈민지역 학생들에게 성공에 필요한 학습 환경을 조성하여 교육 결과를 극적으로 개선할 수 있다는 사실을 입증했다는 것이었지요.

2010년에는 SEED 졸업생들 전원이 대학에 진학했습니다. 모두가 고등학교 졸업률이 33퍼센트 수준인 빈민지역 출신이었죠. 게다가 이들이 진학한 대학 중에는 듀크, 브라운, 메릴랜드 등 명문대도 포함돼 있었습니다. 이후의 결과도 훌륭했습니다. 대학에 입학한 SEED 출신 중 약 70퍼센트가 졸업에 성공했는데, 이 수치는 SEED가 학생들을 선발한 빈민지역 공립 고등학교의 졸업률보다 무려 여섯 배나 높았지요.

SEED라는 아이디어를 발견하기 위해 에릭은 과연 경영대학원에서 2년을 보낼 필요가 있었을까요? 아마 그러지 않아도 됐을 겁니다. 하지만 '내가 뭘 할 수 있을까?'라고 자문하는 과정에서 그는 자신이 이미 그 질문에 답할 수 있는 강력한 능력들을 갖추고 있다는 사실을 확인했습니다. 경영대학원에서 배운 비즈니스 지식과 교육 분야에서 쌓은 자신의 독특한 경험이 결합되어 SEED가 성공할 수 있었던 것이죠. 워싱턴에 학교를 설립하기 위해 채권을 발행해 1,400만 달러의 자금을 마련해야 했을 때, 에릭은 투자자를 끌어모으고 일을 성사시킬 지식, 기술, 신용, 경험을 이미 갖추고 있는 상태였습니다.

처음 에릭이 연구실로 찾아왔던 날 제가 바랐던 대로, 에릭은 이런 능력들을 모두 결합하여 4장에서 설명할 자신만의 '의미 있는 일'을 발견해내는 데 성공했습니다. 자신의 기업가정신에 부합하는 일을 찾았고, 기존 지식을 아낌없이 활용했으며, 자신이 믿는 목표를 향해 전진했던 것이지요. 그 과정에서 '공교육 기업가'라는 새롭고도 흥미로운 커리어가 탄생하기도 했고요.

성공을 다룰 때 주의해야 할 네 가지

에릭의 이야기에는 우리가 앞으로 이 책에서 탐색할, 성공에 관한 중요한 원칙 네 가지가 담겨 있습니다.

첫 번째, 자신에게 성공이란 어떤 의미인지 확인하려면 이론적인 고찰뿐 아니라 도전과 실패로 이어져야 합니다. 위험을 감수하고, 실험에 나서야 한다는 얘기죠. 에릭의 사례처럼, "컨설턴트가 되고 싶어!"란 생각이 번개처럼 꽂혔다가도 나중에는 잘못된 신호로 판명될 수 있는 겁니다. 하지만 그럼에도 용기를 내어 새로운 역할에 도전해 본 다음, 만약 그 일이 자신에게 맞지 않으면 다시 탐색의 과정을 되풀이해야 하지요.

전통적인 성공 스토리에 등장하는 주인공은 대개 자신이 무엇을 원하는지를 정확히 알고 있으며 온갖 역경을 극복하고 목표를 달성하는 것처럼 보입니다. 하지만 그렇게 보이는 이유는, 목표를 발견할 때까지의 불확실하고 혼란스러운 과정이 생략돼 있기 때문이죠. 사실은 자기가 무엇을 하고 싶은지 알아내는 일이 정말 힘든 부분인 것입니다. 6장에서 우리가 만날 빌 리치몬드는 전투기 조종사, 대형 밴드의 드럼 연주자, 헐리우드 코미디 작가라는 다양한 삶을 살았죠. 여러 성공한 인물들의 삶 속에서도 드러나지만, 즉흥적인 도전을 두려워하지 않는 그의 철학은 다음과 같았습니다. "일단 도전하라. 방법은 나중에 배우면 된다."

두 번째, 자신의 목표는 아무렇게나 갑자기 생기지 않습니다. 먼저 자신의 가족과 사회가 어떠한 성공가치들을 지지하는지 파악해야 하지요. 그런 다음에야 현재 자신이 세운 목표가 진정 자유롭게 선택한 이상인지 확신할 수 있는 겁니다. 18세기 철학자 장 자크 루소의 말처럼, 개인은 자신이 속한 사회가 좋거나 바람직하다고 판단하는 가치를 토대로 자기 삶에서의 가치 기준을 세우지요. 로마 황제 마르쿠스 아우렐리우스는 약 2,000년 전《명상록》에 이렇게 적었습니다. "모든 인간이 남들보다 자신을 더 사랑하면서도 정작 자신보다 타인의 의견에 더 큰 가치를 둘 수 있는지, 나는 이해할 수가 없다." 어쨌든 우리는 대부분 남들이 우리를 좋게 여길 만한 방법을 찾는 게 사실이죠. 하지만 성공에 대해 명확히 이해하기 위해서는, 이러한 생각에서 벗어나 자신의 내면을 들여다보면서 진정으로 존중하는 일을 찾는 게 무엇보다 중요합니다.

에릭 애들러는 사업가 집안에서 자랐지만 그렇다고 맹목적으로 부모의 뒤를 좇지는 않았습니다. 창업 전에 다른 직종의 일들을 경험해 본 것은 오히려 기업가 스토리의 원형에 가깝죠. 세간의 칭송을 추구하지 않고도 자연스럽게 얻었고요. 세상의 이목을 얻기 위해 성공을 추구하다가는 마치 마약 중독자처럼 명성과 돈에 중독

되기 쉽습니다. 3장에서 살펴보겠지만, 불교에서는 이런 사람들을 가리켜 '굶주린 유령', 아귀餓鬼라고 부르지요.

세 번째, 성공이란 단지 일에 국한되지 않는 다차원적 개념입니다. 에릭의 이야기를 소개하면서 제가 커리어 측면만을 강조한 것처럼 느꼈다면, 이번 장의 끝까지 읽어주길 바랍니다. 그러면 제 의도가 그렇지 않다는 점을 알게 될 테니까요. 에릭의 좀 더 개인적인 이야기는 나중에 더 나누도록 하겠습니다. 또한 이제 여러분은 곧 자신이 어떤 성공가치를 중시하는지 측정할 수 있는 '여섯 가지 인생 실험' 평가를 만나게 될 겁니다. 이 실험은 성공의 내적, 정서적 측면과 외적, 성취적 측면 사이에서 균형을 잡는 일을 도울 수 있습니다. 더불어 자신에게 동기를 부여하는 요소가 무엇인지에 대해서도 이해할 수 있는데, 이 문제는 향후 6장에서 더 자세하게 다룰 예정입니다.

네 번째, 성공은 도착하기만 하면 끝나는 종착역이 아닙니다. 중간에 쉬었다 가는 휴게소도 있고, 정거장도 있는 하나의 여정이지요. 그중 한 곳에 머물렀다가, 그곳을 만끽하고는, 이내 떠날 수도 있는 겁니다. '의미 있는 일'에 대해 다룰 4장에서 이 개념을 자세하게 다루겠습니다. 에릭의 이야기에서 우리는, 인생의 시기에 따라 성공을 누리는 방식 또한 어떻게 달라지는지 살펴볼 수 있었지요. 그는 고등학교에서 아이들을 가르치는 일을 좋아했던 적도 있었지만, 불현듯 떠나야 할 때임을 직감했습니다. 물론 지금은 SEED 운영에 매달리고 있고, 그 일을 그만둘 생각은 전혀 없죠. 그러나 변화의 시기는 언제 찾아올지 모릅니다. 20대와 30대에는 달콤했던 일에 40대, 50대에는 흥미를 잃을 수도 있죠. 우리가 배우고, 성장하고, 성숙해가는 인생의 각 단계마다 이런 일이 생길 수 있는 겁니다. 그래도 다행스러운 소식은 우리가 그때에 맞춰 새로운 능력을 발전시킬 수 있다는 것인데, 이 주제는 5장에서 확장시켜 보겠습니다. 과거의 경험들을 새롭게 조합하면 곧 새로운 기회가 주어지면서, 성공을 향한 새로운 길이 열릴 수 있습니다.

이제부터는 현재 여러분이 성공에 대해 어떤 생각을 갖고 있는지 살펴보면서, 성공 여정의 첫발을 떼 보도록 하지요. 앞으로 이어질 세 개의 장에서는 행복, 가족, 사회, 일이 성공에 대한 개인의 신념에 어떤 영향을 미치는지 면밀히 살펴보게 될 겁니다. 이번 장은 여행을 떠날 시간이 됐다는 알람 역할을 담당합니다. 일어날 시간이 됐다고요.

당신의 성공가치는 무엇인가

'여섯 가지 인생 실험'은 성공에 대한 자신의 직관을 이해하는 데 도움을 주고자 제가 고안한 가치평가 방법입니다. 이 진단법은 성공에 대한 자신의 신념이 어디서 비롯됐는지 확인하게 해주고, 앞으로 다룰 주제들에 대해 보다 상세한 고찰을 가능하게 해줄 겁니다.

일단 다음에 소개하는 여섯 가지 삶의 이야기들을 전체적으로 죽 읽어보세요. 그런 다음 각각의 이야기로 돌아가 좀 더 상세히 생각해 보는 겁니다. 마지막으로, 자신이 보기에 가장 '성공한 삶'이라고 여기는 순서에 따라 1부터 6까지 순위를 매깁니다. 동점은 없고, 최대한 솔직하게 답해야 합니다.

여섯 가지 인생 실험

교사 : ____위

패트리샤 켈리는 고등학교에서 물리를 가르치면서 여학생 라크로스 팀의 코치로 활동한다. 남편은 슈퍼마켓 체인점을 운영하고 있다. 패트리샤가 이끄는 학교 과학팀은 지난 10년 동안 지역대회에서 세 번, 전국대회에서 한 번 우승하는 실적을 거뒀다. 또한 그녀의 지도 아래 많은 학생이 MIT, 칼텍 등 최고의 과학계 대학에 진학했다. 그녀의 두 딸 중 큰딸은 인공지능 연구로 박사학위를 받았고 현재는 첨단 과학 기업에서 일하고 있다. 말썽을 일으켜 고등학교를 졸업하지 못한 작은딸은 부모와 멀리 떨어져 사는데, 켈리 부부의 손길을 계속 거부하는 중이다.

은행 임원 : ____위

제인 룰은 대도시의 세계적인 은행에서 평생을 근무해 왔고, 개인자산 관리 부서의 지역 부지점장까지 승진하여 고소득 고객들을 관리하고 있다. 뛰어난 마라톤 선수이기도 한 그녀는 심각한 학습 장애와 신체

장애를 안고 있는 딸 줄리를 홀로 키운다. 가족과 친구들은 줄리를 보호시설에 맡기고 자신의 삶을 살라고 권하지만, 제인은 "줄리가 곧 내 삶이야. 다른 사람에게 얘를 맡길 순 없어"라고 일축한다. 그녀는 학습 장애 연구 지원 모금에 적극적으로 임해 왔다. 작년에는 특별 제작한 카트에 줄리를 태우고 뉴욕 마라톤 대회에 참가하여 세계적인 뉴스 프로그램에 소개되면서 2만 5,000달러가 넘는 돈을 모금했다. 지난 몇 년간 몇몇 남성들과 데이트한 적은 있지만, 결혼에는 회의적이다. 그 이유 중에는 본인 부모의 결혼생활이 불행해 보였기 때문인 것도 있다.

부유한 투자자 : ___ 위

사모펀드 투자자 피터 테일러는 런던, 뉴욕, 버뮤다를 오가며 독신생활(결혼한 적 있었으나 4년 만에 이혼)을 즐긴다. 신생 인터넷 기업 초창기에 자금을 투자했는데, 그 회사가 대기업에 팔리면서 큰돈을 벌었다. 24만 달러의 투자로 5,000만 달러를 번 것이다. 그 이후 계속해서 승승장구해 왔다. 최근 유력 경제지에서 그를 커버 스토리로 다루면서 자유로운 사상가이자 자유 예찬론자라고 소개했다. 이 기사에서 그는 "저는 크게 건 다음 이익이 나는 걸 지켜보는 흥분을 즐깁니다"라고 말했다. 일할 때가 아니면 멀리 떨어진 곳에서 파티를 열고("일할 때나 놀 때나 열심히!") 행글라이딩을 즐긴다("하늘은 자유를 느끼게 해 주죠!"). 보수 정치권에 거금을 기부하며, 전 세계의 유력 정치인들이 그에게 세계 경제 전망에 대한 자문을 구한다.

석공 : ＿＿위

프레드 햄프셔는 평생 대도시 인근에서 석공石工으로 일했다. 역사에 남는 건축물을 디자인하겠다는 열정을 가졌던 그는 52년 전 아내 메리와 결혼한 후 세 자녀(변호사, 은행가, 가정주부)와 일곱 손자를 두었다. 한번은 뉴스 기자와의 인터뷰에서 이렇게 말했다. "아무렇게나 굴러다니는 돌도 제각기 다릅니다. 이 일에서는 작업을 시작한 첫날부터 결과물이 점점 성장해 나가는 모습을 지켜볼 수 있죠. 그리고 작업이 끝나고 몇 년이 지난 후 돌아와도 늘 그 자리를 지키고 있고요. 벽돌이나 돌을 쌓는 건 즐거워요. 힘든 일이기는 하지만 제자리에 맞는 조각을 찾아 넣는 데 열중하다 보면 언제 해가 지는지도 모를 정도랍니다." 수입이 적어서 문제일 때도 있다고 솔직히 인정하면서도, 그는 세 자녀의 집들을 짓는 일에 직접 참여했다고 자랑한다.

테니스 선수 : ＿＿위

노력을 아끼지 않는 프로 테니스 선수인 재니스 정은 메이저 대회에서 네 차례 우승했고, 지난 10년 사이에 일곱 차례 연간 상금 랭킹 15위 안에 들었다. 아버지와 처음 테니스를 치기 시작한 다섯 살 이래, 부친의 지원 아래 부단히 노력한 결과였다. 그때 이후 지금까지 테니스는 곧 재니스의 삶 자체였다. 몇 년 전부터는 자신의 이름을 딴 테니스 시설을 설립해 가난한 지역의 젊은 여성들에게 무료 테니스 강습과 생활 기술 훈련을 제공해 왔다. 부동산 개발업자와 결혼하여 불임 판정을 받고 입양한 한국인 자녀들이 현재 2세, 6세, 7세가 되었다. 최근 한 테니스 잡지와의 인터뷰에서 이렇게 말했다. "테니스 투어 경기에 참석하는 게 힘들어요. 아이들과 충분한 시간을 보낼 수가 없거든요."

비영리 단체 중역 : ＿＿위

빌 폴슨은 원래 대도시의 부유한 가정에 투자 상담역으로 일했고, 특히 기업가가 사망한 다음 발생하는 복잡한 부동산 문제를 관리하는 데 정평이 나 있었다. 20년 전 아내 테리(아동발달 상담사)와 결혼해 슬하에 자녀 네 명을 두었다. 5년 전부터는 하던 일을 그만두고, 남아프리카 출신의 독실한 종교 지도자가 세운 비영리 봉사 단체에서 훨씬 적은 임금을 받고 관리자로 일하고 있다. 지역 신문과의 인터뷰에서 빌은 이렇게 말했다. "저는 하느님의 부르심을 들었어요. 그리고 거기에 응답한 겁니다." 그가 추진하는 주요 프로젝트는 아프리카 시골 마을들이 깨끗한 식수원食水原을 확보하도록 돕는 단체의 사명을 완수하는 일이다. 종교 자선단체들을 연합하여 기금을 마련했고, 투자 능력을 발휘하여 기금을 배로 불렸다. 그의 가족은 식수원 프로젝트가 진행되는 아프리카의 빈곤한 시골에서 향후 2년간 직접 거주할 계획이다. 8세부터 16세 사이인 네 명의 자녀들은 절대 아프리카로 이사하지 않겠다고 반발하지만 그와 아내는 온 가족이 함께하기로 결심한 상태다.

자신의 '1순위 삶'을 자세히 들여다보라

수업이나 세미나에서 이 '여섯 가지 인생 실험'을 진행하면 흥미로운 패턴이 드러납니다. 여섯 가지 삶 모두 1등을 받기도 하고 6등을 받기도 하지만, 특히나 다른 삶들에 비해 1, 2등 점수를 유난히 많이 받는 인생이 한 가지 있다는 겁니다. 바로 '석공의 삶'이지요.

왜 그 사실에 제가 놀라는 걸까요? 제 강연의 수강생들은 대부분 월스트리트 중역, 의사, 제약 연구자, 경영대학원 학생, 정부 고위 관료 들이기 때문이죠. 석공에 비하면 아마도 훨씬 복잡한 삶을 꾸려가고 있을 것으로 예상되는 사람들입니다. 두 부류가 인생을 살아가는 방식의 차이도 엄청나게 클 테고요.

그래서 저는 종종 다음과 같은 질문을 던집니다. "여러분이 석공의 삶을 가장 성공적이라고 여긴다면, 지금 당장 어떻게 해야 그 이상적인 삶에 더 가까이 다가설 수 있을까요?" 예시로 '가족이나 사랑하는 사람들과 더욱 많은 시간을 보내겠다'거나, '스스로 자부심을 느낄 만한 일에 시간을 더 많이 쏟을 수 있도록 일정을 조정하겠다'는 등의 답이 나올 수 있겠죠. 당신이 어떤 삶의 종류를 가장 성공한 인생으로 꼽았든지 상관없이, 위와 똑같은 질문을 던져 보세요. 자신이 1순위로 꼽은 삶과 가장 조화롭게 어울리는 인생을 살려면 오늘 당장 어떤 일부터 시작해야 할지, 잠시 생각하고 목록을 작성해 보는 겁니다. 그 실천 목록을 완성하는 것만으로도 이 책은 제값을 다했다고 할 수 있습니다.

자신이 높은 점수를 준 인생이 어떤 종류인지 살펴보면, 현실에서 여러분이 결정을 내릴 때 어떤 동기, 열망, 두려움이 작용하는지가 밝혀질 겁니다. 이제 그 중요한 요소들에 대해 면밀히 살펴볼 차례입니다.

성공의 두 얼굴

성공을 측정하는 방식에는 크게 두 가지가 있죠. 첫 번째는 충족감, 만족, 행복 같은 사적이고 '내적'인 관점입니다. 여섯 가지 인생 실험에 등장하는 각 인물들은 모두 어느 정도는 내면적 충족을 달성한 듯 보이지요. 하지만 동시에 뭔가가 결여되어 있기도 합니다. 부유한 투자자에게는 가족이 없고, 프로 테니스 선수는 자녀와 떨어져 지내야 하죠. 교사는 딸과 의절했고, 은행 임원은 장애를 가진 자녀를 돌보느라 타인과의 관계를 제대로 맺지 못합니다. 비영리 단체 중역은 아프리카 시골로 떠나려는 계획에 격렬히 저항하는 자녀 때문에 골치를 앓고 있죠.

　반면에 석공은 이런 내적 조화를 거스르는 요소가 없이 모든 게 완벽한 듯 보입니다. 52년간의 결혼생활은 안정적이고, 세 자녀와 일곱 손주가 인근에서 살고 있지요(더구나 그 집들을 짓는 데 손수 도움을 보냈고요). 또한 자신의 일에서 진실된 장인匠人적 만족감을 느낍니다. 매일 노동의 결실을 직접 확인할 수 있는 직업이죠. "힘들기는 하지만 언제 해가 지는지도 모른다"고 말할 정도니, 석공의 삶에는 거의 영적인 수도修道의 차원이 존재하는 듯싶습니다.

그러니 석공의 삶에 높은 점수를 준 사람은 아마도 내적 관점에서 성공 여부를 판단하는 것이겠죠. 이런 관점을 가진 사람들이 꽤 많습니다. 기쁨과 만족이 없는 삶을 '성공적'이라고 규정하기는 어렵겠죠. 그리고 (2장에서 자세히 다룰) 행복에 관한 광범위한 연구에 따르면, 내면의 긍정적 감정은, 기능을 효과적으로 발휘하는 능력에 중대한 영향을 끼친다고 합니다.

두 번째로 좀 더 공적이고 '외적'인 관점이 있습니다. 성공을 내면의 행복 추구보다는 일상적인 행동에 동기를 부여하는 요소로 여기는 관점으로, 성취, 사회적 인정, 존중에 대한 욕구를 의미합니다.

이 관점에서 보자면, 석공의 삶에는 다른 다섯 가지 인생이 갖추고 있는 요소, 즉 '사회가 인정하는 주목할 만한 성취가 안겨주는 흥분감'이 빠져 있지요. 그 외의 사람들은 유명인사이거나(부유한 투자자와 테니스 선수), 가치 있는 모금으로 언론의 주목을 받거나(은행 임원), 아프리카 빈민 구제 활동에 나서거나(비영리 단체 중역), 동료 전문가들이 인정하는 상을 수상하는 등(교사) 사회적 집단으로부터 폭넓게 주목받는 성취를 달성했습니다. 하지만 석공의 경우는 〈뉴욕타임스〉는커녕, 석공 잡지에조차 소개된 적이 없지요. 더구나 때로는 돈 문제로 힘들어하기도 했고요.

여섯 가지 인생 실험에서 석공의 삶에 낮은 점수를 준 사람들은, 아마도 직업과 가족에 대한 석공의 헌신과 만족을 존중하기는 하더라도 그런 삶은 좀 '지루하다'고 여겼을 겁니다. 인생의 전반적인 성공의 비중을 외적 성취의 관점에 좀 더 두는 것이죠.

다른 측면에서 보자면, 어떤 욕구에서 충족감을 얻든 간에 우리는 대개 칭찬을 받았을 때 적절한 흥분을 느낍니다. 동기부여에 대해서는 8장에서 더 살펴보겠지만, 우리가 사회 집단으로부터 보상을 받을 때 뇌는 기분을 매우 좋게 만드는 화학물질을 배출합니다. 제가 직접 체험한 바에 따르면, 불교 사찰 내에서조차 깨달음이 적은 승려들은 승자의 집단에 소속되려 하고 지도자가 되고자 동료들을 누르려 들더군요.

따라서 저는 여러분에게 이렇게 요구합니다. 자신이 고른 '성공한 삶'에 대해 다시 한 번 되돌아보고, 그 가치와 목표가 현실에서 어떤 일을 할지 결정을 내릴 때 정말로 마음을 움직이는지 확인해 보세요. 그 과정을 돕기 위해 각각의 삶이 담고 있는 성취동기들을 하나의 표로 정리했습니다. 자신이 순위를 높게 매긴 삶에 과연 본인의 성취동기들이 담겨 있는지 확인해 보세요. 또한 취미, 경력, 열정, 관심사, 자원봉사, 가족 등, 자신의 삶의 어떤 부분이 각 삶을 선택한 자기 내면의 목소리에 영향을 미쳤는지 체크해 보는 것도 중요합니다. 만약 여섯 가지 중에서 특별히 더 명확하게 끌리는 삶이 있다면, 그로부터 앞으로 살아가야 할 방향과 자신만의 진정한 성공 척도를 알 수 있을 테지요.

마지막으로 한 가지 더 생각할 거리가 더 있습니다. 여섯 가지 삶에 대해 다시 떠올려 보고, 여러분이 자녀를 딱 한 명만 두었다고 가정해 보세요. 그런 다음, 그 하나 뿐인 자녀가 어떤 삶을 살면 좋을지 딱 한 가지만 선택하는 겁니다.

어땠습니까? 본인의 삶을 결정할 때와는 결과가 좀 달라졌나요?

유형	성취동기
교사	조직 내에서의 탁월한 업적. 좋은 성적을 내기 위해 팀을 이끌고 돕는 데 전념하는 삶. 집단의 성취와 인정에 기초한 커리어가 곧 성공이다. 타인의 재능과 능력을 발전시키고 타인의 성취에서 만족을 느낀다.
은행 임원	충성과 헌신 중시. 특정인이나 조직에 대한 강한 의무감과 충성심이 두드러지는 삶. 친구, 가족, 직장 동료가 헌신의 대상. 이러한 충성심을 유지하고 기르는 것이 곧 성공이다.
부유한 투자자	권력, 매력, 화려함을 추구. 외적으로 눈에 띄는 고난도 도전 선호. 사업을 일으키고, 개인적 역량과 전략적 수완을 발휘하고, 경쟁적 에너지를 발산하는 데 성공이 있다. 쾌락, 변화, 감각을 중시한다.
석공	장인정신과 가족이 중요. 타인의 인정, 명성, 부는 별로 중시하지 않는다. 내적 동기만으로도 충분히 만족하는 삶. 성공이란 일거리를 맡고, 매일 노동의 결실을 확인하고, 가족에게 헌신하는 것이다.
테니스 선수	개인적 탁월함 중시. 주어진 일에서 엄격히 훈련하고 노력하는 삶. 성공은 타인의 인정과 개인적 성취를 통해 달성된다.
비영리 단체 중역	영적이고 가치 중심적인 소명에 응답하여 핵심 신념과 가치를 구현하는 삶. 숭고한 대의를 위해 최선을 다하는 것이 성공이다.

기업 임원들을 대상으로 이 테스트를 해봤더니 3분의 1가량이 1순위의 삶을 바꾸더군요. 이런 식으로 질문의 틀을 바꿔보면, 현재 당신이 이상적으로 생각하는 성공한 삶의 모습과 실제 자신의 삶

이 얼마나 다른지 평가해 볼 수 있습니다.

아마 여러분은 본인의 자녀가 최고의 삶을 누리길 바라겠지요. 이때의 '최고의 삶'이란 생존 요건, 인생의 이상, 흥미와 결과물 모두를 현명하게 저울질한 결과일 겁니다. 그러니 유일한 자녀를 위해 선택한 삶이란, 곧 자신이 은연중에 지향하고 있는 삶일 가능성이 높지요.

이렇게 선택한 삶에 만족합니까? 그 삶에 개선해야 할 점이 더 있어 보이나요? 다행인 건, 여러분이 선택할 수 있는 삶은 그 여섯 가지에 한정되지 않는다는 점입니다. 여러분에게는 오늘 어떤 삶을 살지 선택하고 내일의 삶에 대해 새로운 이야기를 쓰기 시작할 능력이 있기 때문이죠.

에릭은 과연 어떻게 됐을까

이 장을 마무리하기 전에 잠시, 에릭 애들러의 이야기로 되돌아가 보겠습니다. 우선 그는 의사인 아내와 결혼했고, 두 자녀와 세 마리 개와 함께 매우 행복하게 살고 있다는 소식을 전하고 싶군요. 이 데이터가 성공의 내적 측면을 파악하는 데 도움이 좀 되죠. 여섯 가지 인생 실험의 기준에서 보자면, 에릭의 삶에는 교사, 석공, 비영리 단체 중역의 모습이 보인다고 얘기할 수 있겠습니다. 그가 선택한 삶은 자신의 능력을 활용해 기업의 성과를 추구하면서도, 사회기업가로서의 일에 장인정신을 갖고 일하는 동시에, 가치 중심 소명에 응답하고 있으니까요.

하지만 그의 인생에도 상당한 난관들이 존재했습니다. 라지브와 함께 첫 SEED 학교를 개교한 지 몇 년 후 개인적인 위기가 찾아왔죠. 장기 생존율이 5퍼센트가 채 안 되는 치명적 질병, 췌장암에 걸린 겁니다. "바로 일을 그만뒀어요." 에릭은 말했습니다. 수술과 이후 이어진 화학요법과 방사선 치료로 인해 체중이 25킬로그램이나 줄었다고 하더군요.

췌장암과의 전쟁은 복권 당첨에 비교될 정도로 승률이 희박하지만, 이겨내기만 한다면 부자가 되는 것보다 훨씬 대단한 일이죠. 그런데 에릭은 그 싸움에서 정말 이겼을 뿐 아니라 10년 넘게 재발도 겪지 않았습니다. 그리고 암과 싸우는 과정에서 삶과 타인의 소중함을 새롭게, 또한 더욱 깊게 깨달았다고 말합니다. 하지만 항암 치료의 후유증 때문에 건강 문제는 앞으로도 계속 그에게 큰 숙제이자 삶의 일부가 되겠지요.

저는 에릭에게 물었습니다. 언젠가 SEED와 관련한 일을 그만 둔다면 무엇을 하겠느냐고. 그러자 그는 이렇게 답하더군요. "뭔가 새롭고 기업가적인 일을 해야죠. 그것이 제가 SEED에서 추구하는 바이니까요."

자신의 인생을 선택할 기회

이번 장에서 우리는 자신의 성공관이 무엇이며 어디서 비롯됐는지를 살펴보는 기회를 가졌습니다. 우리의 문화는, 심지어 학교라는 작은 사회의 문화라 할지라도, 우리가 추구하는 목표에 마치 중력장처럼 작용하기 때문에 완전히 독립된 경로를 설정하기는 어렵지요. 에릭 애들러의 이야기를 보면 그 미묘한 프로세스가 어떻게 작동하는지 알 수 있습니다. 컨설턴트가 되겠다는 성공 판타지에서 깨어난 후 에릭은 비로소 "내가 뭘 할 수 있을까?"라는 핵심 질문을 던질 수 있었죠. 거기서 SEED 학교에 대한 아이디어가 어렵지 않게 발전했고, 이 아이디어는 에릭의 인생뿐 아니라 수백만의 도심 빈민 지역 아이들의 운명을 바꿔놓았습니다.

여섯 가지 인생 실험은 '우리에게 인생을 선택할 기회'를 제공합니다. 성공의 내적 측면과 외적 측면 가운데서 자신이 어떻게 균형을 잡고 있는지 평가할 수 있죠. 뿐만 아니라 더 넓은 의미에서 본다면, 삶의 다음 단계에서 자신이 실현하고 싶은 성공가치를 규정하고 선택하는 중요한 프로세스 또한 시작하는 셈입니다. 자신 인생의 대본은 결국 자기 자신이 써 내려가는 것인 만큼, 주인공 역할을 맡을 인물의 성격 특징과 주요 동기 또한 자신이 선택해야 할 몫인 거죠.

이어질 다음 장에서는 성공의 가장 참된 척도라고 할 수 있는 행복과 내적 만족에 대해 보다 주의 깊게 살펴볼 겁니다. 나아가 우리를 유혹하는 명성, 부, 직업적 지위 같은 외부 요인도 다룰 예정입니다.

성공을 공부하면 할수록 사회의 영향력이 강대하다는 사실을 깨닫게 될 겁니다. 만약 본인이 주변 문화의 영향으로부터 자유롭다고 생각한다면, 다시 한번 생각해 보세요. 제아무리 현명한 과학자일지라도 15분짜리 명성을 얻기 위해 경쟁하며, 복권 당첨금을 마다하는 사람은 없으니까요.

우선 "성공이란 무엇인가?"라는 질문에 대해 사람들이 가장 흔하게 내놓는 대답부터 살펴보기로 하지요. 대부분은 곧장 확신에 차서 대답합니다. "행복이죠!" 하지만 사실, 성공만큼이나 행복 또한 정의하기 힘든 개념입니다. 다음 장에서 그 이유를 알아봅시다.

성공의 두 얼굴 사이에서 균형을 잡아라

누군가는 성공이 외적 성취라고 여기고, 누군가는 내적 만족과 충족이라고 생각한다. 성공의 내적 측면과 외적 측면 간의 균형을 당신은 어떻게 잡고 있는가? 현재 어디에 더 중점을 두고 있는지 생각해 보고 다음 질문에 답하라.

1. 성공의 양쪽 측면에서 균형을 잡기 위해 조정이 필요한 부분이 있는가?
2. 그런 조정을 수행하기 위해 단기적으로 취할 수 있는 구체적인 실행법(두세 가지)은 무엇인가?
3. 필요한 균형을 이루는 데 도움이 될 구체적인 장기 목표를 한 가지 이상 설정할 수 있는가?
4. 자신에게 물어보라. "현재 이런 단계와 목표를 실천하지 못하게 방해하는 요소는 무엇인가?"1. 성공의 양쪽 측면에서 균형을 잡기 위해 조정이 필요한 부분이 있는가?

성공의 내적, 외적 측면 간의 균형을 맞추는 일이 반드시 양자택일의 문제인 것은 아니다. 올바른 일을 선택한다면, 외적 성취로 이어지는 활동으로부터 내적 만족 또한 얻을 수도 있기 때문이다. 반대로 올바른 내적 만족을 추구하면 외적인 성취가 저절로 완성되는 경우도 있다. 물론, 이 책의 나머지 부분에서 확인하게 되겠으나, 말처럼 쉬운 일은 아니다.

행복하면 곧 성공한 삶일까
가장 쉽게 나오는 답에 관하여

**행복한 사람이란
자신의 행복 외의 다른 일에만 신경 쓰는 사람이다.**

존 스튜어트 밀

몇 년 전의 일입니다. '소득과 행복'이라는 주제를 다루는 와튼스쿨의 연구 세미나에 참석했는데, 발표가 진행되는 도중에 어떤 남성 노인 한 분이 회의실에 들어서더니 긴 탁자 끝 제 옆자리에 앉았습니다. 굳은살이 거칠게 박인 손이 눈에 확 띄었지요. 발표자가 국민 소득과 '주관적 행복' 간의 상관관계에 대한 파워포인트 자료를 넘기는 동안 그는 조용히 앉아 있었습니다. 그러다 행복에 대한 연구 발표를 마무리하면서 질문을 받겠다고 하자 노인의 손이 올라갔습니다. 그리고 천천히 입을 열었지요.

"저는 평범한 사람이고 방금 발표한 내용에 대해 잘 알지는 못합니다. 하지만 '행복'이라는 단어가 언급되는 걸 보니 혼란스럽군요. 소득과 행복이 어떤 관련이 있다는 건가요? 제가 알기로는 행복은 건강한 몸, 의미 있는 일, 사랑, 이렇게 셋뿐이거든요. 이것들만 갖추고 있다면 행복한 거지요."

일순간 회의실은 침묵에 휩싸였습니다. 솔직하면서도 묵직한 몇 마디 말이 학문의 장막을 훅 걷어버린 셈이었죠. 얼마 뒤에야 발표자는 의견에 감사를 표하고는 연구방법론에 대한 다른 질문에 답하기 시작했습니다. 그리고 노인은 홀연히 회의실을 빠져나갔죠. 이후 다시는 그분을 보지 못했습니다.

가끔씩 그 일을 떠올릴 때마다 저는 혹시 그 노인이 뭔가 중요한 메시지를 전하러 왔던 '현명한 천사'는 아니었을까 생각하곤 합니다. 그런 메시지가 늘 그렇듯, 처음에는 쇠귀에 경 읽기처럼 들렸죠. 세미나는 원래대로 진행됐고 토론의 방향은 결국 평균 소득 수준과 인생의 만족도 측정이라는 주제로 되돌아갔으니까요. 하지만 노인의 말은 제게 깊은 인상을 남겼습니다. 그래서 그해의 와튼스쿨 졸업식 연설 때 이 이야기를 언급하기도 했죠.

앞으로 이 장에서 살펴볼 부와 행복 간의 관계는 서로 복잡하게 얽혀 있지요. 하지만 저는 현명한 천사가 매우 옳았다고 봅니다. 물론 돈이 많다면 자신감과 자존감을 높이는 데는 도움이 될 수 있겠지만, 우리가 일상에서 느끼는 기쁨에는 크게 영향을 끼치지 못하며, 많은 사람이 인생에서 중요하게 여기는 더욱 광범위하고 더욱 정신적인 행복에는 사실상 전혀 기여하지 못한다는 겁니다.

학생들과 기업 임원들을 만나보면, 대개는 성공이 단순히 많은 성취에 기대고 있지 않다는 점을 이성적으로는 이해하고 있지요. 하지만 막상 성공을 정의해 보라고 요구하면, 대부분 늘 이렇게 대답합니다. "행복이 곧 성공이죠." 그러면 저는 한발 더 나아가, 그럼 "당신에게 행복이란 어떤 의미인가요?"라고 묻습니다. 여기서부터가 정말 흥미진진해지기 시작하죠.

이번 장은 행복에 대한 자신만의 정의를 내리도록 도우려 합니다. 이렇게 시도해 보면서 행복이 얼마나 정의내리기 힘든지 알게 되면 아마 놀랄 겁니다. 이 주제에 관한 연구를 선도해온 노벨경제학상 수상자이자 프린스턴대학교 교수 대니얼 카너먼은 자신의 저서 《생각에 관한 생각》에서 다음과 같이 결론 내렸지요. "지난 10년간 우리는 행복에 관한 새로운 사실들을 많이 발견하긴 했지만, '행복'이라는 용어가 단지 하나의 의미만을 갖지 않는다는 점, 그리고 한 가지 의미만으로 '행복'이란 용어를 사용해서도 안 된다는 점 또한 알게 되었다."

사람들은 '행복'을 적어도 다음 세 가지 의미로 사용한다는 점을 앞으로 살펴볼 겁니다.

- 순간적이고 긍정적인 감정
- 과거에 대한 전반적인 평가나 미래를 향한 희망
- 기쁨, 관계, 의미에 대한 깊은 인식

이 장의 뒷부분에서 저는 여러분에게 이 세 가지 의미에 대해 무엇을 배웠는지, 또 자신에게 행복이란 어떤 의미인지 물어볼 겁

니다. 그런 다음에야 비로소 행복이 성공과 어떤 관계에 있는지를
판단할 수 있을 테니까요.

행복의 수수께끼

1장의 여섯 가지 인생 실험에서 우리는 성공의 내적 측면과 외적
측면을 가늠해 보면서 어떤 삶에 가장 마음이 끌리는지 확인해 보
았습니다. 이제 그중에서 내적 측면을 더욱 자세히 살펴볼 차례입
니다. 몇 가지 질문을 생각해 보면서 시작해 보죠.

우선, 여러분은 배우자, 혹은 신뢰하는 가족과 다음과 같은 대화
를 나눠본 적이 있나요?

나 : "저는 앞으로 무엇을 하면서 살아야 할까요?"
부모 : "네가 뭘 하든 우리는 널 지원할 거야. 단지 네가 행복하면 좋겠구나."

과연 이때 부모님은 여러분의 행복한 상태를 어떤 상태라고 여
기는 걸까요?

이어서 아래 문장을 읽고, 책을 내려놓은 다음에 마음속에 가장
먼저 떠오르는 답을 적어보세요.

지난주에 당신이 행복하다고 느낀 순간이 있었을 것이다. 그중
한 순간을 떠올려 보라. 당신은 무엇을 하고 있었는가? 당신은 어
디에 있었는가? 어떤 기분이 들었는가?

이 질문에 대해 다른 사람들은 어떻게 답했는지 살펴보지요.

• 초콜릿 소스를 잔뜩 뿌린 부드러운 소프트 아이스크림을 먹고 있었어요.
• 화창한 날씨에 남자친구와 벤치에 앉아 손을 잡고 있었죠.
• 늦은 밤까지 친구들과 어울려 포커를 쳤고 돈을 땄어요.
• 친구에게 깜짝 생일파티를 열어주려고 준비하는 중이었습니다.
• 이른 아침 조깅하는 중이었는데 마치 시간이 멈춘 듯한 기분이 들더군요.

부모님이 여러분에게 "행복하면 좋겠다"고 말할 때 의미하는 바와 그 다음 질문에 대한 답을 비교해 보면, '행복'이라는 단어를 정의하는 데 우리가 어려움을 겪고 있다는 사실이 이해될 겁니다. 자식의 행복을 빌 때 부모가 의도하는 행복이란, 인생 전체를 포괄하는 특별하고 긍정적인 특성을 가리키는 거죠. 이때의 행복은 경력, 건강, 좋은 동반자를 의미하거나, 혹은 사회, 종교, 가족 내에서의 안정을 뜻할 수도 있습니다.

이와는 달리 행복에는 '아이스크림'을 먹을 때처럼 쾌락, 만족, 재미를 느끼는 바로 그 순간과 관련된 개념도 존재합니다. 이런 종류의 행복은 곧 순간적이고 긍정적인 '감정'이죠.

이런 두 가지 의미 외에, 순간적 감정과 성찰적 사고를 넘어서는 거대하고 정신적인 특성을 지녔다고 여겨지는 행복도 있습니다. 철학자들에 따르면, 이 세 번째 종류의 행복은 자신에게 적합한 일에 적절한 노력을 기울이는 데서 발생하는, 혹은 사랑하는 사람이나 자연, 신성함과의 깊은 관계를 경험하는 데서 오는 '충족감'이라고 할 수 있습니다.

히브리어 '심카simcha'에 바로 이런 의미가 담겨 있죠. 여러 가지로 번역될 수 있지만, 일반적으로는 결혼이나 출산 같은 축하할 만한 이벤트와 관계된 행복감을 가리키는 단어입니다. 하지만 수업 시간에 어느 학생이 소개해준 남아프리카 출신의 정통파 랍비 아키바 타츠Akiva Tatz의 정의가 특히 제 마음에 들더군요. 이 랍비의 확장된 해석에 의하면, 심카란 "마땅히 해야 할 일을 실천하는 데서 발생하는 영혼의 경험"입니다. 아픈 친구를 위로하는 순간부터 자신의 일에서 고도의 능력을 발휘하는 기쁨에 이르기까지, 심카는 그 모두를 아우르는 개념인 겁니다. 긍정심리학자들은 이러한 깊은 행복감을 묘사하기 위해 'flow(몰입)', 'flourishing(번영)', 'meaning(의미)' 등의 용어를 사용해 왔죠. 아리스토텔레스는 《니코마코스 윤리학》에서 이런 궁극적 형태의 행복에 '에우데모니아eudemonia'라는 용어를 붙였고요. 문자 그대로 옮기면 '선한 정신'을 뜻하는 말입니다.

이쯤에서 나쁜 소식과 좋은 소식을 각각 전해야겠군요. 우선 나쁜 소식은, 성공을 단순히 '행복'이라고 정의해서는 여러분의 문제를 진정으로 해결할 수 없다는 겁니다. 단지 성공에 대한 탐구가 새로운 수수께끼로 바뀔 뿐이지요.

그렇다면 좋은 소식은 뭘까요? 세미나를 참석했던 현명한 천사처럼 행복에 대해 자신만의 정의를 내릴 수 있다면, 성공의 의미에 대해서도 한층 명확한 결론을 내릴 수 있을 거라는 점입니다.

이제부터는 지금까지 언급한 행복의 세 가지 유형을 탐색하고,

각 유형의 행복감을 증진하는 방법 또한 찾아보겠습니다. 물론 거기에는 주의할 점 또한 따라붙을 겁니다.

부처가 얻은 첫 번째 깨달음은, 인생은 결국 고통과 불만의 경험으로 얼룩져 있다는 사실이었습니다. 사람은 병들고 다치고 죽으며, 몸뿐 아니라 마음의 상처도 입지요. 따라서 위대한 예술, 음악, 문학과 종교적 지혜는 대부분 이런 상황에 대처하고 극복하는 방법을 다루고 있습니다. 그런데 늘 행복만이 가득한 이상향으로 도피하기보다는 그런 현실에 정면으로 맞서서 경험으로부터 배우는 쪽을 주로 얘기합니다. 또한 절망, 분노, 실망, 슬픔 등의 부정적 감정은 우리로 하여금 자신을 되돌아보고, 사회정의를 실현하며, 타인에게 도움의 손길을 내밀고, 자기 삶에 필요한 변화를 이뤄내도록 촉구하는 경우가 많지요.

성공을 오로지 '행복'의 차원에서만 정의 내린다면 인생을 의미 있게 만드는 요소를 놓칠지도 모르는 겁니다. 그러니 이제 여러 가지 행복의 유형들이 성공에 대한 자신의 정의에 각각 어떻게 어울리는지 확인해 볼 차례입니다.

순간적 행복 : 마음챙김의 가치

우선 가장 직접적이고 유쾌하고 감각적인 형태의 행복에서부터 출발해 보겠습니다. 로마 철학자 에피쿠로스가 이르길, "우리가 행복하기 위해 필요한 모든 것은 쉽게 얻을 수 있다"고 했습니다. 가장 단순하고 즉각적인 수준에서 보자면, 행복은 인생의 위대한 긍정적 감정 중 하나라고 할 수 있죠.

만화《피너츠》의 작가 찰스 슐츠가 1960년 4월 25일 발표한 만화는 가장 인상적으로 '순간적 행복'을 포착해 냈습니다. 괴팍하고 냉소적인 성격의 루시는 평소 스누피가 자기에게 뽀뽀하는 걸 질색했지만, 이날만큼은 경계를 풀고 무한한 애정을 담아 스누피를 안아주었죠. 그러면서 남긴 "행복은 따뜻한 강아지야"라는 마지막 대사는 이후 수많은 포스터와 커피 머그잔에 새겨졌습니다. 슐츠 본인도 이 행복의 정의를 믿는다고 블로그에 글을 남겼죠. "감상에 젖었던 게 아니라 진리를 표현한 거죠. 행복에 대해 이보다 더 나은 정의를 내릴 수 있을까요?"

앞서 여러분에게 지난 일주일간 행복했던 순간을 떠올려 보라고 요구했던 이유는 이 '순간적 행복Momentary Happiness'을 이해하는 데 도움을 주려는 의도도 있었습니다. 대니얼 카너먼은 이를 두고 '경험하는 자아'의 행복이라고 정의 내렸죠. 이는 예전에 다녔던 직장에서, 혹은 작년 떠났던 휴가지에서 자신이 얼마나 행복했었는지를 떠올리는 '기억하는 자아'의 행복과 대비되는 개념입니다. 순간적 행복은 돌연히 터져 나오며, 울적한 날을 한결 화창하게, 화창한 날을 한층 달콤하게 바꿔줍니다.

성공에 대해 어떻게 정의를 내리든지, 순간적 행복은 반드시 어느 정도는 성공에 기여하지요. 연구를 통해 저는 매주 순간적 행복을 늘릴 수 있는 두 가지 간단한 아이디어를 찾아냈습니다. 자신이 경험한 일 중에서 유쾌한 측면에 더 관심을 기울이고, 미래에 대한 기대를 재조정하는 겁니다.

속도를 늦추고 주의를 집중한다

요즘의 심리학자들은 사람들에게 호출기를 주면서 신호가 울릴 때마다 '행복 점수'를 기록하라는 식으로 순간적 행복을 연구합니다. 또한 기억 때문에 현실이 왜곡되지 않도록 매일 같은 일을 반복하라고 요구하죠. 반면에 고대의 현자들은 명상을 통해 순간적 행복을 연구했습니다. 주의 깊은 마음챙김의 힘을 강화하도록 연습한 겁니다. 이 두 가지 방식 모두 '경험하는 자아'에 접속하여 자신의 머리와 가슴에서 현재 어떤 일이 일어나고 있는지를 파악하려 한다는 공통점이 있습니다. 호출기와 명상 어떤 쪽을 이용하든지, 인생의 유쾌한 측면에 더 집중하는 약간의 변화만으로도 우리는 순간적 행복을 더 키울 수 있지요.

어느 연구결과에 따르면, 프랑스 여성과 미국 여성 모두 매주 식사하는 데 드는 시간은 거의 같답니다. 하지만 미국 여성에 비해 프랑스 여성이 음식에 약 두 배나 더 관심을 집중하며, 매일 얻는 순간적 행복의 양도 그만큼 더 많다고 하죠.

베트남 승려 틱낫한은 《틱낫한 명상》이라는 책에서, 자신의 장래 계획을 신이 나서 늘어놓는 한 친구의 이야기를 전합니다. 얘기하는 도중에 이 친구는 귤을 계속 입에 집어넣었습니다. 말하는 속도가 빨라질수록 귤을 삼키는 속도도 같이 빨라졌죠. 틱낫한 스님은 지금 어떤 일이 벌어지고 있는지 점잖게 지적하면서, 친구에게 귤의 달콤함에 마음을 집중해 보라고 권했습니다. 그럼으로써 친구의 하루에는 순간적 행복이 더 늘어날 수 있었죠.

풀리처상을 수상한 미국 시인 월리스 스티븐스는 코네티컷주 하트포드 보험 회사의 고위급 임원이었습니다. 자동차를 운전하는 대신 매일 걸어서 출근했고, 걸으면서 주변에서 벌어지는 일들에 관심을 갖게 되었고, 때로는 그 경험을 어떤 단어들로 표현하면 좋을지 생각해 보기도 했습니다. 그에게 통근길은 시를 쓰는 작업실로 탈바꿈했던 겁니다. 스티븐스의 전기傳記에는 이런 대목이 있습니다. "스티븐스는 마치 머릿속으로 시를 짓고 사무실에 도착한 다음 종이에 적는 것 같았다. 분명 그는 출근길을 즐기는 사람이었다. 오로지 그때만이 야외에서 홀로 사색하며 온몸으로 자연을 받아들이는 시간이었다." 지금도 하트포드에 가면 실제로 스티븐스가 매일 출근하던 경로를 따라 걸어볼 수 있지요. 그 길가에는 스티븐스가 남긴 "검은 새를 보는 열세 가지 방법"이라는 시가 새겨진 열세 개의 시비詩碑가 늘어서 있습니다.

여러분의 성공에 순간적 행복이 얼마나 기여하고 있는지 알고 싶다면, 틱낫한과 월리스 스티븐스가 보여준 마음챙김을 자신 또한 적용할 수 있을지 생각해 보세요. 아마 어디론가 가는 데 바빠서 수많은 순간적 행복을 놓치고 있을 겁니다.

기대를 재조정한다

어떤 순간적 행복은 우리의 감각이 아니라 사회적 요인에 근거하기도 합니다. 무엇이 미래에 자신을 행복하게 만들어줄지 예측하는 일에, 사람들이 얼마나 형편없는 실력을 발휘하는지 보여주는 하버드대학교 대니얼 길버트 교수의 연구에서 그 증거를 찾아볼 수 있죠. 이 연구를 다룬 《행복에 걸려 비틀거리다》는 가장 탁월하고 재미있게 성공을 다룬 책이라는 평가를 받습니다.

예를 들어 보지요. 제 학생 중 한 명인 캐시는 앞서 언급한 만화 《피너츠》를 통해서 순간적 행복에 대한 슬픈 진실을 깨달았습니다. 여덟 살 때 그녀는 루시가 스누피를 껴안으며 "행복은 따뜻한 강아지야"라고 말하는 포스터에서, 처음이자 명료하고 객관적으로, 행복에 대한 정의를 마주했죠. 당시 스스로가 불행하다고 여겼던 캐시는 강아지가 행복을 가져다줄 것이란 생각에 사로잡혀 부모님에게 강아지를 사달라고 졸랐습니다.

그렇게 강아지를 기르게 됐지만, 결국에는 강아지가 있더라도 여전히 자신이 불행하다는 사실에 깨닫고 충격을 받았습니다. 그녀는 제게 이렇게 털어놨습니다. "그때서야 제가 행복감을 충분히 즐길 줄 아는 사람이 아니라는 점을 이해하게 됐어요. 어른이 된 지금도 저는 그렇게 낙관적인 성격은 아니거든요." 캐시는 자라면서 미래의 사건에 얼마나 감정적으로 반응할지에 대한 자신의 기대를 재조정하는 법을 점차 배워나갔습니다. 기대치를 줄이고 나자 이제는 오히려 예상치 못한 즐거움이 늘었다고 했죠. 섣부른 희망이 깨지는 일은 줄었고요. 더욱 좋은 점은, 갖가지 삶의 고민들을 한방에 해결할 수 있다는 환상을 버렸다는 것이었습니다.

길버트의 연구에 따르면, 결혼식, 졸업식, 생일 등 우리를 행복하게 만든다고 여겨지는 사회적 추정에 근거한 기대는, 우리가 순간적 행복을 온전히 경험하지 못하도록 방해합니다. 기대치가 높을수록 미래의 경험이 그 기대치에 부합하기가 더욱 힘들어지는 거죠. 위스콘신대학교 노화연구소 소장 캐럴 리프는, 인생의 어떤 특정한 상황이 행복해야 한다는 강박적 욕구는 오히려 '심리적 부담'으로 작용하여 역효과를 내기 쉽다고 지적합니다.

순응에 유의한다

순간적 행복을 감소시킬 수 있는 요인 중에 심리학자들이 말하는 '순응adaptation'이 있습니다. 원하는 일이나 사람을 얻는 등 좋은 일이 생겨도, 우리가 이 새로운 환경에 금세 적응해 버리면, 그 상태는 곧 자기 기분을 판단하는 새로운 기준점이 되어버리는 거죠. 새 직업이나 관계가 주는 기쁨이 점점 약해지면서 우리는 상사의 짜증 나는 말투와 저녁 식사 시간 애인의 문자질에 신경을 집중하기 시작합니다.

바로 이때 마음챙김이 이미 발생하고 있는 유쾌한 일에 집중하고 비현실적인 기대와 순응에서 벗어나도록 도와줄 수 있습니다. 자신의 삶을 더욱 직접적으로, 순간 단위로 경험할수록, 미래의 활동에 헛되게 '행복한 꿈'을 덧씌울 가능성이 줄어들기 때문이죠. 더불어 현재를 사는 데 집중하면서 인생의 사소한 일들 또한 제대로 인식하게 됩니다. 긍정적 변화에 너무 빨리 익숙해지기보다는 자신에게 주어진 축복을 음미할 수 있는 거죠.

길버트의 발견은 앞선 제 지적과 일맥상통하지요. 우리의 일상적 경험이란 곧 우리가 주의를 기울이는 대상들로 구성된다는 얘기입니다. 만일 사고를 당해 매일 휠체어를 타고 생활해야 한다면, 처음에는 자신의 장애가 신경 쓰이겠지만 결국에는 수많은 행복의 순간들을 담고 있는 인생의 다른 부분들로 눈길을 돌리게 되겠지요. 어디에 있든지 귤의 달콤한 맛을 즐길 수 있다는 겁니다.

정리해 봅시다. 경험하는 자아가 누리는 긍정적 감정은, 행복이 자신의 성공관에 어울리는 개념인지 파악하는 일에 좋은 출발점이 되어줍니다. 그리고 다행스럽게도 속도를 늦추고 기대치를 관리하는 데 약간 더 신경 쓰기만 해도 순간적 행복을 증진시킬 수 있다는 점 또한 알았습니다. 그렇지만 순간적 행복에서 이해되지 않는 부분들은 아직 우리가 탐색을 끝낼 때가 아니라는 걸 암시해 줍니다. 여전히 살펴봐야 할 행복의 형태 두 가지가 더 남았거든요.

다음은 '전반적 행복Overall Happiness'을 살펴보겠습니다. 유쾌한 경험들 몇 가지를 더 채워 넣는 게 아니라, 우리 인생을 아예 전반적으로 더 행복하게 재구성할 수 있을까요? 과연 가능할지, 직접 판단해 보시죠.

전반적 행복 : 삶을 전체적으로 판단하기

경험하는 자아가 매 순간 느끼는 유쾌하고 감각적인 감정과는 달리, 전반적 행복은 일정 시간에 대한 신중한 평가라고 할 수 있습니다. "나는 행복한 어린 시절을 보냈어"라거나 "새 직장에서도 계속 행복하면 좋겠어"라는 말은 전반적 행복에 대한 판단인 것이죠.

심리학자들이 전반적 행복을 측정할 때는 호출기 대신 설문지를 나눠주면서 과거의 삶을 반추해보는 질문들을 던지지요. 그런 설문지 중 한 가지 유형을 아래에 적었습니다. 여러분이 직접 이 설문에 응답해도 재미있을 겁니다.

여러분이 자신에게 매긴 전반적 행복 점수는 몇 점인가요? 아마

전반적 행복 평가

맨 아래부터 위까지 발판에 숫자 0~10이 적힌 사다리를 상상해 보라. 사다리의 꼭대기 발판은 당신이 누릴 수 있는 최고의 삶, 바닥 발판은 최악의 삶을 각각 가리킨다. 이 중에서 당신은 지금 어떤 발판을 딛고 서 있는 것 같은가?

```
                              10
                            9
                          8
                        7
                      6
                    5
                  4
                3
              2
            1
          0
```

도 그 점수에는 순간적 행복이 반영돼 있을 겁니다. 사람들은 기분이 좋을 때 전반적 행복 점수를 더 높게 매기는 경향이 있거든요. 어쩌면 재빨리 근래의 기억을 더듬어보면서 긍정적 감정이 부정적 감정을 횟수나 강도 면에서 앞섰던 일을 떠올리려 했을 겁니다. 연구결과에 의하면 사람들은 과거 경험에 점수를 매길 때 '절정'의 기억들(디즈니랜드에 가서 놀이기구를 탔던 일이 너무 기억에 남는다)과 '마지막'의 기억들(마지막 저녁 식사의 축배가 감동적이어서 지난번 가족 모임이 너무 좋았다)을 되돌아보려고 하는 경향을 보이지요.

순간적 행복의 기억 외에도 다른 요인들이 작동합니다. 행복 연구자들에 따르면 사람들은 현실의 삶과 희망해 왔던 삶 사이의 '간극'을 살펴본다고 합니다. 둘 사이의 격차가 줄어들수록 전반적 행복은 높아지지만, 현재 상황이 꿈꾸던 수준에 크게 못 미치거나 방향의 차이가 벌어지는 경우에는 전반적 행복이 줄어드는 것이죠.

일반적으로 사람들은 자신의 전반적 행복에 6부터 10 사이의 점수를 매깁니다. 행복학 분야의 세계적 권위자인 일리노이대학교 에드 디너 교수에 따르면, 설문 조사 결과는 "사람들이 대부분 약간 행복한 상태"에 있음을 보여주지요. 물론 사랑하는 사람을 잃거나, 몸이 아프거나, 실직을 당하거나, 안전하지 못한 환경에 머물거나, 사회적으로 고립되는 등의 상황은 엄청난 불행을 야기합니다. 하지만 보통은 어떻게든 다시 제 모습을 드러내지요. 자기 삶을 긍정적으로 평가하는 태도는, 적대적이고 예측할 수 없으며 스트레스가 가득한 세상에서 살아남을 있도록 우리를 돕는 자연스러운 선택일지도 모릅니다. 우리는 항상 행복하지는 않지만, 그렇다고 늘 불행하지도 않죠. 마치 밀물과 썰물처럼 전반적인 만족감도 등락을 반복하는 겁니다.

흥미롭게도 디너 교수 연구진은 전반적 행복 조사에서 10점을 기록한 사람의 경우 성공의 성취적 측면에서 그 대가를 치른다는 점을 발견했습니다. '걱정은 잊고 그저 행복하자'는 태도를 반영하듯이, 이들은 전반적 행복 점수가 8점인 사람들에 비하면 성취도, 소득, 학교 성적, 학위 수준이 낮았지요. 즉 10점 만점, 완벽한 행복을 이루기 위해 다수가 원하지는 않는 교환으로서 성취를 희생한 겁니다.

전반적 행복과 성취 중 어디에 균형을 맞출 것인지에 대한 본능적 판단에는 유전적 요인이 작용할 수 있습니다. 생물학자들은 전반적 행복 점수를 예측할 수 있는 가장 중요한 단일 요소로 유전자 지도를 꼽습니다. 일란성 쌍둥이가 태어나자마자 떨어져 자랐을지라도, 어른이 된 이후의 전반적 만족도는 거의 비슷할 가능성이 크다는 것이죠. 저의 제자 캐시가 어린 시절 '따뜻한 강아지'를 겪은 뒤 깨달았듯, 다른 사람보다 천성적으로 더 쾌활하고 긍정적이며 잘 만족하는 사람이 따로 있는 겁니다. 원래 타고난 본성이 그런 것이죠.

행복과 유전자의 관련성을 주로 연구해 온 데이비드 리켄David Lykken과 오크 텔레겐Auke Tellegen은 "팀을 이루거나 직장에서 승진하거나 복권에 당첨되면 행복도가 증가하는 경향을 보인다"고 주장하면서도 이러한 사건의 영향이 "안정적 기질의 설정치나 개인적 특징에 대한 일시적인 변동으로 나타난다"고 했죠. 그러면서 사람들이 느끼는 전반적 행복 중 약 50퍼센트는 유전적 요인에 의해 결정되며 나머지 50퍼센트는 환경의 산물이라고 결론 내렸습니다.

뒤의 5장에서는 유전자가 성공에 끼치는 영향에 대해 보다 자세히 살펴볼 예정입니다. 지금은 리켄과 텔레겐의 연구 또한 행복에 대한 좋은 소식과 나쁜 소식을 동시에 전한다고만 알아두면 됩니다. 우선 나쁜 소식은 전반적 행동의 변동 수준이 우리가 의식적으로 통제할 수 있는 범위를 넘어선다는 것이죠. 반면 좋은 소식은 그 범위 내에서라면 전반적 행복도를 향상시키는 게 가능하다는 겁니다.

다음에는 연구자들이 전반적 행복도를 1~2점 올리는 데 유용하다고 제안하는 네 가지 방법을 소개하겠습니다. 재미있는 사실은, 이 네 가지 방법이 건강, 의미 있는 일, 사랑에 대해 얘기한 '현명한 천사'의 조언은 물론, 소득과 행복 간의 상관관계에 대해 발표해서 이의 제기를 받았던 학자의 발견과도 일맥상통한다는 점입니다.

1. 건강이 최우선이다.

행복의 요인 중 가장 먼저 '좋은 건강'을 내세운 현명한 천사의 선택은 옳았습니다. 대니얼 길버트의 연구는 우리가 사고를 당해 휠체어 신세를 지게 되더라도 결국은 적응하리란 점을 알려주지요. 하지만 질병과 고통은 한 사람의 전반적 행복 점수를 깎아내릴 수 있습니다. 그러니 자신의 건강에 감사할 줄 알아야 합니다. 또 그 상태를 유지하기 위해 최선을 다해야 하고요.

1장에서 에릭 애들러가 췌장암을 진단받았을 때처럼 만약 건강에 이상이 생긴다면 내면의 균형을 유지하는 게 중요하죠. 우선은 에릭처럼 인생의 순간적 행복을 유지하기 위해 전력을 기울여야 합니다. 그다음으로, 전반적 행복에 매우 중요한 영향을 끼치는 요인이 두 가지 있죠. 그중 하나는 장기 목표(이 경우는 건강 회복)를 설정하고 그 목표를 향해 나아감으로써 자신의 인생에 대한 통제력을 발휘하는 것이고, 다른 하나는 인간관계에 자신을 열고 사람들의 관심과 배려를 받아들이는 것입니다.

2. 장기 목표를 달성하라

연구결과에 의하면 어려운 장기 목표를 달성하면 전반적 행복도가 올라간다고 합니다. 의사나 변호사가 되겠다고 결심하여 실제 그 자리에 오른다면 전반적 행복 또한 오르겠죠. 반대로 발레리나나 영화배우를 꿈꿨으나 실패한다면 전반적 행복이 낮아질 겁니다. 그럼 자신의 기대치를 재조정하고 방향을 새롭게 설정해야겠죠.

명성, 부, 직업 그 자체보다는, 이루겠다고 마음먹은 목표를 달성했는지가 훨씬 더 중요합니다. 하지만 앞으로 살펴볼 내용처럼, 우리가 스스로 정한 목표를 달성했을 때 비로소 그 성취가 큰 의미를 갖게 되는 겁니다. 만약 남을 기쁘게 하고자 산다면, 그런 목표는 이루더라도 만족스럽지 못하죠. 자신에게 진정으로 의미 있는 목표를 찾아 달성해야 이 문제가 해결되는 겁니다. 이 주제는 4장에서 계속 다뤄보지요.

3. 인간관계에 투자하라

앞에서 행복에는 사랑이 큰 비중을 차지한다고 말했던 현명한 천사의 의견에 저 또한 동의합니다. '사랑'이 단지 연인 관계뿐 아니라 가까운 인간관계 전부를 포함하는 것으로 해석한다면, 그의 통찰은 연구에 의해서도 뒷받침되지요. 사랑과 행복에 대한 연구 결과를 대니얼 카너먼은 이렇게 정리했습니다. "아주 약간의 과장을 보탠다면, 자신이 사랑하는 사람, 그리고 자신을 사랑해주는 사람과 함께 시간을 보내는 것이 바로 행복이다."

성공에 관한 역사상 가장 종합적인 연구 중 하나는 1937년에 하버드대학교에 입학한 신입생 268명의 삶을 72년간 추적한 '하버드 성인발달연구Harvard Study of Adult Development', 일명 '그랜트 연구Grant Study'입니다. 이 연구에 따르면 행복하면서도 건강하게 중년과 노년을 보내는 사람들에게는 다음과 같은 요인들이 있었죠.

1) 인생의 변화에 대한 정신적 적응력
2) 고등 교육
3) 안정된 결혼 생활
4) 담배를 피우지 않음
5) 음주 자제

6) 적절한 운동

7) 건강한 체중 유지

　　하지만 무엇보다도 중요한 요인은 '관계에 집중하는 태도'이었습니다. 40년 이상 이 연구의 책임자로 일해 온 정신과 의사 조지 베일런트에게 "그랜트 연구에서 당신은 무엇을 배웠습니까?"라고 묻자, 그는 곧바로 확신에 찬 대답을 내놓았죠. "인생에서 진정으로 중요한 단 한 가지는 다른 사람과의 관계입니다." 그리고 연구 대상자들이 노년까지 삶을 충실히 이어갈 수 있었던 이유는 "지적인 우수함이나 부모의 사회적 지위"가 아니라 사교생활 덕분이었다고 덧붙였습니다.

4. 충분한 돈을 벌어라

　　돈으로 행복을 살 수 있을까요? 어떤 종류의 행복이냐에 따라 답이 달라집니다. 기본적인 생활비에 의식주와 더불어 취미활동까지 어느 정도 해결할 수 있는 돈(평균 7만 5,000~10만 달러)을 버는 상태에 이른 후라면, 더는 돈이 순간적 행복을 더 늘려주지는 않지요. 물론, 이건 '평균'을 말하는 겁니다. 지역마다 다른 생활비, 그리고 월급으로 부양해야 하는 사람의 숫자에 따라 이러한 순간적 행복의 '고원 효과'를 발생시키는 소득 수준 또한 달라지겠지요.

　　하지만 연구결과에 따르면 전반적 행복은 부富를 통해 증가시킬 수 있습니다. 예를 들면, 50만 달러를 버는 사람이 15만 달러를 버는 사람에 비해 더 높은 전반적 행복도를 보일 가능성이 크다고 할 수 있는 것이죠. 왜 그런 걸까요? 어쩌면 돈을 많이 버는 사람의 경우, 젊었을 때부터 부를 동경하고 장기 목표로 삼았기 때문일지도 모릅니다. 그 목표를 달성했기에 위 2번에서 말한, 달성하기 힘든 과제를 정복하는 데서 오는 전반적 행복도도 높아진 거죠.

전반적 행복을 돈으로 살 수 있는 또 다른 이유는 사회적인 요인에도 있습니다. 부를 통해 사회적 존경과 지위를 얻을 수 있다면, 전반적 행복 또한 소득과 함께 오르겠죠. 에드 디너 교수 연구진은 123개 국가의 표본을 조사한 2011년 논문에서, 부자들의 행복도가 더 높은 이유는 물질적 풍요보다는 사회적 존경 때문이라고 결론지었습니다. 미국 비평가 헨리 루이스 멩켄의 말마따나, "부자는 처형(처제)의 남편보다 100달러 더 버는 사람"인 것이죠.

전반적 행복은 성공의 내적 가치를 측정하는 중요한 척도일까요? 이 질문에는 여러분 본인만이 대답할 수 있습니다. 평생의 성취를 이뤄내고 만족하는 건 분명 가치 있는 일이죠. 하지만 매일 적당한 순간적 행복을 누리는 것 또한 마찬가집니다. 자신에게 맞는 균형점이 어디인지는 본인이 결정해야 하죠.

마지막으로 다른 두 가지 행복에 비해 더 심오한 행복이 남아있습니다. 아마도 이제까지 다뤘던 행복 중 가장 중요할지도 모르겠군요.

깊은 행복 : 기쁨, 연결, 의미

귤을 맛보는 데서 오는 행복, 과거를 긍정적으로 음미하는 데서 오는 행복을 넘어서는 행복이 과연 존재할까요? 많은 사람이 이 질문에 '그렇다'고 답할 겁니다. 하지만 이런 종류의 경험을 뭐라 부를지 합의된 적절한 명칭이 없죠. 제가 그간 고민했던 후보들은 '초월적 행복', '신성한 행복', '궁극적 행복', '영적 행복' 등등입니다. 그러다 마침내 '깊은 행복'이라 부르기로 결심했는데, 이 표현이 제 학생들에게 과거의 경험들을 되돌아보게 해줬고, 그로 인해 내적 성공을 이해하는 데 도움이 됐기 때문입니다.

앞에서 언급했듯 아리스토텔레스는 이를 가리켜 에우데모니아라고 칭했습니다. 다른 목적을 위해서가 아니라 선善 그 자체를 추구하기 위한 정신을 일컫는 말이죠. 또한 히브리어 심카(행복을 뜻하는 여러 히브리어 중 하나)에 대해서도 다뤘습니다. 심카라는 말에는 단순한 만족에서부터 영적 환희까지 여러 뜻이 담겨 있지요. 말한 것처럼 저는 "마땅히 해야 할 일을 실천하는 데서 발생하는 영혼의 경험"이라는 랍비 아키바 타츠의 정의가 가장 마음에 듭니다. 학생들을 가르칠 때 종종 이런 심카를 경험하곤 하지요. 아내에 대한 사랑을 처음 깨우쳤을 때, 또 제 아이들이 처음 세상에 나왔을 때, 가끔 명상에 동반되는 깊은 경오감을 느낄 때도 마찬가지였습니다. 깊은 행복 또한 순간적 행복처럼 감정적인 측면이 있습니다. 하지만 그 근원은 감각보다는 우리의 영혼에 더 가깝죠. 이런 감정을 설명하기 위해 우리는 기쁨, 연결, 친근함, 목적, 의미 같은 단어들을 사용하곤 합니다.

　제게 '심카'라는 말을 처음 소개해 줬던 학생은, 이 단어가 동사로도 또 명사로도 쓰일 수 있다는 점도 알려 줬습니다. 또 유대인 청소년용 도서를 인용해 심카를 "자신만의 목적지로 향하는 고유한 길, 자기 자신에게 이르는 길을 따라 이동하는 경험"이라고 설명했습니다. 분명 행복과 마찬가지로 그 길에도 긴장감과 고통, 눈물이 섞여 있을 겁니다. 하지만 이 학생은 심카의 눈물이란 "좋은 눈물"이라고 정의했습니다.

　자신의 과거를 되돌아보면서 주요 경험들을 떠올려 보세요. 그 경험들 중에는 긍정적 감정과 부정적 감정이 뒤섞였던 일들이 많지 않았나요? 혹은 중대한 일을 이루기 위해 후회, 비통함, 슬픔, 고통에 강렬하게 휩싸인 경우는요? 인생에서 나빴다고 판단되는 시기 또한 좋은 시절만큼이나 자신의 생존, 성취, 만족에는 도움이 되지 않았을까요? 제 경우엔 가장 덜 행복했던 시기에 저 자신에 대해 많은 것을 배웠다고 생각합니다. 외로움, 혼란, 실망과 수치심을 느꼈던 시절에 말이죠. 만약 여러분 또한 같은 생각이라면, '깊은 행복'의 경험이란 때로 긍정적이든 부정적이든 다양한 감정에 열려 있을 것을 요구한다고 볼 수 있겠습니다.

　현재 행복 연구의 선도적 심리학자들은 '긍정적 감정이 좋은 삶을 판단하는 주된 척도'라는 사회적 집착이 이러한 결정적 요인을 무시하고 있다는 데 동의하고 있습니다. 저의 펜실베이니아 대학 동료인 마틴 셀리그먼 교수는 저서 《플로리시》에서, '순간적 행복이 주는 즐거운 기분'과 '전반적 행복의 연료인 긍정적 기억'은 의미 있는 삶에 대한 어떤 이론에서도 "핵심적인 위치를 차지할 자격이 없다"고 주장했지요. 전자는 너무 사소하며, 후자는 사회적 참여와 목적의식이 결여되어 있기 때문이라고 했습니다.

이어서 가치 있는 삶을 위해 다섯 가지 요소를 결합할 것을 제안했죠. 그 다섯 가지는 긍정적 요소, 참여, 인간관계, 대의大義에 공헌하는 데서 발생하는 의미, 그리고 장기적, 단기적인 성취였습니다. 이 다섯 가지가 결합됐을 때 순간적 행복과 전반적 행복보다 거대한 행복, 즉 셀리그먼이 '웰빙well-being'이라고 부른 궁극적 선善이 만들어진다는 것이죠.

또 한 명의 긍정심리학 권위자, 뉴욕대학교 조너선 하이트 교수는 이와는 약간 달리, 본인도 인정하듯 궁극적 선에 대한 완전히 주관적인 해석을 내놓았습니다. 《행복의 가설》이라는 책에서 그는 "훌륭하고 행복하고 충만하고 의미 있는 삶을 살기 위해 뭘 할 수 있을까?"라는 질문을 던졌습니다. 그리고는 순간적 행복의 긍정적 감정을 좇거나 전반적 행복의 즐거운 기억을 떠올리는 방법으로는 이 질문에 대한 답을 찾지 못할 거라고 주장했죠. 그 대신 "자신과 타인, 자신과 자신의 일, 자신과 보다 큰 대의 간의 올바른 관계"를 형성하는 데 힘쓸 것을 권했습니다. 이러한 노력을 통해 인간에게 허락된 가장 순수한 형태의 행복을 안겨주는 "목적과 의미에 대한 의식이 솟아날 것"이라고 결론지었죠. 이렇듯 긍정심리학에서는 기존의 관습적 행복 외에도 에우데모니아, 심카, 플로리싱, 웰빙 등의 개념들을 내적 성공의 원천으로 고려해야 한다는 합의가 이뤄지고 있는 상태라고 하겠습니다.

이제 잠시 책에서 눈을 떼고, 자신의 삶에서 '깊은 행복'을 느꼈던 일들을 한두 가지 정도 떠올려 봅시다. 그 감정을 불러일으켰던 경험은 어떤 것이었나요? 아마도 중요한 인간관계, 정신적 경험, 또는 본인에게 특별한 의미를 가진 활동과 관련된 기억들일 겁니다.

부정적 감정이 긍정적 가치를 전한다

앞서도 말했지만, '깊은 행복'의 가장 큰 차별점은 불행한 감정을 명백하게 포용한다는 것입니다. 지혜를 얻는 일에서는 부정적 감정이 긍정적 감정과 동등한 가치를 지니기 때문이죠.

1장에서 우리는, 자신의 삶에서 행동과 변화를 자극하기 위해서는 스스로가 현재 상태에 '불만족'하도록 만드는 게 중요하다는 점을 살펴봤죠. 고난의 시기는 우리에게 더 큰 목표를 상기시켜 주고 미래를 위한 아이디어나 통찰을 제공해 줄 때가 많습니다. 또한 두려움과 불안 같은 불편한 감정은 위험이 임박했음을 경고해 주는 역할을 하지요. 실제로도, 다소 우울하거나 비관적인 성향의 사람이 낙관주의자에 비해 현실을 더욱 냉철하게 직시한다는 연구 결과가 있습니다. 목표를 높이 잡았다가 실패한 사람일수록 자신이 성취한 결과에 불만을 더 크게 갖긴 하지만, 낮게 잡은 목표를 달성해 행복해하는 사람과 비교해 봤을 때 실질적으로 훨씬 더 좋은 성과를 낸다고 합니다. 그리고 창의적인 아티스트들은 대개 행복뿐 아니라 삶의 다양한 감정들을 폭넓게 받아들일 때 최고의 작품을 만들어 내지요.

깊은 행복을 얻기 위한 대가에는 어느 정도의 고통이 수반되는 듯합니다.

앨버트 아인슈타인도 같은 정서를 표현한 바 있습니다. "안락이나 행복이라는 목표에는 아무런 관심이 없다. 그런 가치를 기반으로 하는 윤리 체계란 소들에게나 어울릴 것이다."

18세기 철학자 임마누엘 칸트도 관습적인 행복이 과연 좋은 인생의 목표가 되기에 적합한지 의문을 제기했습니다. 그는 행복을 희생할지언정 인간이란 마땅히 옳은 일을 실천하는 데 전념해야 한다고 주장했죠. 20세기 철학자 중 가장 유명하면서도 이해하기 어렵다는 평을 듣는 루드비히 비트겐슈타인은 이렇게 말한 바 있습니다. "나는 우리가 왜 여기에 존재하는지 그 이유는 잘 모르겠지만, 그저 희희낙락하기 위해서가 아님은 확신한다."

올더스 헉슬리의 1932년 작 《멋진 신세계》의 주인공 존 새비지는 불행이 위법으로 여겨지는 사회에 맞섭니다. '멋진 신세계'란 결국 살 만한 곳이 아니라는 게 밝혀지죠. 잠들기 전 아이들에게 "이제는 모두가 행복해"라는 주문을 자장가처럼 들려주고, 유전공학으로 평균 행복도를 높이 끌어올린 겁니다. 그리고 '소마'(현대의 우울증 치료제와 유사)라는 약으로 신경을 무디게 만들죠. 하지만 보편적인 행복의 대가는 생각보다도 컸지요. 안락함을 위해 아름다움, 진실, 예술, 과학은 물론, 개성과 자기결정권도 희생되어야 했습니다.

"하지만 저는 안락함을 원치 않아요." 새비지는 말합니다. "저는 신神을 원합니다. 시詩를 원해요. 진짜 위험을 겪고 싶고, 자유를 누리고 싶어요. 선과 악 모두를 경험하고 싶다고요."

서구 유럽의 지배자 무스타파 몬드는 이렇게 대꾸하죠. "결국 자네는 불행해질 권리를 달라는 거야."

새비지는 외칩니다. "좋습니다. 그렇다면, 나는 불행해질 권리를 요구합니다."

지배자는 노화, 생식불능부터 공포, 질병, 정치적 혼란, 수치심 등 불행해질 권리에 뒤따를 갖가지 악몽들을 열거합니다.

한동안 침묵하던 새비지는 마침내 입을 열죠. "그 모두를 다 원합니다."

새비지는 가짜 딜레마에 대응한 것이었고, 우리가 이렇게 행복과 남은 인생 중에서 하나만을 선택해야 하는 가혹한 상황을 맞을 일을 없을 겁니다. 그럼에도 헉슬리의 소설은, '긍정적인 감정'의 우선순위를 용기, 정직, 자립, 겸양, 희생 등 인생의 다른 내적 측면들과 비교했을 때 과연 어디에 놓아야 하는지 고심하도록 만들죠.

마지막으로 이 점을 생각해 봅시다. 세계의 어떤 위대한 종교도 긍정적 감정의 추구를 내적인 삶이 추구해야 하는 주된 목적으로 삼지는 않습니다. 이는 모든 종교가 일치하는 몇 안 되는 사항 중 하나입니다. 그 대신 종교에서는 일반적으로 타인에 대한 봉사, 헌신, 기도, 의무 등의 덕목에 집중하지요. 그리고 종교적 음악, 건축, 조각은 '깊은 행복'을 주는 중요한 순간을 선사할 때가 많습니다.

종교와 행복에 관한 마지막 아이러니가 있습니다. 연구결과에 따르면 어떤 종교든지 믿음을 가지면, 전반적 행복이 어느 정도 상승하지요. 종교적 신념이 삶의 목적의식뿐 아니라 고통의 순간에 기댈 장소를 제공하기 때문일 겁니다. 그러나 이런 효과는 행복의 추구가 아니라 개인을 초월한 어떤 존재에 헌신하는 데서 비롯된다고 봐야겠지요. 이 장의 맨 앞에서 인용한 철학자 존 스튜어트 밀의 경구대로, "본인 행복 외의 다른 일에만 신경 쓰는 사람이 행복"한 것이니까요.

스스로 행복의 정의를 내려라

이제는 중요한 두 가지 결정을 내려야 할 때입니다.

첫 번째, 이제까지의 '행복'에 대한 모든 이해를 바탕으로, 여러분은 행복을 어떻게 정의하겠습니까? 현명한 천사는 자신만의 정의를 내렸죠. 여러분은 뭐라고 답할 건가요? 자신만의 답이 있는지 확인하는 가장 좋은 방법은, 직접 써 보는 것이죠.

나는 행복을 다음과 같이 정의한다.

_____

_____

_____

_____

_____

_____

두 번째, 이 행복에 대한 정의가 자신의 성공관을 어떻게 형성하나요? 어떤 종류의 행복이 자신의 성공에 중요한가요? 우선순위를 매긴다면 어떤 행복을 맨 앞에 놓겠습니까? 각 행복의 종류마다 몇 가지 힌트를 제공할 테니, 직접 쓰면서 이 두 번째 질문의 답을 찾아보세요.

순간적 행복

자신의 성공관에서 순간적 행복은 얼마나 중요한가?

☐ 필수적이다   ☐ 중요하다   ☐ 관련 있다   ☐ 전혀 없다

인생에서의 성공을 유지하고 강화하기 위해 어떤 순간적 행복을 경험하고 싶은지 구체적으로 적어라.

_____

_____

_____

_____

순간적 행복을 늘리기 위해 지금 당장 실행할 수 있는 구체적 방법은 무엇인가?

_____

_____

_____

전반적 행복

자신의 성공관에서 전반적 행복은 얼마나 중요한가?

☐ 필수적이다   ☐ 중요하다   ☐ 관련 있다   ☐ 전혀 없다

인생에서의 성공을 유지하고 강화하기 위해 어떤 전반적 행복을 경험하고 싶은지 구체적으로 적어라.

_____

_____

_____

전반적 행복을 늘리기 위해 지금 당장 실행할 수 있는 구체적 방법은 무엇인가?

_____

_____

_____

_____

깊은 행복

자신의 성공관에서 깊은 행복은 얼마나 중요한가?

☐ 필수적이다   ☐ 중요하다   ☐ 관련 있다   ☐ 전혀 없다

인생에서의 성공을 유지하고 강화하기 위해 어떤 깊은 행복을 경험하고 싶은지 구체적으로 적어라.

_____

_____

_____

_____

깊은 행복을 늘리기 위해 지금 당장 실행할 수 있는 구체적 방법은 무엇인가?

_____

_____

_____

_____

성공을 향한 탐구는 이제 시작이다

사무엘 베케트의 희곡 〈고도를 기다리며〉에서는, 시간이 멈춘 듯한 황량한 장소에서 불안할 정도로 관념적인 단 하나의 목적을 가진 두 남자가 등장하지요. '고도Godot'라는 이름을 가진 누군가를 기다리다가, 이들은 자기 인생에서 행복의 역할에 대해 의견을 나눕니다.

블라디미르 : 자네는 어떤지 말해보게. 설사 사실이 아니라도 말일세.

에스트라공 : 내가 뭐라고 말해야 하지?

블라디미르 : '나는 행복하다'고 말하게.

에스트라공 : 나는 행복하네.

블라디미르 : 나도 그렇네.

에스트라공 : 나도 그렇네.

블라디미르 : 우리는 행복하군.

에스트라공 : 우리는 행복하군. (말이 없다.) 지금 우리는 행복한데, 이제는 뭘
　　　　　　해야 하지?

블라디미르 : 고도를 기다려야지.

행복이란 단어가 그 자체로는 멋지지만, 인생의 퍼즐을 풀지는 못한다는 점을 베케트는 지적하려고 한 게 아닐까요. 마찬가지로, 이번 장은 "성공이란 무엇인가?"라는 질문에 "행복이지"라고 답하고는 문제를 해결했다고 생각하는 사람에게, 답을 찾는 여정은 끝

난 게 아니라 이제 시작이라는 메시지를 전달하려 했습니다. 이제
껏 살펴봤듯이 행복에는 여러 의미가 내포돼 있으므로, 어떤 종류
의 행복이 과연 추구할 가치가 있는지는 자신의 성공관을 고려하
여 스스로 결정해야 하죠. 지금까지 저는 여러분이 가져왔을 행복
에 대한 추정에 의문을 제기하긴 했지만, 제 의견에 동조하라고 설
득하려는 건 아닙니다. 여러분 스스로 결론을 내리라고 독려하는
게 제 목적이죠.

성공의 내적 측면에 대해 이런 고려사항들이 있다는 점을 알았
으니, 이제 외적인 성취를 향해 우리를 밀어붙이는 동력들을 살펴
볼 차례입니다. 다음 장은 현대 사회에서 가장 바람직하다고 강조
되는 세 가지 목표, 지위, 명성, 부에 대한 이야기로 시작됩니다.

리얼리티 쇼를 즐길 준비가 됐나요? 페이지를 넘겨 봅시다.

자신에게 맞는 행복을 정의하라

행복과 성공은 다른 것일 수 있다.

기억해야 할 것들이 있다.

- '순간적 행복'은 속도를 늦추고 자기 주변에 관심을 쏟을 때 발생한다. 이런 행복을 즐기기 위해서는 '단순함'이 필요하다.

- '전반적 행복'은 감정이라기보다는 평가나 판단이며, 노력, 때로는 고통스러운 희생이 뒤따르는 장기적 목표를 달성한 결과로서 얻을 수 있다.

- '깊은 행복'은 정의하기가 가장 까다롭지만, 내적 성공에는 가장 중요한 측면일 수 있다. 가까운 인간관계, 타인에 대한 봉사, 자연과의 조우, 영적 경험, 삶에 대한 감사함 등에 의해 발생한다.

지위, 명성, 부
사회가 우리에게 부과하는 답에 관하여

늘 유명인이 되고 싶긴 했지만,
구체적으로 어떤 사람이 되고 싶은지 생각해 본 적은 없었다.

릴리 톰린

한번은 미국 남부에서 가장 큰 주유소 겸 편의점 체인을 운영하는 사업가 칼 볼치 주니어Carl Bolch Jr.를 초빙하여 제 학생들에게 성공에 대해 강연해 주기를 청한 적이 있었습니다. 그는 성공이라는 영역에서 '파이 많이 먹기'의 의미에 대한 이야기를 들려주었죠.

1970년대 중반 앨라배마주에서 조지아주로 사업체를 이전한 직후에 그는 법률 문제를 해결하기 위해 애틀랜타시에서 최고로 꼽히는 로펌을 고용했습니다. 시간이 지나면서 그 로펌의 파트너 변호사 한 명을 사업적 조언가로서 신뢰하게 되었고, 둘은 친구가 되었죠. 몇 년 뒤 회사가 더 성장하자 볼치는 풀타임 사내 고문 변호사를 따로 고용할 때가 됐다고 판단하고는, 그 파트너 변호사 친구를 찾아가 그 자리에 추천할 만한 사람이 있는지 물었습니다.

그러자 그 변호사가 이렇게 말했죠. "나는 어때?"

"어, 그러면야 좋지. 하지만 내가 줄 수 있는 급여는 지금 자네가 로펌에서 받는 수준에 한참 못 미칠 거야."

"괜찮아. 내가 그 자리를 맡을게. 급여는 자네가 주고 싶은 만큼 주면 되네."

의아한 생각이 든 볼치는, 혹시 로펌 일에 무슨 문제가 생겼는지 물었습니다. 변호사는 아니라고 했죠.

"잘못된 게 있는 게 아냐. 단지 파이의 크기에 관한 일이지."

"파이의 크기?"

변호사 친구는 설명했습니다. "내 평생의 일은 결국 파이 먹기 대회와 같았지. 고등학교 때는 좋은 대학에 들어가려고 공부했어. 대학교에 가서는 좋은 법학대학원에 들어가려고 공부했고, 법학대학원에서는 일류 로펌에 취직하려고 공부했다고. 로펌에 취직한 후에는 파트너 자리에 오르려고 일했지. 여기까지 와보니, 지금까지 내 삶이란 게 그저 계속해서 파이 먹기 대회를 치른 셈이구나 싶은 거야. 한 번 이길 때마다 늘 더 큰 파이가 주어지는 대회 말이야. 누가 그렇게 살고 싶겠나?"

볼치는 곧바로 그 변호사를 고용했고, 이후로 둘은 오늘날까지 잘 일해 오고 있다고 했습니다.

"재미있는 일이 있었어요." 볼치는 강연을 이렇게 마무리했죠.

"처음 출근한 날 이 친구는 반바지에 하와이언 셔츠를 입고 오더라고요. 구두 대신 샌들을 신기도 하고요. 그렇지만 예전보다도 더 뛰어난 변호사가 되어 있었습니다."

칼 볼치의 변호사는 성공에 관한 기본적인 교훈을 체득했다고 할 수 있겠습니다. 우리는 흔히 주변 사람들이 얘기하는 성공의 의미에 동조하기가 쉽죠. 하지만 그렇게 타인이 자신의 목표를 규정하도록 놔둔다면 결국은 자신이 선택하지도, 원하지도 않았던 결과를 받아들 가능성이 커집니다. 그러니 성공에 대한 정의는 스스로 내려야 하는 거죠.

우리는 행복의 내적 경험에 대해 깊이 생각해본 앞 장에서 성공을 스스로 정의하는 과정을 이미 시작했지요. 이번 장에서는 성공에 대한 신념에 영향을 미치는 가장 중요한 외적 요소 두 가지, 즉 '사회'와 '가족'을 살펴보려 합니다. 이 두 가지 요소는 각각 나름대로의 문제를 제기할 수 있습니다.

예를 들어, 칼 볼치의 변호사를 떠올려 봅시다. 사회적 인정과 지위를 얻어야 할 필요 때문에 자신이 가고 싶은 경로를 이탈하게 될 수도 있는 것이죠. 성공에 대한 사회적 이상향을 좇다가는, 특히 대중매체로 인해 부풀려진 경우라면 더더욱, '성공 중독'에 빠지기 쉽습니다. 성공 중독자는 세상의 주목을 받음으로써 얻는 자기만족을 강박적으로 추구하는 사람입니다. 이들은 오직 사회가 인정하는 명성과 부로만 자존감을 측정하려고 하죠. 불가佛家에서는 지위, 부 또는 권력에 대한 욕심을 충분히 채우지 못한 사람을 가리키는 말이 따로 있습니다. 불교 신화에서 이들 '굶주린 유령',

즉 아귀餓鬼는 몸집은 코끼리처럼 거대하고 머리는 바늘처럼 좁은 영혼으로 묘사됩니다. 몸집에 비해 너무 입이 작으니 배울 채울 수 없어 늘 배고픔에 시달리죠. 허기가 절대 채워지지 못하니 늘 불만족한 상태인 겁니다.

세상에는 다양한 종류의 아귀들이 존재하며, 또한 거의 모든 영역에서 발견되지요. 일류 학술지에 논문을 발표하려고 실험 결과를 조작하는가 하면, 불법 내부 정보를 이용해 수익과 주식 거래량을 부풀립니다. 출판계에서는 남의 작품을 표절해 베스트셀러에 올리는 아귀 같은 저자들도 있죠.

그런가 하면, 때로는 가족이 과도한 기대를 가하여 진정한 성공을 방해하는 경우도 있습니다. 시인 라이너 마리아 릴케는 아이들이 "부모가 살아보지 못한 삶을 대신 살아주느라" 힘겨워할 때가 많다고 말한 적 있죠. 조앤 프리먼은《재능 많은 사람들Gifted Live》라는 책에 부모가 자녀에게 '조건이 달린 사랑'을 표현할 때 어떤 일이 생기는지 적었습니다. 부모의 애정이 조건부라는 사실, 즉 부모가 정한 목표를 달성해야만 사랑받을 수 있다는 걸 느끼면 아이들은 자기 스스로 목표를 정하고 달성하는 일에 별 관심을 기울이지 않을 수 있다는 것이죠. 또 내성적인 아이일수록 부모와 협상할 생각도 못한 채 오직 부모의 기대를 충족시키려 온 힘을 쏟게 되는 겁니다.

이대로 나이가 들면 타인의 기대를 충족시키려 애쓰는 습관은 더욱 고치기 힘들어지죠. 이미 성인이 된 후에도, 더는 존재하지도 않는 가족의 기대를 충족시키기 위해 살 수도 있다는 겁니다. 그로부터 벗어나기까지 걸리는 시간이 오래 걸릴수록, 더 많은 용기가 필요한 것이고요. 앞으로도 계속 살펴보겠지만, 사람들은 자신만의 여정을 시작하는 계기를 주로 어린 시절의 관심사로부터 얻습니다. 성공을 강요하는 외부의 요인에 자기 내면의 목소리가 파묻혀버리기 전으로 돌아가, 자발적으로 생겨났던 열정을 되짚어보는 것이지요.

이 장의 뒷부분에서 우리는 이러한 사회와 가족의 기대를 넘어서는 기회를 가져볼 겁니다. '복권 테스트'라는 이 자기평가의 기본 개념은 단순합니다. 자신이 복권에 당첨됐으며 사회적 지위도 안정됐다고 가정해 보는 것이죠. 즉, 이미 충분히 돈을 벌었고 유명한 상태인 겁니다. 그렇다면 이제 어떻게 살 건가요? 이 질문에 대한 명쾌한 답을 갖고 있지 않다면, 여러분은 부모나 사회의 인정을 받으려고 지나치게 애쓰는 반면, 자신이 스스로 세우고 중시하는 목표에는 충분할 만큼의 노력을 기울이지 않고 있는 상태일지도 모릅니다.

사회적 가치 : 부처는 왜 뚱뚱한가

성공에 대한 여러분의 믿음은 어디서부터 시작되었을까요? 1장에서도 언급했듯이 프랑스 철학자 장 자크 루소에 따르면, 개인은 자신이 속한 사회가 판단하기에 좋고 바람직한 기준을 곧 자기 인생의 '좋음과 바람직함'의 기준으로 받아들입니다.

〈뉴욕타임스〉 기자 에드워드 웡이 아프가니스탄 북동부의 험준하고 황량한 보자이 굼바즈Bozai Bumbaz 방문 당시에 대해 쓴 기사를 예로 들어 보겠습니다. 서구의 기부자들이 그곳 아이들에게 글을 가르치는 프로그램을 운영하려고 했으나, 그 시도는 강력한 문화적 장벽에 부딪혀야 했지요. 가족이 키우는 가축들을 돌보느라 아이들이 아무도 참석하지 않은 겁니다. "키르기스Kyrgyz 족은 오직 양과 야크yak만 신경 써요. 양과 야크를 가지고 있어야 성공한 사람 취급을 받죠." 웡 기자가 들은 말이었습니다. 말하자면 아이들은 부모의 은퇴 자금을 관리하고 있는 셈이었죠.

기부자들이 좀 더 사려 깊었다면, 아이들을 학교에 보내는 대신 그 가족에게 양과 야크를 제공하거나, 교사를 아이들이 머물고 있는 목초지로 보냈을 겁니다. 어쨌거나 여기서 한 가지 명확한 교훈을 얻을 수 있습니다. 만약 자신을 포함해 누군가의 행동을 바꾸길 원한다면, 사람들의 결정을 지배하는 문화적 성공 규범부터 먼저 이해해야 한다는 것이죠.

한 사회가 보내는 '성공에 대한 메시지'는 언뜻 눈에 띄지 않습니다. 혹시 왜 부처를 뚱뚱한 체형으로 묘사한 이미지가 많은지 궁금해해 본 적 있습니까? 역사적 사실로 보자면 이치에 닿지 않죠. 인도 북부 출신으로 중용과 마음챙김을 가르쳤던 부처는 늘씬하고 탄탄한 몸이었습니다. 채식주의자였고 깨달음에 이르기 위한 '사성제四聖諦'와 '팔정도八正道'를 가르치면서 엄격한 삶을 살았죠. 그렇지만 세계 어디의 중국 음식점이나 선물 가게에 가 봐도, 뚱뚱한 부처상이 미소를 머금고 있는 모습을 볼 수 있지요.

뚱뚱한 모습의 부처는 체중과 성공을 동일시하는 중국 역사의 산물입니다. 몇천 년 전 불교가 인도에서 처음 전승됐을 당시, 마치 산타클로스처럼 뚱뚱한 '포대화상布袋和商'이 민속 신앙에서 높은 인기를 누리고 있었죠. 그 포대가 뚱뚱한 부처의 모습으로 변화하여, 전 세계의 중국 상인들이 행운을 불러들이려고 가게에 비치하는 성공의 상징이 된 겁니다.

현대에 와서도 일부 문화권에서는 여전히 뚱뚱함을 성공과 부의 상징으로 여깁니다. 패션 잡지 〈마리끌레르〉는 "큰 몸집이 아름다우며 튼 살이 섹시하다고 여기는" 모리타니 공화국Mauritania에 대한 기사를 실은 적이 있지요. 이 나라의 엄마들은 딸이 부자 남편을 얻게 만들기 위해 특수 시설에 보내는데, 이 시설에서는 "결혼할 준비를 갖추게 하려고 남성 보디빌더의 하루 음식 섭취량보다 4배 이상 많은 1만 6,000칼로리를 먹는다"고 합니다. "큰 몸집의 아내란 그를 살찔 정도로 풍족하게 먹일 수 있는 재력을 가진 부유한 남성의 상징"이었던 고대 무어인들로부터 이어져온 관습이라고 하죠.

반면 미국에서는 마른 체형이 성공을 상징하며, 뚱뚱한 체형은 실패를 의미합니다. 위스콘신주 라크로스La Crosse시의 지역방송국 WKBT에서 TV 뉴스 프로그램 진행자로 일하는, 서른일곱 살에 과체중인 제니퍼 리빙스턴에게 일어났던 일을 보면 알 수 있죠. 뉴스가 방송에 나간 후인 어느 날 저녁, 방송국에 어느 성난 시청자의 이메일 한 통이 도착했습니다. 그 이메일은 뚱뚱한 리빙스턴의 모습이 "젊은이들, 특히 소녀들에게 좋지 않은 본보기가 되므로"

진행자에서 물러나게 해야 한다고 요구하고 있었죠. 리빙스턴이 이에 대해 반박하는 방송 영상은 유튜브에서 나중에 화제를 불러일으켰습니다. 해당 방송에서 그녀는 자기 몸매가 본인에게도 수치심을 준다고 인정했습니다. "당신이 절 보고 뚱뚱하다고 부를 만해요. 맞아요. 제 진료기록부에도 비만이라고 적혀 있으니까요. 제가 모르겠어요?" 하지만 리빙스턴은 자신의 존엄성을 지켰음은 물론 자리 또한 포기하지 않았습니다. "당신은 절 모르잖아요. 제 친구도, 가족도 아니니까요. 겉으로 드러난 모습 외에 저에 대해선 아무것도 모르죠. 그렇지만 저는 체중계의 숫자보다 훨씬, 훨씬 더 대단한 존재예요." 그녀는 시청자들에게, 특히 어린이들에게, 자신의 진정한 가치에 대한 평가를 타인의 무지無知에 맡기지 말라고 요청했습니다.

어느 공동체에서나 고유한 성공 가치는 밖으로는 드러나지 않을 때가 많습니다. 그런 가치가 논쟁의 대상이 되는 경우가 거의 없기 때문이죠. 하지만 우리는 성공한다는 것이 어떤 의미인지에 대해 아주 어릴 적부터 귀에 못이 박히도록 들어왔습니다. 그리고 이런 얘기는 대개 저녁식사 자리에서 이뤄지죠. "네가 대학에 가게 되면…", "대학에 간 후에는…", "대학원을 졸업하고 나면 말이야…" 이런 부모의 말은 대학 진학, 졸업, 그리고 더 높은 사다리를 오르는 것이 성공의 잣대라는 걸 시사합니다.

이처럼 우리는 특정 학교에 진학하려고, 특정 부류의 사람들과 어울리려고, 특정 제품을 구매하려고, 특정 직업을 구하려고 애쓰는 모습을 주변에서 지켜보면서 자라왔습니다. 또 TV 프로그램과 영화에 숨어 있는 문화적 배경은 우리가 무엇을 쟁취하기 위해 노력해야 하는지에 대한 훨씬 더 많은 단서를 제공해 주지요. 부모, 형제, 코치, 직장 상사, 성직자, 동기부여 강사, 심지어 인기곡의 노래 가사마저도 성공에 관한 강력한 메시지를 전달하고 있는 겁니다. 이 모든 문화적 요소들이 우리의 무의식에 쌓이는 것이죠.

이렇게 사회가 제공하는 비가시적인 단서들은 곧 성공의 기준으로 자리 잡아, 우리가 그 기준을 충족시키거나 통과했을 때 성취감을 느끼게 해 줍니다. 반대로 자신이 그 기준에 미치지 못한다고 느끼면 우리는 패배감과 우울감에 휩싸이게 되죠. 때로는 그 자체가 내적 갈등의 원인이 되기도 합니다. 어느 날 문득 자신이 그동안 파이 먹기 대회에 참가하고 있었을 뿐이란 걸 깨닫고는, '파이 먹기'에는 더이상 의미가 없다고 생각하게 되는 것이죠.

이 모두가 누적된 파급효과는 강력한 문화적 최면 상태에 빠지게 합니다. 가족과 문화의 사회적 관습에 저항하여 자신만의 새로운 목표를 숙고할 때 우리의 상상력에는 폭발적 에너지가 공급되지만, 관습적 규범은 우리를 한층 편안하고 친숙한 목표로 끌어내리고 마는 것이죠. 다음에 나올 몇 가지 사례를 보면서 그 힘에 저항하기가 얼마나 힘든지, 또 극복했을 경우 어떤 보상을 얻을 수 있는지 알아봅시다.

도망자 오바마는 어떻게 결국 꿈을 이뤘을까

버락 오바마 전前 미국 대통령은 《내 아버지로부터의 꿈》이라는 자서전에서, 20대 초반 자신의 무의식에 잠재된 성공관을 깨닫게 해줬던 경험을 소개했죠. 컬럼비아대학교를 졸업한 그는 뉴욕의 '비즈니스 인터내셔널'에 취직하여 해외 사업을 벌이는 미국 기업들을 위해 소식지를 작성하고 편집했습니다. 책에는 이렇게 묘사돼있죠. "일본인 금융가나 독일인 채권중개인을 인터뷰하고 나오는 길에 가끔 엘리베이터 문에 비친 내 모습이 눈에 들어올 때가 있었다. 넥타이에 양복을 입고 서류 가방을 들고 있으니 순간적으로는 마치 '지시를 내리고 거래를 성사시키는' 업계 거물이라도 된 듯싶기도 했지만, 이내 내가 어떤 사람이 되길 꿈꿨는지 떠올리고는 부족한 의지력에 고개를 숙이곤 했다."

그렇게 1년을 보낸 후, 젊은 오바마는 비즈니스의 세계를 떠나는 것만이 엘리베이터 문에 비쳤던 사람에게서 벗어나는 유일한 길이라는 사실을 깨달았습니다. 당시 상사였던 루 첼리는 회사를 떠나려는 오바마를 붙잡았죠. 후에 그는 오바마의 전기 작가인 데이비드 매러니스에게 이렇게 말했습니다. "오바마는 당시에 단지 자기가 뭘 하고 싶은지 모르는 것 같았어요. 그래서 뚜렷한 계획도 없이 공적인 일을 하고 싶다는 정도의 모호한 상태로 직장을 그만두는 건 실수라고 얘기해 줬죠."

실제로 이 미래의 미국 대통령은 자신이 뭘 하고 싶은지 정확히 몰랐을 수도 있습니다. 하지만 적어도, 뭘 하고 싶지 않은지에 대해서만은 확실히 알고 있었죠. '비즈니스계의 거물이 되겠다'는 관습적인 성공 판타지에 매달리고 싶지 않았던 겁니다.

하지만 제가 이 이야기를 흥미롭게 느끼는 이유는, 이후 버락 오바마가 월스트리트로부터 멀리 벗어났기 때문이 아니라, 오히려 젊은 시절의 성공 판타지를 사실상 거의 충족시켰기 때문입니다. 그는 업계 거물로서의 미래를 거부하고 탐색의 시기를 거쳐 정계로 진출했죠. 그리고는 마침내 정장을 입은 채 '지시를 내리고 거래를 성사시키는' 대통령이 되었습니다. 젊은 시절의 오바마가 승강기 문에서 실제로 봤던 건 영향력 있는 중요한 인물, 자신이 속한 사회의 중요인사가 되고자 하는 잠재적 욕구였던 겁니다. 그 목표에 따라 그는 자신이 펼치고 싶은 영향력이 어떤 종류인지 결정했고, 그의 판타지가 결국 실현된 것이죠. 다만 그가 체결한 거래의 종류가 합병과 인수가 아닌 국가 간 조약, 무역협정, 입법 협상으로 달라졌을 뿐입니다. 버락 오바마는 문화적 성공 가치로부터 도망치는 대신, 그 방향을 자신에게 맞도록 전환하는 뛰어난 솜씨를 보인 셈입니다.

가족과 사회가 부여하는 성공 가치를 넘어서는 지난한 과정을 엿보고 싶다면, 커트 팀켄의 인생을 살펴보면 됩니다. 팀켄의 아버지는 오하이오주에서 철강과 볼베어링을 생산하는 〈포천〉 500대 기업인 팀켄 컴퍼니를 운영하고 있었는데, 팀켄은 고조부가 설립한 이 회사를 물려받을 예정이었죠. 그는 명문 사립학교(필립스 아카데미 앤도버)와 일류 대학교(LA 근교 포모나 칼리지)를 졸업한 후 몇 년간 아버지 회사에서 일하다가 하버드대학교 경영대학원에 입학했습니다.

그의 인생은 정해져 있는 듯했죠. 하지만 돌연 그는 그 길을 거부하고 자신만의 성공관을 추구하기로 했습니다. 그리고 이후 그가 걸어온 삶의 여정은 그런 선택이 얼마나 험난한 결과를 낳을 수 있는지 잘 보여주지요.

"누구나 엔진을 가동하려면 연료가 필요해요." 팀켄이 작가 포 브론슨에게 털어놓은 말입니다. "월스트리트에서 100만 달러가 넘는 연봉을 받아도 그건 싸구려 연료일 뿐이죠. 너무 빨리 타버리거든요." 팀켄은 좀 더 가치 있는 일을 바랐습니다.

위기는 그가 하버드경영대학원을 졸업한 이후에 찾아왔습니다. 팀켄과 아내 모두 각자의 직장에서 늦게까지 일하는 경우가 잦아지면서 함께하는 시간이 줄었고, 결국 파국으로 이어진 것이죠. 이 이혼은 팀켄에게 경종을 울렸습니다. 그는 서른 살이 된 지금까지 최선을 다해 리더로서의 자질을 갖추려 노력해 왔고, 마침내 부친의 회사로 돌아와 가업을 이을 준비를 하는 중이었죠. 하지만 브론슨에게 말했듯이, 아침에 일하러 갈 생각을 하며 즐겁게 일어나는 일은 그에게 벌어지지 않았고, 결국 회사를 그만두게 되었습니다.

이로써 자신의 삶을 규정지어왔던 기대를 넘어설 수 있는 여유가 생긴 팀켄은 어린 시절부터 꿈꿨던 경찰관이 되기로 마음먹었습니다. 아이비리그 출신의 사업가가 경찰로 전환하는 것에 비하면 오바마의 정계 입문은 상대적으로 쉬워 보일 정도죠. 더구나 아무리 인생의 경로를 바꾸는 것에 대한 자신의 의심을 극복했다고 해도, 사회적 영향력이 방해가 된다는 사실을 그는 느낄 수 있었습니다. 팀켄 자신은 경찰관이 자신에게 어울린다는 확신을 가지게 됐지만, 그 세계가 팀켄을 받아들여 주는 것은 별개의 문제였던 거죠. 경찰의 세계에는 아버지에게서 아들로, 삼촌에게서 사촌으로, 친구에서 친구로 전해 내려지는 그 나름의 문화가 있는데, 팀켄은 그 문화에서 아웃사이더일 수밖에 없었습니다.

처음에는 FBI 지원에서 탈락했고, LA경찰에서도 그를 거부했지요. 이어서 LA카운티 보안관 자리도 얻지 못했습니다. 그러다 마침내 리오 혼도 대학 경찰 아카데미에 입학해 상위권 성적으로 졸업할 수 있었죠. 하지만 팀켄 같은 배경을 지닌 사람이 총기 사건에서 파트너를 엄호하거나 한밤중의 폭력 사건에 뛰어들 것이라고 믿는 동료는 아무도 없었습니다.

그럼에도 팀켄을 앞으로 나아가게 한 원동력은 주머니에 늘 지니고 다녔던 100년 된 편지였죠. 팀켄 컴퍼니의 설립 초기에 증조부가 쓴 것이었습니다. "우리는 죽을 때까지 버틸 것이다. 우리가 합리적이지는 않을지 몰라도 배짱은 있다!" 팀켄도 같은 심정이었죠. 경찰관이 되려는 게 남들이 보기엔 합리적이지 않을 거라는 사실을 그도 알고 있었습니다. "그렇지만 제게도 배짱은 있었어요." 훗날 팀켄은 이렇게 말했죠.

그렇게 2년 후, 마침내 캘리포니아주 엘몬티로 첫 발령을 받게 됩니다. 그것도 폭력배를 대상으로 하는 지역공동체 홍보부서에서 1년간 자원봉사를 하는 조건을 건 채용이었죠. 하지만 이제 팀켄은 폭력배 및 마약과 격렬한 전쟁을 벌이는 캘리포니아에서 고참 형사로 활약하면서 때로는 연방마약단속국 업무를 대행하기도 합니다. 그의 활약이 앤도버와 하버드경영대학원 동창회지에 소개된 적도 있고요. 그는 자신의 일을 사랑하고, 그 일에는 '진정한 목적'이 있다고 공공연히 선언합니다.

이 일화의 핵심은 이것입니다. 사회를 등지거나 무인도에 혼자 살지 않는 한, 가족과 사회가 주입한 가치는 우리가 성공을 판단하는 방식에 중요한 영향을 끼친다는 것이죠. 따라서 오바마 대통령과 커트 팀켄 형사가 그랬듯, 소중히 여길 가치와 거부하고 밀어낼 가치를 스스로 정의하고 구별해야 합니다. 그런 다음 인내심을 갖고 자신이 선택한 일을 향해 한 걸음 한 걸음 나아가야 하는 거죠. 밤새 잠 못 들게 하는 의심과 싸우며, 또 관습적인 경로로 되돌아 가라고 촉구하는 선의의 조언에 맞서면서 말입니다.

안드레 애거시가 자신의 인생을 찾기까지

커트 팀켄의 이야기에서 알 수 있듯이, 가족의 기대를 극복하는 일은 성공을 정의하는 여정에서 만나는 통과의례 중 하나입니다. 설령 자율성을 키워주고 지지해 주는 가족을 두었더라도, 자신을 키워준 사람들을 기쁘게 해주려는 자연적 욕구를 극복하기가 쉽지 않을 수 있는 거죠. 부모의 이루지 못한 꿈을 대신 충족시켜야 하는 짐을 떠안은 자녀는 개인적 성취를 가로막는 심각한 심리적 장애에 시달릴 때가 많습니다.

유명 테니스 선수인 안드레 애거시는 어릴 때부터 테니스에 재능을 타고난 유형은 아니었지만, 쉽게 감정이 격해지는 성격의 부친 마이크 애거시 때문에 주먹을 쥘 수 있는 나이가 되자마자 라켓을 잡아야 했습니다. 겨우 일곱 살인 애거시에게 아버지는 "매년 공 100만 개를 치면 누구도 널 이길 수 없어"라며 테니스공을 매일 하루에 2,500개, 일주일에 1만 7,500개를 치게 만들었고, 결국 1년에 거의 100만 개를 네트 위로 넘기게 훈련시켰죠.

또 툭하면 아들에게 소리를 지르기 일쑤였습니다. 애거시는 자서전 《오픈》에 "아버지는 어떤 일에든 두 번씩, 때로는 세 번, 열 번씩 소리를 질렀어요"라고 썼죠. 마이크는 아들 바로 뒤에서 귀에 대고 고함치곤 했습니다. "아버지가 눈에 띄진 않았지만, 고함소리는 밤낮으로 귓전을 울렸어요. 톱스핀을 쳐야지! 더 세게! 더 힘껏 치라고! 네트에 걸리면 안 돼! 젠장, 안드레! 네트에 대고 치지 말라고! 너는 세계 최고가 될 거야! 돈을 엄청나게 벌 거야! 그렇게 되어야 해, 결국 그렇게 될 거야!"

애거시는 네 자녀 중 막내였고, 아버지는 이들 모두를 테니스 스타로 만들려고 몰아붙였지요. 누나 리타는 아버지에게 반항하고는 테니스를 관두었습니다. 또 다른 누나 태미는 꽤 훌륭한 실력을 쌓았지만 어느 수준 이상을 넘어서지 못했죠. 형 필리도 선수로서의 재능이 있었지만 아버지는 '승부 근성'이 부족하다고 평가했습니다. 청소년 토너먼트에 출전한 필리가 잘못된 판정에 항의하지 않고 패배하자, 아버지는 '타고난 패배자'라고 비난하고는 포기해버렸죠. 결국 안드레는 아버지의 최후이자 최고의 희망이 된 겁니다.

애거시 가족이 라스베이거스에서 집을 알아보러 갔을 때의 일이었습니다. 부동산 중개인은 근처에 학교들이 많고, 범죄율이 낮은 지역이며 담보 조건이 좋은 집이라고 설명했죠. 하지만 아버지는 집에 테니스 코트를 들일 수 있는지에만 관심을 가졌습니다. "집 마당으로 뛰어가더니 줄자를 꺼내 코트 규격에 맞는지 쟀어요. 그러더니 '짧아. 이 집은 안 되겠어! 나가자!'고 고함쳤죠."

열한 살에 전국 청소년 토너먼트에 출전한 애거시는 매너가 가장 좋은 선수에게 주는 상을 받았습니다. 하지만 시상식이 끝나자 애거시의 아버지는 아들에게서 트로피를 빼앗아서는 시멘트 바닥에 내동댕이쳤죠. 당시에도 그랬지만, 이후에도 그 일을 입밖에 꺼내는 사람은 아무도 없었습니다. 애거시의 어머니가 남편에게 느끼는 두려움은 애거시보다도 심했기 때문에, 결코 부자 사이의 일에 끼어들지 않았지요.

결국 애거시는 아버지의 기대대로 세계 1위 자리에 올랐지만 늘 자신과의 괴리를 느꼈습니다. 자서전에서 그는 이렇게 밝혔죠. "저는 테니스가 끔찍이 싫었지만 생계를 유지하려고 경기를 뛰었습니다. 늘 어둡고 비밀스러운 열정을 가지고 테니스를 증오해온 겁니다." 윔블던 대회에서 첫 우승을 거머쥐었지만, "우승을 해도 바뀌는 건 아무것도 없다"는 점을 깨달았다고도 적었죠. "승리의 기쁨은 패배의 아픔보다 강렬하지도 못했고, 더 오래가지도 못했죠. 비슷하지도 않았어요." 성인이 되어서도 테니스를 치는 이유는 할 줄 아는 게 오직 그것뿐이기 때문이라고 말했습니다.

이런 애거시를 바로잡아 준 건 두 여성, 첫 번째 아내였던 영화배우 브룩 쉴즈와 두 번째 아내인 동료 테니스 스타 스테피 그라프였죠. 브룩 쉴즈는 애거시에게 고통의 원인이 본인이라는 점을 지적해 주었습니다. 타인과 오랫동안 진정한 관계를 형성하려면 자기 안의 악마를 먼저 처리해야 하며, 애거시 자신만이 그럴 수 있다는 점도요. 그리고 애거시는 그녀를 신뢰했습니다. 한편 스테피 그라프는 애거시의 이상한 세계를 속속들이 이해할 수 있는 유일한 인물이었습니다. 그녀의 아버지 역시 마이크 애거시만큼이나 경쟁심이 강했기 때문이었죠(이 두 남자는 처음 만난 자리에서 서로에게 주먹을 날리기 일보 직전까지 갔습니다). 또 그라프는 메이저 대회를 제패했음은 물론 올림픽 금메달까지 획득하는 등, 유일하게 애거시의 수준에 맞먹는 여자 테니스 선수이기도 했습니다. 애거시는 그라프와 낳은 자녀에게 헌신했고, 나중에는 학대받는 아동을 지원하는 비영리 교육재단을 설립하기까지 했죠. 그가 라스베이거스에 세운 학교의 정면 창문에는 '믿어라BELIEVE'라는 표어가 새겨져 있습니다.

여기서 주의해야 할 얘기가 있습니다. 안드레 애거시는 아버지가 테니스를 가르치면서 취했던 심리적 학대를 거부했던 것이지, 고된 노력과 연습, 높은 기술적 성취라는 성공의 원칙까지 부정했던 것은 아니라는 점이죠. 다만 자기 스스로 독립적인 인생 목표를 설정하기 시작하면서 아버지의 참모습을 훨씬 명료하게 직시할 수 있었던 겁니다.

애거시의 자서전에서 가장 인상 깊은 장면 중 하나는 선수 생활 막바지였던 2006년 US 오픈 대회가 열리기 직전, 아버지와 우연히 마주쳤던 일화지요. 당시 그는 심한 등 부상을 당해 제대로 걷

지도 못할 정도였지만 마지막 토너먼트에 출전하기로 결심했습니다. 비록 승리는 챙기지 못하더라도 명예로운 은퇴를 바랐던 것이죠. 한편으로는 어린 시절 아버지가 내동댕이쳤던 스포츠맨십을 되찾고 싶은 마음도 있었습니다. 그런데 애거시가 코트 쪽으로 걸어 나가는 순간, 누군가 구석에서 튀어나와 그의 팔을 잡았습니다. 바로 그의 아버지였죠. 마이크 애거시는 프로 테니스 스카우터로 일하면서 대개 외국에서 지냈던 터라 서로 왕래가 끊어진 상태였습니다.

"그만둬." 아들이 부상 입은 몸으로 뛰는 장면을 도저히 볼 수 없었던 아버지는 애거시에게 기권하라고 했지요.

하지만 애거시는 그대로 걸어 나갔습니다.

"미안해요, 아버지. 저는 그만둘 수가 없어요. 이건 그만둔다고 그만둘 수 있는 게 아녜요."

이렇게 안드레 애거시는 마침내 자신의 삶을 얻은 겁니다. 마지막 경기에서는 패배했지만 자신의 미래를 스스로 소유할 수 있었죠.

애거시의 아버지가 아들을 테니스 스타로 훈련시키는 과정이 유독 학대에 가깝긴 했지만, 사실 이런 일은 성공 가치를 주입시키는 과정에서 매우 흔하게 발생하지요. 정통파 종교 집단, 유대가 긴밀한 인종 공동체, 복음주의 단체, 소수 아시아 민족, 교외의 상류층 엘리트 가정은 모두 가족이 성공과 관련된 사회적 신념을 전달하는 시스템으로 유용하다는 점을 알고 있습니다. 극단적인 경우에는 주류 문화로부터 자신들을 완전히 격리하고, 자녀를 가정이나 자체 교육기관에서 가르치면서 소규모 경제 시스템을 구축하여 문화적 고립 상태를 유지하려고 하지요.

하지만 대부분의 화목한 가정에서는, 자녀들이 언제 자유를 얻어야 할 때인지 부모가 이해하고 있습니다. 실제로 일부에서는 그 시기를 가족의 의무로 지정하여 사회적, 종교적 의식이 벌어지기도 합니다. 예를 들어 아미시Amish 교도들은 대학생이 된 자녀들에게 보수적 생활방식을 고수하는 규범을 일시적으로 완화하여, 1~2년 정도 농장을 떠나 진정으로 공동체의 구성원으로 살아가고 싶은지 생각할 시간을 줍니다. 이 시기를 럼스프링가Rumspringa라고 부르는데, '여기저기 뛰어다닌다'는 뜻을 담고 있죠. 또는 프롤로그에서 설명한 것처럼, 서구 사회의 젊은이들은 대학 입학과 결혼 사이에 오디세이 시기를 거치면서 자신의 가치와 목표를 발견하고 사회에서 자신의 자리로 돌아옵니다.

자신이 정말 누구인지, 무엇을 하고 싶은지, 누구와 함께하고 싶은지 깨닫기 위해서 가족을 거부해야 하는 건 아닙니다. 다만 자신의 정체성을 확립하고 자신이 바라는 인생의 목표를 자유롭게 선택할 수 있어야 하죠. 이런 단계를 사람에 따라 더 일찍 밟기도, 더 늦게 밟기도 합니다. 하지만 만약 가족의 성공관을 비판적으로 점검해 보지 않는다면, 과연 자신의 삶을 제대로 꾸려나갈 수 있을까요?

성공에 중독된 아귀들의 유형

사회와 가족이 개인의 성공 신념에 끼치는 영향에 대해 어느 정도 파악했으니, 이제 관습적 성공의 상징에 집착했을 때 발생하는 '굶주린 유령'의 문제를 다뤄봅시다. 서구에서는, 또 글로벌 마켓의 작동으로 인해 수많은 개발도상국에서도, 가장 중요한 두 가지 요소인 부와 명성은 대중매체에 의해 성공의 지배적 이미지로 굳어져 있죠. 하지만 자신을 과시하려는 목적으로 지위, 인정, 권력을 지속적으로 추구하다가는 위기에 빠지기 쉽습니다. 몇 가지 사례를 살펴보죠.

명성에 굶주린 유령들

베스트셀러 《세 잔의 차》의 저자이자 사회운동가인 그레그 모텐슨은 개인적 위기를 맞았습니다. 시사 고발 TV프로그램 〈60분〉은 모텐슨과 자선재단 '중앙아시아협회Central Asia Institute'가 아프가니스탄의 어린 소녀들에게 교육 기회를 제공하는 활동에 대해 과연 진실을 말하고 있는지 의문을 제기하는 보도를 내보냈죠. 이 방송이 나가기 전 저는 사회 변화에 관한 새로운 모델을 다루는 뉴욕의 어느 컨퍼런스에서 모텐슨의 강연을 들었습니다. 그리고 컨퍼런스에 참석한 다른 사람들과 마찬가지로, 진정 의미 있는 목적에 삶을 활용하고 있는 인물을 보며 일종의 전율마저 느꼈었죠.

그런데 〈60분〉 방송에서, 《희박한 공기 속으로Into Thin Air》의 저자 존 크라카우어는 모텐슨이 인생 스토리의 일부를 조작했고, 아프가니스탄에 세운 학교의 수를 부풀렸으며, 스타 작가로서의 삶을 유지하는 데 자선기금 수십만 달러를 유용했다고 주장했습니다. 그리고《세 잔의 사기》라는 책을 통해 모텐슨의 업적을 칭찬하는 동시에 그의 거짓을 체계적으로 폭로했죠. 중앙아시아협회 측은 반박에 나섰지만, 결국 모텐슨은 자신의 책에서 사실을 왜곡했다고 시인했습니다. 그리고 이어진 조사를 통해 그의 수많은 성과들이 과장되었다는 점이 밝혀졌지요.

모텐슨의 이야기는 성공을 추구하는 모든 사람에게 경고를 날립니다. 듀크대학교의 댄 애리얼리 교수가《거짓말하는 착한 사람들》에서 주장했듯이, 특정한 조건이 충족되면 누구나 속임수를 쓰고 싶은 충동을 느끼게 되죠. 그 속임수가 사소할수록, 얽혀 있는 이해관계가 클수록, 또 타인이 처벌받지 않는 모습을 보거나 합리화에 능한 재주를 가진 경우일수록 그런 경향이 더 강해집니다. 아마도 이 중 마지막 요소가 모텐슨의 사례에 적용됐겠지만, 저는 그토록 세상에 중대한 기여를 했던 사람이 단지 자신의 실적을 부풀리기 위해 사람들을 속였다는 사실이 도저히 믿기지 않습니다. 명성과 부의 힘은 제아무리 대단한 선의라도 무너뜨릴 수 있다는 점을 제가 간과했기 때문이겠죠. 모텐슨은 그렇게 자신의 성공에 집어삼켜진 수많은 희생자 중 한 명이 되었습니다. 더 많은 관심을 받을수록 더 많은 것을 원하게 됐던 거죠. 이 갈망은 절대 채워지지 않는 겁니다.

《진화론의 유혹》의 저자이자 생물학자인 데이비드 슬론 윌슨에 따르면, 우리 주변에서 굶주린 유령이 늘어나는 이유는 대중매체 때문일 수 있습니다. 그는 주목받고 싶어 하는 인간의 욕구가 예전에는 작은 지역 공동체 수준에서 충족될 수 있었다고 설명했습니다. 하지만 글로벌 미디어와 셀러브리티 문화의 성장으로 인해 유명해지려는 욕구 또한 강해졌다는 겁니다. 윌슨은 "명예욕이 병적인 형태를 취하고 있다"고 진단합니다.

모텐슨의 사례가 특별히 고통스러운 이유는, 본인이 취했던 유익한 활동을 본인 자신이 망쳐놓았기 때문입니다. 하지만 명성에 굶주린 유령의 전형적인 모습은 공공선의 추구를 가장하지 않지요. 제가 그런 유형에 가장 가깝다고 여기는, Y세대 베스트셀러 작가 터커 맥스를 예로 들어 보겠습니다. 그는 《지옥에서 맥주를 주면 좋겠다I Hope They Serve Beer in Hell》, 《개자식들이 일등한다Assholes Finish First》처럼 난잡한 자전적 에세이를 출간했죠.

내면의 아귀를 배 불리기 위해 맥스는 자신의 섹스와 술 이야기가 팔리는 시장을 찾아냈습니다. 그리고는 술을 마신 다음 섹스를 탐닉하거나, 아예 섹스조차 할 수 없을 정도로 술을 마시고 취하고는, 그런 경험들을 글로 옮겼지요. 이렇게 쓴 책들이 200만 부 넘게, 〈뉴요커〉와의 2012년 인터뷰에서 맥스가 쓴 표현을 빌리자면 대부분 '녀석dude의 철자조차 모르는 녀석들'에게 팔려나갔습니다.

이 인터뷰 기사에서 제가 주목했던 건 맥스의 변화된 모습이었습니다. 당시 서른여섯 살이 된 그는 일주일에 네 차례 심리상담사에게 치료를 받으면서 콩과 유기농 유청으로 식단을 꾸리고 있었죠. 과거의 성공 공식은 이제 시효가 끝났고, 낯선 여자들과의 섹스도 과거사에 불과했습니다. 맥스는 기자에게 "스트립 클럽에 간다는 생각만 해도 토할 것만 같다"면서 이제는 선禪 궁술과 남미 댄스 수업을 받고 있으며, 집 근처의 불교 사원을 찾기 시작했다고 전했습니다.

결국 맥스는 새로운 삶을 맞이하면서 "행복은 얼마나 오래 사느냐가 아니라 얼마나 많은 날이 기억에 남느냐로 측정된다"는 유명한 격언의 진실에 마침내 도달하게 된 것이었죠. 하지만 앞으로의 계획을 묻는 질문에 대한 맥스의 답변을 보니, 저의 의구심도 되살아나더군요.

"다음에는 어떤 책을 쓸 건가요? 지금의 새롭고 건전한 라이프 스타일에 대해 다룰 예정인가요?"

"그래도 여전히 대단하고 뭔가 다른 책을 써야죠."

맥스가 유명세를 유지할 새롭고 지속 가능한 방식을 찾아냈을지는 몰라도, 여전히 굶주린 유령에 머물러 있는 듯했지요.

모텐슨과 맥스의 이야기도 많은 교훈을 주기는 하지만, 명성은 이를 지나치게 갈구하는 사람에게 훨씬 비극적 영향을 미칠 수도 있습니다. 현재 엔터테인먼트 업계에서 가장 인기 있는 건 사람들이 밤낮으로 생활하는 모습을 카메라로 기록하는 리얼리티 프로그램이죠. 현재 인기를 얻는 프로그램들은 이내 시청자들의 기억에서 사라져버리겠지만, 리얼리티 장르 자체의 인기는 앞으로도 오래 지속될 겁니다. 왜 그럴까요? 제작비가 적게 들면서도, 마치 복권처럼 평범한 사람이 유명세를 얻을 수 있는 기회가 되기 때문이죠.

물론 리얼리티 프로그램의 현실은 화려함과는 거리가 멉니다. 여러 리얼리티 프로그램을 제작했던 톰 비어스는 이렇게 말했죠. "프로그램이 시작되기 전에 출연자들을 모두 불러서, 명성을 얻는다고 더 똑똑해지거나 매력적인 사람이 되는 건 아니라고 말해줍니다. 유명세를 즐기는 것도 중요하지만 그게 끝날 거라는 점도 깨달아야 하니까요."

그렇지만 많은 사람이 비어스의 조언을 무시해 버립니다. 리얼리티 프로그램 스타를 쇼핑몰, 경기장, 자선행사 등에 모셔가려고 연예기획사들이 줄을 서고 있으니, 쉽게 명성에 굶주린 유령이 되고 마는 거죠. 하지만 카메라가 멈추고 나면 자살 위험 같은 어두운 측면이 드러납니다. 어느 의료 전문가는 이렇게 평했습니다. "리얼리티 프로그램은 매우 위험할 수 있습니다. 새로운 삶에 대한 불만족에 촬영 과정에서 생긴 수치심이 결합되고, 대중의 눈에 의해 확대되면 말 그대로 사람을 죽일 수도 있는 조합이 만들어지는 겁니다." 실제로 〈키친 나이트메어〉, 〈헬's 키친〉, 〈틴 맘〉, 〈슈퍼내니〉 등의 리얼리티 프로그램과 관련된 수많은 사람이 자살했거나 자살을 시도했지요.

그러므로 명성이 성공을 불러온다는 생각이 들 때는 다음 두 가지를 꼭 생각해 봐야 합니다. 첫 번째, 과연 얼마나 명성을 얻어야 정말 '유명해졌다'고 할 수 있는 걸까요? 어떤 한 시대에서 가장 유명한 사람이라고 해도 단지 전체 인구 중 일부에게만 알려질 뿐이죠. 인도의 어느 시골 마을에서 유명 로커 보노Bono를 아는 사람은 거의 없을 겁니다. 명성을 목표로 삼을 경우, 결국에는 절대 만족할 만큼 유명해질 수 없다는 사실을 발견하게 되고 말겠지요. 마약에 손대기 전에 금단 현상이 줄 고통을 미리 고려해 봐야 하는 겁니다.

두 번째, 그 누구도 영원히 유명한 사람은 없습니다. 웹사이트 China.org.cn에서 오랜 중국 역사 중 '10대 황제'의 명단을 따로 뽑아 게시한 적이 있었습니다. 과연 누가 포함됐을지 이름을 얘기해 볼 수 있나요? 그 이름들은 절대적 권력을 휘두르며 수백만 명을 통치했지만, 중국사 연구자들 외에는 아무 의미가 없는 명단일 뿐입니다. 마찬가지로 리얼리티 프로그램에 출연해 유명해진 사람들의 이름이 과연 얼마나 오래 기억될지도 생각해 보세요. 명성에 굶주린 유령들의 이야기는 〈할리우드 리포터〉와 같은 연예 잡지 최신판에서 더 만나볼 수 있습니다. 이제 돈에 굶주린 유령이 자주 출몰하는 〈월스트리트저널〉로 넘어가 봅시다.

돈에 굶주린 유령들

명성이 순간에 그치는 현상에 불과하다면, 부富는 어떨까요? 누구나 돈 걱정을 하고, 정말 한푼도 없다면 진정한 비상상황이라고 할 수 있겠죠. 하지만 우리가 흔히 말하는 '아메리칸 드림'은 곧 부자가 된다는 의미를 갖습니다. 무한한 부의 축적이라는 환상은 우리 사회에 깊이 뿌리박혀 있고, 브라질, 러시아, 인도, 중국 등의 전 세계 어딜 가나 흔히 만날 수 있죠.

우리는 이미 2장에서 부와 행복의 관계를 면밀히 살펴본 적이 있습니다. 한편으로 우리는 "가난뱅이도 부자도 다 경험해 봤다. 부자 쪽이 더 낫더라!"는 말에 기초적인 진리가 담겨 있음을 압니다. 극작가 조지 코프먼의 아내인 베아트리스 코프먼의 이 말은 1937년 〈워싱턴포스트〉에 실리기도 했죠. 다른 한편에서는, 뉴욕에서 가장 부유한 여성으로 은둔형 사별자였던 위게트 클라크 Huguette Clark 가 방 42개짜리 아파트에서 80년간 살아온 경험을 표현한 "부유함은 행복을 위협한다"는 말도 있습니다. 그녀는 부유해지면 사람들의 태도가 바뀌기는 하지만, 그조차 늘 바람직한 건 아니라고 말했죠.

복권 당첨자들의 목록에서도 여러 사례를 찾아볼 수 있습니다. 연구에 의하면, 대부분의 당첨자들이 당첨 이후 2년 후의 삶이 평균적으로 당첨 전보다 더 만족스럽다고 답했습니다. 그러나 이 법칙에 만만치 않은 예외도 있죠. 1988년 펜실베이니아주 복권으로 1,620만 달러에 당첨된 윌리엄 포스트라는 남성은, 이후 유산을 차지하려는 형제에게 죽임을 당할 뻔했습니다. 결국은 당첨금 전액을 쓰거나 잃었고, 결국 2006년 1월 죽기 직전에는 사회보장 연금의 도움을 받고 있었죠.

돈에 관한 한 단 한 가지만은 확실한 것 같네요. 부유함은 명성만큼이나 중독성이 강하다는 것이죠. 소설가 데이비드 포스터 월리스가 케니언대학교 연설에서 이 점을 명쾌하게 지적한 바 있습니다. "여러분이 돈과 물건을 숭배하고 거기서 인생의 진정한 의미를 찾고자 한다면, 결코 충분한 답을 얻을 수 없을 겁니다."

돈에 굶주린 유령들의 충격적인 사례는 월스트리트에서 쉽게 찾아볼 수 있죠. 일례로, 월스트리트 역사상 가장 거대한 내부자 거래 사건으로 징역형을 선고받은 스리랑카 출신 헤지펀드 매니저 라지 라자라트남Raj Rajaratnam을 살펴봅시다. 그는 불법적인 거래로 10억 달러가 넘는 자산을 축적했습니다.

그의 내부자 거래 행각에 동참했던 사람 중에는 유명한 백만장자 라자르 굽타도 있었죠. 굽타는 저명한 글로벌 컨설팅 기업인 맥킨지앤컴퍼니의 수장 출신이었고 라자라트남과 어울릴 당시에는 유명 투자은행인 골드만삭스의 이사로 재임 중이었습니다. 두 사람 간의 대화가 도청되면서 부당 거래의 동기가 밝혀졌죠. 굽타는 세계 최대의 사모펀드 투자사인 KKR에 자리를 잡으려고 했습니다. 2008년 8월 15일의 전화통화에서 라자라트남은 다른 공모자에게 이렇게 말했죠. "굽타가 KKR에 관심이 많아. 그 백만장자 집단에 들어가고 싶은 거지. … 아마도 힘들이지 않고도 앞으로 5년이나 10년 동안 1억 달러를 벌어들일 기회를 포착한 듯싶어."

라자라트남도 굽타도 돈이 궁했을 리는 없습니다. 다만 '백만장자 집단'에 소속되려는 욕망에 사로잡혔던 거죠. 세계 최고의 부자라는 지위를 탐낸 결과로 돈에 굶주린 유령이 되었고, 성공을 향한 그들의 탐험은 결국 연방교도소에서 끝을 맺게 됐습니다.

성경에 "돈은 만악萬惡의 근원이다"라는 문구가 있다고 잘못 인용하는 사람들이 많습니다. 하지만 돈 자체에 문제가 있는 건 아니죠. 우리 모두 돈이 필요하고 돈을 존중합니다. 실제 신약성경 디모데전서에 적혀 있는 문구는 이렇습니다. "돈을 사랑함이 일만 악의 뿌리가 되나니." 인생의 성적을 내기 위해 돈을 이용하기 시작할 때 우리는 돈을 사랑하게 되는 거죠.

여기서 배울 수 있는 교훈은 다음과 같습니다. '돈에 굶주린 유령이 되고 싶지 않다면, 사회적 인정을 얻기 위한 수단으로 돈을 사용하지 말라.' 돈은 청구서를 처리할 때 쓰는 겁니다.

지위, 명성, 부의 대안

지위, 명성, 부, 이 세 가지 자체에 대한 갈망이 위험한 결과를 낳을 수 있다면, 과연 어떤 목표가 1장에서 설명한 성공의 내적, 외적 측면을 결합한 더 나은 길로 우리를 인도할 수 있을까요? 제 성공학 수업을 듣던 플리겔먼J. J. Fliegelman이라는 학생이 이 질문에 통찰력 있는 대답을 내놓았습니다. 그가 말하길, 사람들이 부와 명성의 함정에 빠지는 이유는 잘못된 종류의 존중에 중독됐기 때문이라는 겁니다. 철학자 스티븐 다월Stephen Darwall이 명명한 이 '인식 존중recognition respect'은, 나를 모르는 타인이 나를 특별한 사람으로 대우해 줄 때 느끼는 감정입니다. 일종의 사회적 강화social reinforcement가 안겨주는 달콤한 솜사탕인 셈이죠. 즉각적인 만족을 주지만 오래 지속되지는 않습니다. 다월은 인식 존중과는 달리 더 깊고 실질적인 유형의 존중이 있다고 주장했는데, 저는 이 개념을 '이해 존중informed respect'이라고 부릅니다.

여기 똑같이 엄청나게 부유한 두 명이 있다고 합시다. 우선 첫 번째 사람은 상속받은 유산으로 사교계 명사로 살면서 쇼핑과 파티를 즐기며, 자신이 언급된 기사를 찾아 신문의 스타일 란을 뒤지곤 합니다. 반면 두 번째 사람은 오로지 혁신과 노력으로만 부를 일군 근면한 사업가지요. 일류 리조트 호텔에 가면 둘 모두 높은 지위를 바탕으로 '인식 존중'을 동등하게 받을 겁니다. 하지만 유산상속인에게는 이 인식 존중이 훨씬 더 중요한 경험입니다. 자신이 타인에게서 받을 수 있는 유일한 형태의 존중이기 때문이죠. 그리고 자신의 가치를 이러한 존중을 기준으로 측정합니다. 그러니 호텔 직원의 아주 사소한 실수조차도 자신에 대한 공격으로 받아들일 것이고, 이렇듯 지위에 대한 존중을 중시하는 성향을 잘 아는 사람들로만 주변이 채워질 가능성이 높습니다.

자수성가 사업가 또한 호텔 직원이 자신을 알아보고 대우해 주는 것을 즐길 겁니다. 하지만 사업가의 자기 가치는 사회적 인식 여부에 기대지 않기 때문에, 자기 재능을 알아주고 탁월한 성취를 인정해주는 사람들로부터 받는 '이해 존중'에 훨씬 더 큰 가치를 두겠지요. 이렇듯 이해 존중이란 인지 존중보다 한층 건강한 대안입니다. 노력을 통해 획득할 수 있는 것이며, 타인에 대한 배려로도 이어지니까요.

명성과 유명세는 인식 존중이 부풀려진 형태라고 할 수 있습니다. 그레그 모텐슨이 사회사업가로서 헌신하는 일보다 유명인의 지위를 탐하는 쪽으로 관심을 돌리면서, 그는 아프가니스탄 소녀들을 교육해서 얻을 수 있는 소규모 공동체의 이해 존중을 희생하는 대신, 다수의 대중으로부터 받을 수 있는 인식 존중을 추구한 셈이었죠. 그야말로 형편없는 거래였던 겁니다.

마찬가지로 칼 볼치의 변호사가 오직 더 큰 파이를 차지하기 위해서만 살아왔음을 고백했을 때, 그 고백은 의미 있는 성취보다 타인의 인정에 기반한 지위를 추구해 왔음에 대한 깨달음의 표현이었습니다. 그래서 급여를 낮추면서까지 유명 로펌을 떠나서는 볼치의 사업에 합류해 새로운 삶을 시작했던 것이죠.

인식 존중과 이해 존중의 차이를 파악하면, 자신이 잘못된 목표를 추구하고 있다는 점을 깨달을 수 있을 뿐 아니라 특정 형태의 부당한 비난을 모면할 수도 있습니다. 예를 들어 과체중의 뉴스 진행자 제니퍼 리빙스턴이 외모로 인해 공격받았을 때, 그녀는 그 공격이 자신의 능력이나 인격을 이해한 판단이 아니라 외모에 대한 인식에 근거했다는 점을 지적함으로써 자신을 효과적으로 방어할 수 있었지요. "당신은 절 모르잖아요. … 겉으로 드러난 모습 외에는 아무것도 몰라요."

듀크대학교 농구팀 감독으로 널리 이름을 알린 마이크 시셰프스키Mike Krzyzewski는 이런 종류의 비난에 대해 아주 현명하게 대응한 적이 있었죠. 그는 〈월스트리트저널〉 기자로부터, 중요한 게임에서 본인의 경기 운영에 대해 비판한 라디오 토크쇼 진행자에게 한마디 해 달라는 요구를 받았습니다. 그러자 이렇게 대꾸했죠. "누구나 자기 의견이 있죠. 하지만 가치 있는 의견에 필요한 정보를 전부 갖고 있진 못해요. 저는 신뢰할 만한 사람들에게만 귀를 기울이겠습니다. 라디오 토크쇼나 기사에는 대응하지 않을 거예요."

명성을 뒤쫓는 것보다 존중의 추구가 더 가치 있다면, 부유함에 대해서는 어떤 대안이 있을까요? 저는 경제적 안정이 좋은 목표가 될 거라고 믿습니다. 자신과 가족의 안락한 삶을 보장받는 데 필요한 수준 이상의 돈을 벌었다면, 그 돈을 기부함으로써 자신의 삶이 성공적이라는 인식을 더 키울 수 있을 겁니다. 미국 역사상 최고의 부자 중 한 명이었던 강철왕 앤드류 카네기는 초창기에 이미 "돈에 대한 숭배는 인간의 품격을 가장 저해하는 우상偶像"이라고 적었지요. 젊은 시절 이렇게 돈을 혐오했음에도, 철강 산업에 에너지와 추진력을 쏟고 혁신을 일으켜 엄청난 부를 쌓았습니다. 하지만 인생 후반기에는 미국 전역에 도서관 수백 곳을 건립하고 여러 단체를 후원하는 등 체계적으로 최대한 자신의 부를 나눔으로써 자신에 대한 존중을 회복했지요. 또한 기업의 자선사업에 대한 철학을 담은 《부의 복음The Gospel of Wealth》을 통해 마이크로소프트의 빌 게이츠, 버크셔 해서웨이의 워런 버핏에게 영감을 주기도 했습니다. 그만큼의 부를 소유하지 않더라도, 자신이 중시하는 대의를 위해 자산資産의 일부를 기부하는 순간 인생이 얼마나 더 풍성해지는지 경험한다면 여러분은 아마 깜짝 놀라게 될 겁니다.

복권에 당첨된다면 어떻게 살까?

지금까지 살펴본 성공의 신념에 사회가 미치는 영향력을 정리하는 의미에서, 이번 장의 서두에서 언급한 실험에 도전해 보도록 하겠습니다. 저는 이 실험에 '복권 테스트'라는 명칭을 붙였습니다.

이 테스트의 질문은 다음과 같습니다.

"당신은 1억 달러짜리 복권에 당첨되어 유명인사가 되었다. 신중하게 고민한 끝에 가족을 부양하는 데 필요한 조치를 취했고, 현명하게 돈을 투자해 두었다. 이제 당신에게는 평생 쓸 수 있는 수백만 달러가 있다.

당신은 안정된 지위에 올랐고 부와 명성을 평생 누릴 것이다. 그렇다면 이제 어떻게 할 것인가? 남은 인생을 어떻게 살아갈 것인가?"

잠시 답을 생각할 시간을 드리죠.

생각이 끝났다면 아래에 답을 적어보기 바랍니다. 이 답은 이후에도 다시 들여다보게 될 테니, 일단 계획의 초안 정도로 생각하고 쓰면 됩니다.

_____

_____

_____

_____

_____

자, 다 썼나요? 본인의 답을 기억해 둔 후, 이런 상황에 직면했던 한 사람의 실제 인생 스토리와 대처를 살펴봅시다.

제는 성공이라는 주제를 연구하면서 복권 당첨자들에 관한 자료를 모으고 있습니다. 어느 날 신문을 살피는데 '1억 1,200만 달러의 여자'라는 기사 제목에 눈이 가더군요. 싱글맘으로 사무직에 종사했던 신시아 스태포드가 1억 1,200만 달러짜리 캘리포니아주 복권에 당첨됐다는 내용이었죠. 가슴이 따뜻해지는 사연이었습니다. 그녀는 저임금 직종에 종사하면서 다섯 명의 조카들을 키우고 있었습니다. 자동차 사고로 세상을 떠난 남동생을 대신해 입양한 아이들이었지요. 이렇게 돈이 절실했던 상황에서 복권에 당첨되어 하루아침에 유명 인사이자 벼락부자가 된 것이었습니다.

그런데 이 사연에는 놀라운 반전이 숨어 있었죠. LA의 자택에서 인터뷰를 진행하던 그녀가 기자에게 이렇게 말했던 겁니다. "저는 복권에 당첨될 줄 알고 있었어요. 단지 그 모습을 시각화하는 게 중요했죠." 겨우겨우 생활비를 대는 와중에도, 자신이 112라는 숫자에 0이 많이 붙은 당첨 복권을 손에 쥔 모습을 상상하며 스스로를 달래듯이 잠들었다고 했습니다. 그 이미지는 점점 더 또렷해져서, 마침내 복권에 당첨됐을 때 입고 있던 녹색의 블라우스까지 마음의 눈으로 세세히 볼 수 있을 정도에 이르렀죠.

그렇게, 블라우스를 포함한 모든 상황이 꿈꾸던 그대로 현실이 됐다고 그녀는 말했습니다. "그 부분은 지금도 여전히 놀라워요. 심지어 제가 살이 빠질 것도 알고 있었어요. 그렇지 않으면 그 블라우스를 입을 수 없을 테니까요." 그리고 마침내 그녀는 자신이 복권에 당첨됐다는 사실을 알게 됐습니다. "한동안 그저 가만히 앉아 있을 수밖에 없었어요. 마음이 가진 강력한 힘을 확인한 순간이었으니까요. 그러다 소리 지르고 울기 시작했죠!" 돈을 다 써 버리면 어떻게 될지 묻자 스태포드는 "복권에 당첨되는 모습을 또 시각화해서 현실이 되게 만들어야죠"라고 답했습니다.

실제로 그녀에게 캘리포니아주 복권 당첨 시스템을 자기 마음대로 조종하는 능력이 있는지 여부는 알 수 없지만, 적어도 복권 당첨 이후 스태포드의 지위가 어떻게 달라졌는지에 대해서는 확실히 알 수 있죠.

첫째, 그녀는 확실히 부자가 되었습니다.

둘째, 그녀의 시각화 이야기가 언론에 대대적으로 보도되면서, 스태포드는 특정 부류의 대중들에게 즉각적인 유명세를 얻었지요. 수백만 명의 사람들이 그녀의 사연으로부터 2006년을 뒤흔든 론다 번의《시크릿》에 등장했던 성공 시스템, 즉 '끌어당김의 법칙'을 떠올렸던 겁니다. 마음을 집중시키면 무엇이든 자신의 삶으로 끌어들일 수 있다는 법칙이죠. 사람들이 당신을 사랑해줄 것이라고 생각하면 실제로 이뤄지고, 자신이 돈을 많이 벌 것이라 생각하면 실제 부자가 된다는 겁니다. 이러한 끌어당김의 법칙 신봉자들에게 신시아 스태포드의 복권 당첨은 그야말로 확실한 증거물이 되어주었죠.

물론 언론과《시크릿》의 신봉자들 모두가 간과한 사실은, 스태포드가 당첨되었다는 것은 수백만의 다른 복권 구입자들이 당첨되지 않았다는 뜻이며, 이들 중에는 그녀만큼이나 열심히 당첨 장면을 시각화했던 사람들 또한 포함되어 있다는 점이었습니다. 그러나 이러한 사실이 사람들의 열광을 잠재우지는 못했죠.

이 이야기가 널리 알려지면서 신시아 스태포드에게는 성공학 강사로 세계를 순회할 수 있는 기회가 열렸습니다. 무한대의 인식 존중을 얻을 수 있었죠. 하지만 스태포드는 조금 다른 길을 선택했습니다.

우선, 가족의 경제적 안정을 확보하려 했습니다. 다섯 조카들을 위해 교육 신탁 기금에 가입했죠. 또한 자신의 시각화를 자랑하는 일을 멈췄습니다. 후에 〈허핑턴 포스트〉와의 인터뷰에서 그녀는 "복권 당첨을 기적에 비유하고 싶지는 않지만, 우리에게 일어난 일은 분명히 축복이었어요"라고 밝혔죠.

이후로는 끌어당김의 법칙을 선전하는 거짓 예언자가 되는 대신, 평생 관심을 가졌던 분야에 투자하기로 결심했습니다. 어렸을 때 그녀의 어머니는 연극 공연장과 미술관에 스태포드를 자주 데려가곤 했죠. 예술이 인생에 대한 자신의 시각을 넓혀주었다고 생각하고 있던 그녀는 예산 삭감으로 인해 학교의 예술 교육이 사라져가는 게 마음이 아팠습니다. 또한 자신이 남과 만나 어울리는 걸 즐기는, 털털하고 진솔한 사람이라는 점도 알게 됐죠.

이러한 깨달음 끝에 그녀는 드림웍스의 공동 설립자인 데이비드 게펜과 친분을 맺고 그가 설립한 게펜 플레이하우스에 큰돈을 기부하고, 이사회에 참여하게 됩니다. LA에서 가장 험악한 지역과 학교의 학생들을 게펜 플레이하우스로 초청하는 '재능의 날' 행사를 기획하여 아이들이 실제 무대의 뒷모습을 지켜볼 수 있게 해주었죠. 또한 지역 양로원에 거주하는 노인들을 초청하여 젊은이와 함께 어울리는 시간을 보내게 만들었습니다.

그녀는 여기서 그치지 않았습니다. 1985년 전미도서상 수상작인 돈 드릴로의 소설 《화이트 노이즈》의 영화 판권을 구입하여 새

남편인 랜리 아이데우Lanre Idewu와 함께 직접 영화 제작을 추진했죠. 홈페이지에 자신을 '기업가, 자선 사업가, 토크쇼 진행자'로 소개하면서 장애 아동과 여성의 권리 신장을 위해 노력하고 있다고 밝히고 있습니다. 여러 아프리카 국가들을 돌아다니며 의미 있는 프로젝트들을 탐색해 왔으며, 여성 케이블 TV 채널인 '라이프타임 네트워크'에 의해 '주목할 만한 여성'에 꼽히기도 했죠.

　이런 상황들을 모두 종합해 본다면, 스태포드는 복권 테스트에 다음과 같이 답한 셈이라고 할 수 있겠습니다.

　우선, 사랑하는 사람들을 잘 살핀다.
　그런 다음, 열정을 느끼는 몇 가지 활동들을 선택해 상당한 시간과 돈을 투자한다.
　이렇게 만들어진 새로운 관계가 기회가, 나를 어디로 이끌지 살핀다.

　"이제는 저 자신이 편하게 느껴져요." 〈허핑턴 포스트〉와의 인터뷰에서 스태포드는 이렇게 말했습니다. "지금의 삶은 복권 당첨 전과 크게 다르지 않아요. 단지 제가 좋아하는 일을 할 수 있게 해주는 자원이 더 늘어났을 뿐이죠."

　스태포드는 자신의 길을 찾은 듯해 보입니다. 인식 존중에 등을 돌리고 자신이 속한 공동체로부터 진정한 이해 존중을 얻을 수 있는 일들을 실천했죠. 복권에 당첨된다면, 여러분 또한 이럴 수 있겠습니까?

지금 당신의 신념은 누구의 것인가

혼잡한 뉴욕의 지하철 속에서 노숙자 옆 빈자리가 눈에 띄었습니다. 그 자리에 제가 엉덩이를 붙이는 과정에서 이 노숙자는 쓰레기 봉투를 약간 옆으로 옮겨야 했죠. 몇 초 지나서 그가 중얼거리는 소리가 들리더군요. "미안하다는 말도 할 줄 모르나." 처음엔 그 말이 저를 향한 것인지 몰랐습니다만, 그는 다시금 보다 분명한 목소리를 냈죠. "당신 때문에 누군가가 물건을 옮겨야 했다면, 미안하다고 해야 하는 거 아니오?" 그제야 알아들은 저는 "미안합니다"라고 진심 어린 사과를 했습니다. 그리고 우리 둘은 침묵 속에서 앉아 있었죠.

이런 경험을 할 때면 저는 사회의 문화가 성공의 기준을 지나치게 규정해 버리고 있음을 새삼 실감하곤 합니다. 비록 가난한 노숙자였지만 그는 백만장자 집단의 일원이 되려다 망신을 당한 라지 라자라트남과 라자르 굽타보다 훨씬 자유로운 사람이었죠. 비록 그 노숙자는 뉴욕 유명인사들이 모이는 화려한 클럽에는 입장할 수 없겠지만, 명성보다 훨씬 더 가치 있는 요소, 즉 모든 인간 존재가 받아야 할 기본적인 존중을 요구할 자격이 있는 사람이었습니다.

이 장에서 우리는 가족과 사회로부터 무의식중에 받아들인 전제가 우리의 성공 신념에 얼마나 큰 영향을 미치는지 살펴보았습니다. 혹시 전문가의 지위를 얻기 위한 경주에서 남과 경쟁하고 있는 중인가요? 그 경쟁에서 이겨봤자 좀 더 큰 파이를 얻을 뿐이라면, 무슨 의미가 있을까요? 하버드대학교 MBA 학위를 가진 경찰관 커트 팀켄 같은 사람은 우리에게 새로운 삶의 방향을 일러줍니다. 그는 승진의 사다리를 포기하는 대신 사회에 봉사하는 삶을 선택했죠. 그리고 그 과정에서 자신이 하는 일의 가치를 인정해주는 지역 공동체의 이해 존중을 얻었습니다. 안드레 애거시의 이야기는 우리에게 아무리 유명인이라도 부모의 무너진 꿈을 대신 이뤄주는 노예에 불과한 삶을 살 수도 있다는 사실을 알려주지요. 팀켄과 애거시 모두 자신의 손으로 성공을 정의해야 한다는 사실을 깨달음으로써 비로소 자유로워질 수 있었습니다.

직업적 지위의 유혹 너머에는 명성과 부의 영역이 자리하고 있지요. 그곳은 성공에 중독된 굶주린 유령이 존경과 권력을 향한 채워질 수 없는 욕망을 품고 배회하는 땅입니다. 더 깊고 진정한 목표를 생각하고 싶다면 거액의 복권에 당첨되고 난 후 어떻게 살지 생각해 보는 데서 출발해 보세요. 돈은 삶에 안정을 가져다주고 수많은 선택지를 제공해 줍니다. 하지만 실제 그런 돈을 가지게 됐을 때 무엇을 할 것인지는 답할 가치가 있는 흥미로운 질문이죠. 자신이 복권 테스트에 적은 삶의 방향을 따르기 위해 지금 당장 할 수 있는 행동이 있을까요? 아무리 사소하고 작은 것이라도 상관없습니다. 새로운 모임에 가입하거나, 새로운 기술을 배우기 위해 학원에 등록하거나, 자신이 믿는 대의를 위해 기부할 수 있겠습니까? 그럴 수 있는데, 왜 지금 실천하지 않나요? 그 작은 실천이 여러분의 삶을 바꿔줄 사람을 만나게 해줄 수도 있는데 말이죠.

이런 깨달음을 마음에 품고, "성공이란 무엇인가?"라는 질문에 나올 수 있는 또 하나의 답, '의미 있는 일'에 대해서 살펴보도록 합시다. 여러분에게 완벽히 맞는 직업이 어딘가에 있을까요? 다음 장에서는 그 직업을 찾아 나설 예정입니다.

가족과 사회의 신념을 구별하라

성공을 높은 지위에 오르는 것이나 부자가 되고 유명해지는 것과 동일시하는 사람들이 많다. 하지만 대개는 이러한 목표에 대해 진지하게 생각하지 않는다. 단지 가족과 사회로부터 주어진 목표를 그냥 받아들였을 뿐이다. 자신만의 성공관을 확립하고 싶다면, 반드시 고려해야 할 사항들이 있다.

1. 남의 꿈에 따라 살면서 성공을 이룰 수는 없다. 당신은 과연 자신의 정체성을 온전히 확립했는가?
2. 지위, 명성, 부 자체를 좇는 사람은 결코 충분히 안전하거나, 유명하거나, 부유하다고 느끼지 못할 것이다. 굶주린 유령의 서글픈 운명을 거부하라.
3. 성공의 사회적 상징물들을 넘어선다면 성취할 가치가 있는 대상은 두 가지만 남는다. 경제적 안정, 그리고 자신을 잘 아는 사람들로부터 받는 이해 존중이다.

의미 있는 일을 찾아서
영혼이 일러주는 답에 관하여

나쁜 직업에 매달리기에는 인생이 너무 짧다.

독일 온라인 채용업체의 광고 문구

로버트 체임버스는 뉴햄프셔주 레버넌Lebanon 시에 있는 자동차 영업소에서 인터넷 세일즈 매니저로 5년째 근무하고 있었습니다. 그 5년간 그는 영업소에서 잘못된 관행이 벌어지더라도 본인의 정신 건강을 위해 못 본 척하는 기술을 익혔죠. 하지만 그날은 도저히 넘어갈 수가 없었습니다.

영업사원들이 흔히 '땅다람쥐'라는 은어로 부르는, 뉴잉글랜드 시골 출신의 고객이 매장에 들어서자 근무 중인 직원이 그를 맞았습니다. 체임버스가 듣자니 이 고객은 직원에게 어떤 차가 필요한지 설명하고 있었죠. 길이 험한 지역에 거주하기 때문에 바퀴가 튼

142

튼한 차를 찾는다고 했습니다. 말투로 보건대 그는 옛 뉴잉글랜드 식의 솔직한 거래 방식을 따르는 사람 같았고, 상대 역시 자신과 비슷하리라고 여기는 듯했죠. 그런데 영업사원이 이 고객에게 차를 파는 과정을 지켜보고 있자니, 체임버스는 역겨운 마음까지 들기 시작했습니다. 고객의 이익 따위는 생각지도 않고 회사와 영업사원의 이익만을 우선시하도록 설계된 과정이기 때문이었죠.

우선 영업사원은 새 차보다 중고차를 사라고 권했습니다. 딜러가 주행거리 7만~9만 마일(약 11만~14만 킬로미터)짜리 중고차를 사들이는 가격은 1,000달러에 불과합니다. 그리고는 자동차 검사비로 400달러를 쓰고 광택 작업을 한 후 앞 유리에 5,000달러라는 가격표를 붙여서 판매장에 내놓죠. 결과적으로 1,400달러를 투자해 3,600달러의 이익을 남기는 셈입니다. 하지만 2만~3말 달러짜리 새 차를 판매해서 얻는 수익은 2,000달러밖에 안 됩니다.

그다음 단계는 판매 수수료 1,000달러를 추가 지급하는 특정 차량으로 고객의 관심을 돌리는 일이었습니다. 이 포상금 제도는 일종의 게임처럼 영업사원들이 하나의 중고차량을 먼저 팔도록 경쟁하게 만드는 방법이었죠. 때로는 고물차를 신속히 치워버리기 위해 사용되기도 했습니다. 체임버스는 고객이 운전석에 올라 시험 운전을 하는 모습을 지켜봤지요. 그는 나중에 이렇게 말했습니다. "자동차 업계는 고객이 단 하루 만에 자동차에 앉게 하고, 그 차를 좋아하게 만들고, 서류에 서명한 다음 그 차를 몰고 가도록 하는 판매 기술을 100년 넘게 다듬어 왔어요."

고객의 주머니를 터는 마지막 단계는 영업소의 사무실에서 실행

됩니다. 체임버스는 이제 그 고객이 매니저로부터 매력적인 융자 조건을 제의받게 될 것이라는 걸 알았죠. 겉으로는 문제없어 보이지만 실제로는 고금리 융자로, 자칫하면 고객의 신용을 망가뜨릴 수도 있는 시한폭탄과도 같습니다. 게다가 이번에는, 체임버스가 몇 분 뒤 알게 된 사실에 의하면, 고객에게 융자상품은 물론 값비싼 보험까지 팔았지요. 이러면 매니저는 쏠쏠한 거래 수수료뿐 아니라 1,500달러가 넘는 돈을 추가로 챙긴 셈이었습니다.

고객이 차를 몰고 떠나자마자, 매니저와 영업사원은 사무실에서 나오며 서로에게 하이파이브를 날렸지요. 이상하게도 체임버스의 속에서는 이제까지 전혀 예상하지 못했던 감정, 즉 분노가 치밀어 올랐습니다. 그리고 그는 깨달았습니다. 자신의 직업에 대한 존중심을 잃어버리는 순간 자기 자신에 대한 존중마저 점차 줄어들게 된다는 것을. 매일 같이 벌어지는 엉성하고 비윤리적인 행태를 지켜보면서 쌓이는 환멸은 울화를 불러오고, 마침내 원망과 냉소, 분노가 폭발하게 되는 것이죠. 그러면서 문득 깨닫게 되는 겁니다. '이런 일을 하면서 살기엔 내 삶이 너무나 아깝구나.' 그리고 그날 체임버스가 그랬듯, 분노는 특별한 결정에 기름을 붓기도 합니다. 자신의 인생을 바꿔버릴 수도 있는 결심을 하게 만드는 거죠.

"저는 그 고객이 채 1년도 못가 멈추고 말 자동차를 몰고 나가는 장면을 목격했어요. 게다가 5년간 융자를 받는 계약을 맺고서 말이죠. 어떻게 이런 짓을 할 수 있죠? 일주일 만에 사표를 냈습니다."

로버트 체임버스가 특별히 종교적이거나 도덕적인 사람이라고

하긴 어렵습니다. 하지만 이전까지의 직업 생활을 통해 무엇이 정직한 일이고 무엇이 아닌지 구별할 줄은 알았죠. 그의 첫 직업은 미 해군의 전자공학자로, 항공모함에서 전투기를 준비시키는 일이었지요. 이후 컴퓨터 공학을 배우면서 여러 직업에 종사했지만 일관성 있는 커리어를 구축하지는 못했습니다. 전화 회사, 은행, 친구의 컴퓨터 사업체, 뉴햄프셔의 컴퓨터 서비스 기업, 뉴욕의 금융 서비스 소프트웨어 기업 등을 전전했죠. 금융위기가 월스트리트를 강타해 다시 실직하게 되면서 아내와 함께 뉴햄프셔로 돌아와서는 은퇴를 고민했습니다. 하지만 저축한 돈이 충분치 않아 친구의 소개로 자동차 영업소에 일자리를 얻었던 겁니다.

체임버스가 그날 화가 났던 건 두 가지 차원에서였습니다. 물론 고객에게 행해지는 부당한 행위에도 화가 났지만, 시스템 엔지니어로서는 '시스템 실패'라는 생각이 들었던 것이죠. 가난한 노동자의 생계 유지에 필수적인 품목, 즉 자동차를 구입하는 데 이용하는 과정에 심각한 결함이 있었습니다. 고금리 자동차 융자는 구입자를 계속 빚에 허덕이게 만들 것이고, 고물차가 고장나면 며칠간 일을 쉬어야 할 것이고, 에너지 효율이 높은 신형 자동차를 모는 사람에 비해 자동차 수리비와 연료비를 더 많이 지불해야 할 겁니다. 그럴수록 자동차 판매자는 더 부자가 되고 가난한 사람은 더 가난해지겠죠.

이렇듯 분노하던 체임버스에게 한 가지 아이디어가 떠올랐습니다. 그리고 뉴햄프셔 시골 사람도 차를 구입할 수 있는 새로운 시스템을 구축하기로 결심했죠. 이렇게 해서 '모어 댄 휠즈More Than

Wheels'라는 비영리단체가 탄생했습니다. 이후 1년간 체임버스는 이 단체의 운영을 위해 은행, 기부자, 재단을 확보하느라 동분서주해야 했죠. 이 아이디어의 핵심은 단순했습니다. 자격을 갖춘 시골 고객들이 신차 구입을 진행하는 동시에 저금리 융자와 개인 금융 상담을 받을 수 있게 만든 것이었죠.

설립 이후 모어 댄 휠즈는 수천만 달러 규모의 자동차 융자를 성사시켰고, 또한 자동차 구매 과정의 일환으로 수백 명의 뉴잉글랜드 교외 거주자에게 채무 및 예산 관리 방법을 교육했습니다. 체임버스의 시스템은 은행에도 이익이 되었습니다. 고객들이 융자를 잘 갚았으니까요. 모어 댄 휠즈는 뉴햄프셔 외의 지역으로도 확장되어, 적절한 융자 수수료와 기업 및 재단의 지원을 통해 성장해 나갔습니다. 이후 체임버스는 오바마 대통령의 초청으로 백악관을 방문했고, 그 자리에서 그는 동료 사회적 기업가들과 함께 대통령과 경제 관료들을 대상으로 어려움을 겪고 있는 미국 중산층을 도울 혁신안에 대해 조언하기도 했지요.

의미 있는 일과 성공의 상관관계

행복에 관해 다룬 2장에서 우리는 '현명한 천사'를 만나본 적이 있죠. 이 노인은 수입과 행복의 상관관계를 다루는 와튼스쿨 세미나에 등장해 "제가 알기로 행복은 건강한 몸, 의미 있는 일, 사랑, 이렇게 셋뿐이에요. 이것들만 갖추고 있다면 행복한 겁니다"라는 말을 남겼습니다.

그가 남긴 말을 저는 이후에 곱씹어 봤습니다. 건강한 삶이 무엇인지에 대한 제 나름의 기준도 있었고, 사랑하는 삶을 살고 있었으므로(그리고 지금도 그렇게 살고 있으므로) 저 자신이 행운아라는 생각도 들었지만, '의미 있는 일'에 대해서는 제대로 생각해 본 적이 없었지요. 이후 저는 그 개념에 관해 연구해 왔으며, 이번 장은 여러분 스스로 의미 있는 일과 성공의 관계에 대해 결론 내릴 수 있도록 설계하였습니다.

이제부터는 우선 사람들이 자신의 직업을 바라보는 세 가지 관점, 즉 일, 커리어, 의미 있는 일에 관해 다루려 합니다. 먼저 잠시 숨을 고르면서, 로버트 체임버스처럼 특별히 유해한 환경에 속해 있지 않은 경우, 가장 평범한 직업이나 커리어라도 우리 삶에 기여할 수 있는 바가 무엇인지 생각해 볼 겁니다. 그리고 나서 의미 있는 일이라는 개념이 어떤 역할을 하는지 살펴보도록 하죠.

그다음으로는 단순히 직업이나 커리어를 넘어서 일의 개념을 구축하는 일곱 가지의 구체적인 토대를 살펴볼 예정입니다. 물론 의미 있는 일의 형태는 사람들의 머릿수만큼이나 다양하지요. 그러나 성공에 대한 제 연구에 따르면 개인 차원에서 벌어지는 성공의 추구는 결국, 각 범주의 앞글자를 따서 PERFECT라고 부르는 이 일곱 가지 범주의 조합을 목표로 할 가능성이 매우 높습니다.

P : 개인적 성장과 발전Personal growth and development

E : 사업적 독립Entrepreneurial independence

R : 종교적, 정신적 정체성Religious or spiritual identity

F : 가족Family

E : 아이디어, 발명, 예술을 통한 자기표현Expressing yourself through ideas, invention, or the arts

C : 대의에 기여하고, 궁핍한 사람들을 돕는 공동체Community serving a cause, helping people in need

T : 재능을 기반으로 한 탁월함의 추구Talent-based striving for excellence

그리고 이 장의 마지막에서는 그간 살펴봤던 사례들을 되짚어보고, 현재의 인생 단계에서 의미 있는 일에 대한 자신만의 정의를 내리도록 시도할 겁니다. 그럼으로써 현재 자신이 하고 있는 일에서 더욱 큰 의미를 찾거나, 혹은 지금보다 더 깊은 목적의식을 안겨줄 새로운 일을 찾기 위해서 어떻게 해야 할지 단서를 얻을 수 있습니다.

여러분이 생각하는 성공이란 게 단지 일에만 국한되지 않을 수도 있겠지요. 하지만 자신에게 의미 있는 일을 하는 것이, 적어도 올바른 성공으로 향하기 위한 하나의 단계일 것입니다.

직업, 커리어, 소명

자신이 이미 하고 있는, 혹은 최근까지 해 왔던 일을 분석하는데서 시작해 봅시다. 예일대학교 에이미 브제스니예프스키Amy

Wrzesniewski 교수의 연구팀은 대형 주립대학교의 학생 건강 서비스 부서와 소규모 인문과학 대학교의 총무과에서 일하는 행정 직원 총 196명을 조사한 적이 있었습니다. 연령, 권한, 수입이 제각기 다양한 이 참가자들을 대상으로 한 연구의 목적은, 이들이 자신의 일에 대해 어떻게 생각하고 있는지 밝혀내는 것이었죠.

그리고 연구결과에 따르면 참가자들은 자신의 하는 일의 종류와 이유를 서술하는 방식에서 크게 세 가지 유형으로 나뉘었습니다. 뿐만 아니라 각 준거 기준마다 거의 균등하게 3분의 1씩 갈라졌죠. 이제 다음의 세 가지 설명을 보고, 무엇이 현재 자신이 하고 있는 일이나 최근에 했던 일과 가장 잘 어울리는지 찾아보세요. 단 하나만 선택해야 하는 건 아닙니다. 실제 연구 참가자들도 자기 생각과 거의 비슷하다고 생각하는 항목을 자유롭게 골랐습니다.

1. 직업

이 집단에 속하는 참가자들은 자신의 일이 급여를 받기 위한 '직업'이라고 생각하는 경향을 보였습니다. 그들이 노동하는 이유는 주로 사무실 밖의 생활을 영위하기 위함이었고 가족, 친구, 여가활동이나 그 밖의 관심사에 중점을 뒀지요. 상사에게 특별한 충성심을 갖거나 현재의 직장을 더 높은 곳으로 올라서기 위한 디딤돌로 여기지도 않았으며, 자신의 일에 대한 흥미도 높지 않았습니다. 일주일 중 가장 즐거울 때는 직장 밖에서 보내는 시간이고, 나이가 들어 퇴직하기를 고대했지요.

2. 커리어

자신이 종사하는 일을 '경력'이라고 여기는 유형도 있었습니다. 이들은 자신이 전문직(의사, 변호사, 회계사), 기술직(저술, 경영, 컴퓨터 분야), 경영직(노조, 병원, 대학교)처럼 확고한 업무가 정해져 있는 분야에서 일한다고 여겼지요. 또한 계속 일하면서 책임이 늘고, 지위와 급여도 높아지리라고 확신했습니다. 이들에게 일이란 주로 자신의 담당 분야 내에서 자신이 되고자 하는 '미래의 자아'를 의미했죠. 특히 이런 관점은 젊은 세대와 나이 든 세대 간의 차이가 컸습니다. 같은 일을 하더라도 젊은 세대는 자신의 일을 커리어의 관점에서 보는 경향이 강한 반면, 나이 든 세대는 직업의 관점을 더 많이 취했죠. 아마도 나이 든 세대는 예전에 가졌던 야심을 실현하는 데 실패했거나 이미 달성했더라도 그것으로는 부족하다는 점을 깨달았기에, 급여와 은퇴 계획에 더 신경을 쏟고 일이 가져다 줄 '미래의 자아'에 대한 관심을 줄이게 되었을 겁니다.

3. 소명

사람들이 자신의 일에 대해 취하는 이 세 번째 접근법에 연구진은 '소명calling'이라는 이름을 붙였습니다. 이 유형의 직원들은 일이 자신에게 중요한 무언가를 반영해 주고 있기 때문에, 혹은 독특하고 개인적인 가치를 표현할 기회를 부여해 주고 있기 때문에 현재의 직업에 종사하는 게 행운이라고 여겼습니다. 자신의 일이 사회적으로 중요하기 때문에, 또는 자기가 어떤 사람이 되고 싶은지 핵심 정체성을 확인시켜 주기 때문에 그 일을 한다는 사람도 있었죠. 자신의 일을 소명으로 여기는 사람들에게는, 일에서 높은 직업적 만족감과 자존감을 얻는다는 특징이 나타났습니다. 소명을 가진 사람은 근무 시간이 늘어나는 것에 크게 개의치 않았고 은퇴에도 큰 관심을 두지 않았습니다.

우리의 '현명한 천사'가 의미 있는 일이야말로 행복의 열쇠라고 주장했을 때 염두에 둔 것은 아마 '소명'이었을 거라고 저는 생각합니다. 브제스니예프스키 교수가 썼던 소명이라는 명칭에는 종교적 의미가 내포된 듯한 느낌을 줄 수 있기에 저는 '의미 있는 일'이란 표현을 더 선호하지요. 간호사나 컴퓨터 과학자가 되기 위해 산꼭대기에 앉아 자신을 부르는 신의 목소리를 들어야 할 필요는 없으니까요. 로버트 체임버스가 '모어 댄 휠즈'를 설립해야겠다고 마음 먹게 된 것은 자동차 영업소의 끔찍한 관행 때문이었죠. 분명 신이 부여한 소명도 의미 있는 일에 이르게 되는 방법 중 하나지만, 그 목표에 이르는 데는 여러 다른 길들도 있다는 점을 앞으로 이 장에서 보게 될 겁니다.

브제스니예프스키 교수 연구팀이 내린 최종 결론은 일에 대한 장기적 헌신과 일의 의미 사이의 관계를 흥미진진하게 다뤘습니다. 데이터에 의하면 자신이 '직업'에 종사한다고 생각하는 사람들은 대부분 자신의 일이 의미 있다고 생각하지 않는 반면, 자신이 하는 일을 '커리어'로 여긴 사람들은 자신의 일에서 의미를 발견하는 경우가 더 많았던 겁니다. 이 연구가 수행된 대학이라는 배경 속에서, 이들 '커리어 중시자'들은 대개 고급 학위가 요구되는 높은 지위에 앉아 높은 급여를 받는 사람들이었죠. 하지만 일의 종류와 지위 고하를 막론하고, 커리어는 개인에게 의미를 제공하는 강력한 원천이라는 점을 앞으로 살펴보게 될 겁니다.

만약 내면의 목소리를 듣게 된다거나 평생 추구할 열정을 발견하게 된다면, 당연히 그 목소리와 열정을 따라야겠죠. 5장에서는 실제 이렇게 자신의 천직을 찾은 사람들의 이야기를 살펴볼 겁니다. 일단 이번 장에서는 자신의 일에서 의미를 발견한 다양한 사례들을 만나보도록 하지요. 인생에서 '단 하나의 참된 목적'을 발견하려는 도전이 자신의 일에서 가치를 창조하고 개인적 만족을 얻으려는 시도를 방해하도록 놔둬서는 안 됩니다.

1장에서 설명했듯, 성공은 고정돼 있거나 단숨에 달성할 수 있는 과정이 아닙니다. 성공은 동적인 역학이기 때문에, 계속 배우고 움직이는 여정 속에서 얻는 통찰을 기꺼이 받아들인다면 좋은 결과를 얻을 수 있을 겁니다.

'깊은 경험'의 힘

브제스니예프스키 교수 연구팀은 이 점이 궁금했습니다. 지위가 높고 커리어를 지향하는 사람들이 자신의 직업을 더욱 의미 있다고 여긴다면, 지위도 급여도 낮은 사람들의 경우 자신의 일을 단지

'직업'으로만 생각할까? 이 궁금증을 해결하기 위해 연구진은 행정 보조직으로 일하는 스물네 명의 표본 집단을 따로 분리해서 이들의 답변을 비교해봤죠. 하지만 놀랍게도 이 집단의 답변 역시 세 가지 유형으로 거의 동등하게 나뉘었습니다. 자신의 일을 '직업'으로 여긴 사람이 아홉 명, '커리어'로 여긴 사람이 일곱 명, '소명'으로 여긴 사람이 여덟 명이었죠.

비록 조사 대상의 수가 적었고 상대적으로 스트레스가 적은 대학 기관에서 추출한 샘플이긴 했으나, 연구 결과가 의미하는 바는 분명했습니다. 동등한 직위에 종사하더라도 사람에 따라 자신의 일을 세 가지 범주 중 하나로 여길 수 있다는 것이었죠. 하루에 행하는 활동의 종류가 아니라 일을 대하는 태도가 차이를 만든다는 겁니다. 즉, 흔한 생각과는 달리 분명하고 객관적으로 '의미 있는 일'과 '하찮은 일'로 구분할 수 있는 기준은 없다는 거죠.

그렇다면 이제 뒤따르는 질문은 이겁니다. "행정 보조직을 단순히 급여를 받기 위한 수단이 아니라 의미 있는 일로 받아들이는 이유는 무엇일까? 어떤 요인이 그렇게 만드는 걸까?" 아쉽게도 브제스니예프스키 연구팀은 이 질문에 대해서는 탐구하지 않았지요. 하지만 우리가 앞으로 검토할 PERFECT 모델은 제가 직접 수행한 연구에서 파생된 답들을 제공해 줄 겁니다. 그에 앞서 이 질문에 저와는 매우 다른 방법으로 접근한 또 다른 성공 연구에 대해서도 살펴보도록 합시다.

문화평론가인 포 브론슨은 《내 인생, 어떻게 살 것인가What Should I Do With My Life?》라는 책을 집필하기 위해, 자신의 일에서 더 많은 의미를 찾으려 하는 사람들의 이야기를 900건 이상 수집했습니다. 70명과는 심층 인터뷰를 진행했고, 그중 53명의 이야기를 직접 책에 소개했죠. 그는 본인이 명명한 파이 베타 슬래커(Phi Beta Slackers, 자신에게 주어진 관습적 커리어를 별 저항없이 따르는 사람)를 비롯해 성직자, 모델, 법률가, 사회복지사, 작가, 트럭운전수, 기업가 등 다양한 사람들과 이야기를 나눴습니다.

그리고 브론슨은 이런 사실들을 깨달았죠. 첫째는 브제스니예프스키 교수의 연구 결과대로, 같은 종류의 일이라도 사람에 따라 매우 다르게 여긴다는 것입니다. 어떤 목사는 교회를 이끄는 일에 극심한 피로를 느끼고 마치 자신이 사기꾼 같다고 여기는 반면, 다른 목사는 교회 예배를 통해 신을 섬기는 일만큼 의미 있는 일은 없다고 고백하기도 했지요.

브론슨의 두 번째 깨달음은, 자기 일에 매우 만족하는 사람에게서 흥미로운 패턴이 발견된다는 것이었습니다. 그런 사람들 중 다수가 자신의 일이 의미 있음을 설명하는 근거로 본인에게 자극을 주었던 특정 경험을 지목할 수 있다는 특징을 보였죠. 브론슨은 이 깨달음을 책의 결론에 다음과 같이 정리했습니다. "전에는 특별히 멋지고 열정을 불러일으키는 직업이 따로 있다고 생각했다. 하지만 이제 나는 열정이란 마음속 깊이 느끼는 경험에서 비롯되며 어디서든 발생할 수 있다는 사실을 깨달았다." 그가 인용한 53편의 이야기는 이 '어디서든'에 '언제라도'를 덧붙여도 되겠다는 확신을 주지요.

예를 들어, 아동 병원에서 일하는 일류 외과의사가 자신의 일에서 의미를 찾을 수 있는 이유는 어렸을 때부터 의사가 되기를 꿈꿔왔기 때문일 수 있습니다. 깊이 새겨진 기억이 여전히 일에 생명력을 불어넣는 것이죠. 한편 같은 병원의 복도 저편에는 낮은 급여를 받으며 매일 암 병동 바닥을 닦아야 하는 청소부가 있습니다. 일반적으론 지겹고 단조로운 일이지만, 이 청소부에게는 특별한 의미가 있죠. 지금 자신이 청소하는 이 공간은, 하나뿐인 자녀가 아기였을 때 암을 치료해준 의료진의 사무실이 포함된 곳이기 때문입니다.

일과 목적의식의 관련성은 위에서 제기했던 의문, '왜 누군가는 직업을 단순히 돈을 벌기 위한 수단으로 보고, 또 누군가는 의미 있는 일로 여길까?'를 해결하는 데 단서가 되기도 합니다. 브론슨이 인터뷰한 어느 비서는 이렇게 말했죠. "이 길을 선택한 건 저예요. 지금 하는 일이 좋고요. 그리고 회사와 상사에게 큰 도움이 된다고 확신하고 있어요." 그렇다면 일의 의미에 대한 올바른 질문이란 "일이란 무엇인가?"가 아니라, "당신을 매일 하는 일과 연결시키고 그 일에 목적의식을 부여하는 기억, 경험, 열망, 가치, 이야기는 무엇인가?"인 겁니다.

직업군마다 각자 공통의 정체성과 목적의식을 만들어 내기 위해 다양한 상징과 의식을 활용한다는 사실은, 마음속 깊은 경험이 의미 있는 일의 중요한 원천임을 알려주는 단서지요. 일종의 통과의례라고 할 수 있는 직업적 의식들은 참여자가 자신이 하고 있는 일의 의미를 되새길 수 있도록 '기억할 만한 순간'을 만들어 내기 위해 의식적으로 신중하게 계획된 것입니다. 병원에서 임상 실습을 받기 전, 젊은 의대생들은 경험 많은 선배 의사들이 흰색 가운을 입혀주는 '화이트 코트 세레머니'를 치릅니다. 보통 이 행사에서는 환자에게 해를 끼치지 않고, 의학 기술로 환자에게 봉사하며, 의사 본인의 이익을 추구하지 않겠다는 히포크라테스 선서도 함께 이뤄지죠. 간호사들 역시 간호 학교 졸업식에서 '나이팅게일 선서'를 통해 자신이 앞으로 임할 직업적 정체성을 되새깁니다.

특별한 직업군에 속하지 않는 사람들이라도 초기의 열정을 기억할 수 있도록 돕는 중요한 상징물을 가지고 다니는 경우가 종종 있습니다. 예전 제 성공학 수업에서 의미 있는 일에 관해 토론하고 난 후의 일이었죠. 찰스라는 학생이 저를 찾아와 스스로에게 더 크고 의미 있는 일의 목표를 상기시키는 데 사용하는 상징물이라며 자신의 펜던트를 보여주었습니다. 찰스는 자메이카 출신 이민자 가정에서 자랐고 몇 차례의 기적을 겪으며 아이비리그 대학에 진학했죠. 그리고 친구들처럼 그 역시 졸업 후에는 뉴욕의 명망 있는 컨설팅 기업에 취직하겠다는 계획을 세우고 있었지만, 사실 궁극적으로는 개발도상국 사람들이 경제적 번영을 이룰 수 있도록 돕고 싶었습니다.

돈과 지위가 우선인 뉴욕의 풍토 속에서 이 궁극적 목표를 가슴속에 계속 유지하기가 힘들겠다는 생각을 한 찰스의 해결책은, 자신이 목표로 하는 분야에 진입할 때까지 목에 펜던트를 걸고 다니는 것이었지요. 이 펜던트는 2년 전 여름 중앙아메리카의 가난한 시골 지역에서 개발 프로젝트에 참여했을 당시 한 아이가 직접 만들어 준 작은 수공예품이었습니다. "제가 정말 하고 싶은 일을 매일 되새기기 위해 이 펜던트를 계속 차고 있기로 했어요." 그의 말을 들으며 저는 이 작은 상징이 찰스의 기대대로 제 역할을 해낼 수 있을지 궁금했죠. 그리고 그렇게 되길 바랐습니다.

자, 그러니 여러분 자신의 문제를 생각할 때도, 의미 있는 일을 찾으려는 열망을 솟아나게 만드는 깊은 경험이 무엇인지 먼저 떠올려 보도록 하세요. 찰스처럼 가족의 이민 배경이 개발도상국 국민들을 돕겠다는 마음을 들게 할 수도 있을 테고, 혹은 친한 친구를 병이나 사고로 잃은 경험이 질병 치료나 안전사고 예방과 관련된 일에 뛰어드는 자극이 될 수도 있을 겁니다. 만약 자신에게 특별한 영향을 미쳤던 교사가 있었다면, 그 기억으로 인해 자신 역시 같은 방식으로 남에게 좋은 영향을 끼치는 일에 종사할 마음이 생길 수도 있겠지요.

의미 있는 일의 일곱 가지 토대

성공학 수업에서 '의미 있는 일'의 개념을 소개할 때 저는 다음과 같이 세 개의 원圓이 중첩되는 간단한 다이어그램을 이용합니다.

보상지향형 일

맨 위에 있는 원부터 시작해 봅시다. 이 일은 그 일을 실행하면 타인이 보상해 주는 종류의 일입니다. 편의점에서 물건값을 계산

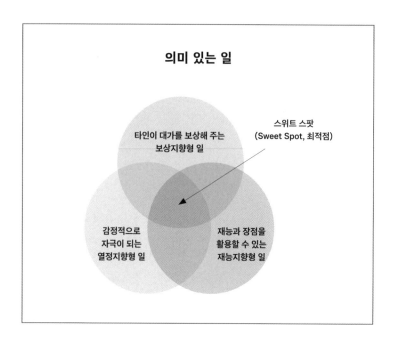

의미 있는 일

타인이 대가를 보상해 주는
보상지향형 일

스위트 스팟
(Sweet Spot, 최적점)

감정적으로
자극이 되는
열정지향형 일

재능과 장점을
활용할 수 있는
재능지향형 일

해주는 일부터 화성에 우주선을 착륙시키는 일까지 수많은 일들
이 해당되죠. 이 원에 해당하는 일에는 기본 원칙이 있습니다. "일
이 지루하든 흥미롭든, 보상을 받을 만한 가치를 창출해야 한다"는
것이죠.

이 영역에만 해당하는 일을 통해 성공한 사람들이 실제로 많습
니다. 커리어 전문가인 카렌 번즈는 〈US 뉴스 앤 월드 리포트〉에
'자신의 직업을 사랑할 필요가 없는 이유'라는 자극적인 제목의 기
사를 실으면서, 자기 일에 대단한 애착을 가지는 대신 좋아하는
정도에 그치는 수많은 사람들이 매우 만족스러운 삶을 산다고 지
적한 바 있지요. 이들은 아무런 문제없이 청구서를 갚고, 자녀를

키우고, 자신의 삶을 즐기고, 지역공동체에 기여하고 있습니다. 또한 로버트 체임버스처럼 유해한 직장 환경을 견뎌야 할 필요도 없지요. 이들은 자신의 일을 통해 다음과 같은 보상들을 얻습니다.

- 지위 : 일은 해당 지위에 수반되는 특정한 사회적 역할을 수행할 것을 요구합니다. 또 누군가가 "무슨 일을 하세요?"라고 물을 때, 떳떳하게 자신의 일을 밝힐 수 있습니다.

- 자존감 : 지위와 긴밀히 연관된 항목으로, 대부분은 일을 잘하거나 못하거나 둘 중 하나인데, 일을 잘할 경우에는 충분한 자존감을 얻을 수 있죠.

- 자기충족감 : 급여를 받음으로써 스스로 자립할 수 있고, 혹은 가족에게 자기 몫을 다할 수 있습니다.

- 사회적 협력 : 일을 통해 타인과 소통하고 관계를 맺게 됩니다. 인간은 사회적 동물이기 때문에 소통은 인간의 기본 욕구라고 할 수 있죠.

- 자기이해 : 일하다 보면 예상치 못했거나 신기한 문제에 맞닥뜨리게 됩니다. 어려운 문제나 사람에 자신이 어떻게 대응하는지 살펴봄으로써 스스로에 대해 배우고, 인생 경험도 더 쌓이는 거죠.

이 상단 원에 편입되지 못한 실업자들의 목소리를 들어보면, 위와 같은 기본적 혜택들이 얼마나 중요한지 확실하게 깨달을 수 있습니다. 해고당한 어느 인사 담당자는 이렇게 적었지요. "평생에 걸쳐 직업이 그 사람을 말해주는 거예요. 그런데 갑자기 직업이 없어지면, 어디서 자부심을 챙겨야 할지 막막해지는 거죠." 그러므로 더욱 의미 있는 일을 탐색하는 과정에서, 아무리 하찮아 보이는 일자리라고 할지라도 심리적인 혜택을 제공받을 수 있다는 점을 잊지 말아야 하는 겁니다.

재능지향형 일

이제 오른쪽에 위치한 원, 자신의 재능과 장점을 활용할 수 있는 일에 대해 살펴봅시다. 재능을 활용할 수 있는 일을 찾아야 한다는 건 충분히 합리적이고, 앞으로 5장에서 우리는 자신이 갖춘 재능이 정확히 무엇인지, 그리고 어떻게 직업에 그 재능을 적용할 수 있을지 살펴볼 예정입니다.

하지만 단지 어떤 일을 잘한다는 이유만으로 그 일에 종사하는 데는 몇 가지 위험도 도사리고 있죠. 소위 '황금 수갑'이라고 불리는 다음의 문제를 예로 들어보겠습니다. 제가 가르치는 경영대학원 학생들은 대개 정량 분석에 뛰어난 재능을 보이고, 이런 분석적 재능과 장점을 활용할 수 있는 금융, 컨설팅, 회계 분야에 높은 급여를 받으며 안착하죠. 하지만 이들이 졸업한 후 몇 년이 지나고 나면, 아무리 조건이 뛰어난 직장에 다니는 제자들이더라도 일이 점점 지루해진다는 불평을 털어놓기 일쑤입니다. 돈도 잘 벌고 재능을 활용하는 일을 하고 있지만, 더는 자신의 일을 좋아하지 않게 되는 것이죠. 여기서 문제가 발생합니다. 높은 급여에 생활 수준이 맞춰져 있다 보니, 현재의 생활을 유지할 수 있는 다른 대안을 찾을 수 없는 거죠. 그야말로 현재의 커리어가 수갑이 되어 자신을 옴짝달싹 못하게 가두는 셈입니다.

'보상'과 '재능'의 원이 중첩되는 오른쪽 부분은 일에 대한 만족도를 나타낸다고 할 수 있겠죠. 하지만 현재 자신이 받는 보상 때문에 더 큰 만족과 의미를 추구하지 못한다면, 오히려 장애물이 될 수도 있는 겁니다.

열정지향형 일

왼쪽에 위치한 원에는, 돈과는 상관없이 자신이 열정을 품은 모든 일이 자리하고 있습니다. 전통적인 의미의 직업은 물론 취미와 커뮤니티 활동까지도 포함되지요. 연금, 건강보험, 높은 연봉 등의 수갑 때문에 직장에 매여 사는 많은 사람이, 돈을 버는 일과는 완전히 다른 별도의 영역에서 열정을 쏟을 수 있는 일을 통해 삶의 만족을 추구합니다. 만약 이 별도 활동이 재능까지 발휘할 수 있는 일이라면, 금상첨화라고 할 수 있죠.

예를 들어 보죠. 필라델피아의 제 집 인근에서 목수 일을 하는 리처드 라이더라는 사람의 이야기입니다. 그는 건축업에 종사하지만, 직업보다는 취미에 더 열정을 쏟지요. 남북전쟁 재연에 열심인 그는 1860년대의 의복이나 군복(남군보다는 북군 복장)을 입고 같은 취미를 가진 사람들과 주요 격전지에서 정기적으로 모여 함께 교전을 재연하곤 합니다.

라이더를 예로 든 이유는 그가 자신의 특별한 기술을 활용할 수 있는 취미의 영역, 즉 아래쪽 두 개의 원이 겹치는 곳에서 할 일을 찾았기 때문입니다. 역사광이자 의사소통에 능한 목수인 그는 '북군 장례 담당관'이라는 독특한 직책을 맡곤 했지요. 남북전쟁 시대의 시신 처리와 장례 관습을 면밀히 연구하여 직접 목관木棺을 제작했고(실제 역사 유물을 몇 점 구입하기까지 했습니다), 이제는 지역 도서관과 커뮤니티 모임을 대상으로 자신의 전문지식을 강연하고 있습니다. 또한 전투 유적지에는 북군이 행군 중 설치했던 정교한 막사형 장례식장을 자신이 제작한 관과 방부처리 도구 일체까지 동원해 재연해 두었지요. 라이더는 자신의 작업에 관심을 보이는 사람에게는 남북전쟁 시대의 시신 처리법에 대해 지나칠 정도로 상세히 이야기해 주곤 합니다. 한번은 기자와의 인터뷰 말미에 이렇게 덧붙였죠. "아내가 제게 신신당부하는 단 한 가지 규칙은, 절대 집 안에 관을 들여놓아서는 안 된다는 겁니다."

의미 있는 일

세 개의 원이 중첩되는 한가운데의 스위트 스팟은, 많은 사람이 가장 지속 가능한 형태의 의미 있는 일을 찾는 장소지요. 앞으로 우리는 이 영역에 안착한 사람들의 사례를 살펴볼 겁니다. 이들의 이야기를 읽으면서, 보상도 안겨주고, 자신의 재능도 활용할 수 있고, 그와 동시에 마음속 깊은 경험으로부터 비롯되거나 강력한 만

족감이 생기는 일을 찾기 위해서는 어떻게 해야 할지 생각해 보기
바랍니다.

첫 번째 토대 : 개인적 성장과 발전

재클린 칸Jacqueline Khan은 디트로이트 교육위원회에서 30년 동안
일했습니다. 무단결석생 지도가 담당 업무였죠. 학생이 출석하지
않는 이유를 조사하고, 학생과 가족을 상담하여 학교로 복귀시키
는 일이었습니다. 사회에 도움이 되는 일이었지만, 그녀는 뭔가 허
전함을 느꼈지요. "제 일이 좋았지만, 뭔가 더 배울 수 있을 것 같
진 않았어요." 그럼에도 은퇴 계획이 충분히 갖춰지기 전까지는 직
장을 그만둘 수 없었습니다. "연금도 받아야 했고 건강보험도 필요
했어요. 경제적으로 안정됐다는 확신이 들 때까지 기다렸습니다."

하지만 교육위원회에서 근무하는 동안에도 칸은 자신이 앞으로
남은 인생에서 하게 될 일에 투자하고 있었죠. 야간 대학을 다니면
서 간호학 준準학사학위를 취득했고, 공식적으로 퇴직할 무렵에는
정식 간호학 학사 학위를 받았습니다. 병원 집중치료 팀에 합류하
는 게 그녀의 목표였는데, 50대 초반에 디트로이트 병원의 외상치
료 부서에 일자리를 얻으면서 이 목표를 이뤘습니다. 칸은 이렇게
설명했죠. "간호사는 항상 어려움에 맞서야 합니다. 강인해져야 하
죠." 60대 중반의 나이였지만 그녀는 여전히 자신의 일에서 자극
을 받고 있었습니다. "저는 여전히 발전하고 있어요. 매일 새롭고
다른 일을 시도해 보고 싶고, 계속 심장이 뛰게 만드는 기회를 얻

고 싶어요."

재클린 칸은 평생 남을 돕는 직업에 종사해 왔죠. 하지만 간호사라는 직업에서 특히 의미를 찾을 수 있었던 이유는 그 일이 타인에게 봉사할 수 있다는 점(앞으로 살펴보게 될 토대 중 하나) 외에도한 인간으로서 자신이 계속 성장하고 발전하고 있다는 것을 느끼게 해주기 때문이었습니다. 칸은 자신의 희끗희끗한 머리가 종종푸대접을 받는 노령의 환자들은 물론 절망에 진 가족들에게 신뢰감을 안겨준다고 말했죠.

칸은 시니어 직장인으로 일하면서 개인적 발전을 통해 의미를찾은 경우지요. 하지만 의미 있는 일에서 이러한 토대(개인적 성장과 발전)는 이제 막 직장생활을 시작한 젊은 세대에게 더 적합할수 있습니다. 〈허핑턴 포스트〉에 실린 홀리 로빈슨의 칼럼에는 이런 대목이 있죠. "직업은 대학교 수업과 비슷하다. 각 직업에서 새로운 기술을 배울 수 있고 신선한 인생관을 얻을 수 있다. 그러나대개는 영원하지 않다. 단지 디딤돌 역할을 해줄 뿐이다." 어디로올라서기 위한 디딤돌일까요? 우리가 다루고 있는 '의미 있는 일의 토대'를 바탕으로 그 목표 지점을 찾을 수 있을 겁니다. 자신에대해 더 많이 알게 될수록, 자신이 앞으로 할 일을 고르는 데도 목적의식이 더 강해지게 마련입니다.

두 번째 토대 : 사업적 독립

메리 리 헤링턴은 펜실베이니아 법학대학원을 수석에 가까운 성적으로 졸업한 후, 4년 뒤에는 런던의 유명 로펌에서 일하고 있었습니다. 25만 달러의 고액 연봉을 받았지만, 주 60시간씩 일하면서도 계속 밀려드는 고된 업무에 쫓기면서 스트레스에 시달리는 중이었고요. 그녀가 법학대학원에 진학했던 이유는 '변호사'라는 전문직 커리어와 경제적 안정을 얻기 위함이었죠. 비록 그 목표들은 달성했지만, 그 대신 치러야 하는 대가를 생생하게 경험하고 있었습니다.

정신적으로도 힘들었을 뿐 아니라 자신이 마치 '거대한 기계를 돌리는 값비싼 톱니바퀴'처럼 느껴졌죠. 그녀에게는 전혀 도움되지 않는 이미지였습니다. 비록 기계의 작동에 기여하고는 있었지만 노동의 결과물이 안겨주는 만족감을 느낄 수가 없기 때문이었죠. 수십억 달러짜리 기업 간 거래를 법적으로 문서화하는 작업에는 수많은 전문 회계사, 법률가, 분석가가 투입돼야 합니다. 기한의 압박 내에서 복잡한 일을 완벽하게 처리해야 하는 업무지만, 여기에 엄청난 연봉, 그리고 장래에 찾아올 더 높은 지위에 대한 기대가 더해진다면, 누군가에게는 커리어를 이어갈 훌륭한 동기가될 수도 있을 겁니다. 하지만 스트레스로 인해 머리카락이 한 움큼씩 빠지기 시작한 메리 리 헤링턴은 모종의 변화가 필요한 때라는걸 깨달았습니다. "하지만 뭘 어떻게 바꿔야 하지?"

그녀는 법학대학원 시절을 돌아보면서 왜 당시 그토록 즐거웠는지를 스스로에게 물었습니다. 그리고 그 이유가 법전法典과는 무관하다는 사실을 깨닫고 깜짝 놀랐죠. 자신이 정말 좋아했던 건, 뜻밖에도 학교 축제를 조직하고 이끄는 일이었던 겁니다! 헤링턴은 〈뉴욕타임스〉 기자에게 이렇게 말했죠. "그건 정말 창의적이고 재미있는 작업이었어요. 손님들에게 나눠줄 선물을 고르고 프로그램을 짜는 그 모든 과정이 너무 좋았어요."

그래서 회사를 그만둔 그녀는 본인의 아파트를 사무실로 개조해 '포에버&에버 이벤트Forever & Ever Events'라는 웨딩 서비스 업체를 설립했습니다. 친구의 친구인 첫 고객에게 받은 2,000달러를 은행에 입금하는 순간 가슴 벅찬 희열을 느꼈죠.

하지만 자기 사업을 운영한다고 해서 일을 덜 할 수 있는 건 아니라는 걸 깨닫기까지는 오래 걸리지 않았습니다. 결혼식이 임박했을 경우엔 하루 17시간씩 일해야 할 때도 있었죠. 행사가 없을 때도 문서를 작성하거나 웹사이트에 홍보글을 올리느라 밤늦게까지 사무실을 떠나지 못할 때가 많았고요. 하지만 그녀는 더이상 톱니바퀴에 머물지 않았습니다. 본인이 기계 자체였으니까요. 따라서 지금의 일에서 받는 스트레스 또한 충분히 즐길 수 있는 종류였고, 마치 기분 좋게 운동하면서 받는 압박감과도 같았죠.

오래지 않아 그녀의 회사는 만족한 고객들의 입소문을 탔고, 런던의 유명 웨딩 블로거들도 앞다퉈 그녀의 웹사이트에 대한 평을 남기기 시작했습니다. 해링턴은 "이제는 더 이상 구부정한 자세로 우울하게 길을 걷는 일은 없어요"라고 기자에게 말했죠. 친구들 역시 그녀가 한결 활발해졌음을 눈치챘다고 했습니다. "예전에는 일에 대해 한마디도 하고 싶지 않았어요. 입을 열면 불평만 나왔으니까요." 하지만 일이 본인 생활의 밝은 면을 구성하게 되면 으레 그렇듯, 이제 그녀는 자신에 관해 이야기하기를 가장 즐거합니다.

사업가로 독립하게 되는 사건은 정말 다채로운 배경에서 이뤄지죠. 뉴멕시코주 산타페에서 레스토랑 주인이자 총괄 셰프로 일하는 로버트 치커링도 한 예입니다. 제가 그를 만났을 때, 마치 어미 거위가 새끼들을 돌보듯 테이블을 이리저리 돌아다니는 모습이 인상 깊었죠. 누가 봐도 일과 사랑에 빠진 그가 운영하는 레스토랑은, 산타페의 최고 식당 중 하나로 손꼽히는 곳이었습니다. 저는 아내와 함께 디저트를 먹으면서 그와 대화를 나눴는데, 치커링이 예전에 미네소타 관현악단에서 콘트라베이스를 연주했었다는 사실을 알고 깜짝 놀랐죠. 뿐만 아니라 산타페 오페라 관현악단에서도 몇 년 동안 활동했는데, 거기서 아내를 만나게 되었다는 얘기도 들을 수 있었습니다. 자라면서 부모님이 레스토랑을 경영하는 모습을 봐왔기 때문에 장사 수완이 자연스럽게 몸에 뱄다고 했죠. 한때는 음악이 그의 인생에 더 큰 의미가 있었기에 부모의 뜻을 거스르면서까지 콘트라베이스 연주자로서의 열정을 추구했었습니다. 하지만 그 열정은 시간이 지나며 차차 식어갔죠. 더구나 잦은 여행과 자기 시간을 내지 못하는 현실, 그리고 대도시 관현악단 내부의 뒷골목 정치에 환멸을 느끼게 된 그는 오케스트라를 그만두게 됐습니다. 그리고 이제는 이탈리아 요리에 미국 남서부 풍미를 결합한 새롭고 특별한 요리를 개발하는 일에 매달리고 있지요. 치커링은 우리 부부에게, 사업가로 사는 현재의 삶도 예전에 연주자로서 살았던 때와 똑같이 의미가 있다고 했습니다.

이렇듯 메리 리 헤링턴의 경우 한 번, 로버트 치커링은 두 번 해결했던 문제에 관해, 철학자 버트런드 러셀이 남긴 말이 있습니다.

러셀에 의하면, 커리어 중심의 관료주의적 세계에서 사람들은 남들이 제시한 지루한 목표를 이뤄야 하는 삶에 너무도 쉽게 안주하고 만다는 겁니다. 자유롭고 활기찬 인생의 원동력이 될 수 있는 창의적 충동을 억누르는 거죠. 이에 대해 러셀은 '자신의 본능이 옳다고 느끼는 대로 따르는 사람'이 되어야 한다고 조언했지요. 현재 그런 일을 찾았는지 판단하는 방법은 간단합니다. 자존감과 자부심을 느끼고 있으면 되는 거죠. 러셀은 의미 있는 일이란 '외부의 고난과 어려움 속에서도 영혼을 행복하게 만들어 준다'고 적었습니다.

말콤 글래드웰은 《아웃라이어》에서 러셀의 주장을 되풀이하면서, 의미 있는 일이란 '자율성, 복잡성, 그리고 노력과 보상의 연관성', 이 세 가지라고 정의한 바 있죠. "오전 9시부터 오후 5시까지의 시간 동안 우리를 궁극적으로 행복하게 만들어 주는 것은 벌어들이는 돈의 액수가 아니라 일이 우리에게 주는 성취감이다. 이 세 가지 기준을 충족시키는 일이 의미 있는 것이다." 글래드웰 본인도 분명 알고 있는 겁니다. 독립적인 작가이자 사회 평론가로서 스스로 일궈낸 일이 바로 그런 종류의 일이라는 사실을.

헤링턴, 치커링, 글래드웰의 사례는 우리에게 중요한 교훈이 되어 줍니다. 의미 있는 일은 단순하게는 '자율성을 보장하는 일'이라고도 해석할 수 있다는 거죠. 사업적 독립성을 추구하는 과정에서 많은 사람들이 의미 있는 일을 찾게 되는 걸 보면 알 수 있습니다.

세 번째 토대 : 종교적, 정신적 정체성

2010년 10월, 인도네시아 메라피 화산이 폭발하면서 인근 마을에 수십 명의 피해자가 발생했습니다. 화산을 숭배하는 지역 주민들은 이 폭발이 신의 분노라고 해석했죠. 그런데 이 끔찍한 사건을 보도하는 뉴스마다 산비탈에서 죽은 한 사람의 이야기가 빠지지 않았습니다. 아나운서는 이렇게 설명했죠. "기도하는 자세를 취한 채 불에 새까맣게 탄 시신이 발견됐습니다." 그는 83세의 음바 마리잔Mbah Maridjan라는 노인으로, 인도네시아 사람들에게는 '문지기gatekeeper'라는 별명으로 더 유명한 인물이었습니다. 사건 몇 달 전의 인터뷰에서 그는 자신의 일이 기도와 탄원을 통해 "용암이 마을로 흘러들어 가지 못하게 막는 것"이라고 얘기했었죠.

마리잔은 2006년에 정부가 자연 환경을 망가뜨리고 있으며 "파괴 행위로 자연에 고통을 가하는 짓을 멈춰야 한다"고 공개적으로 주장하여 화제가 됐었죠. 바로 그해 말, 화산이 폭발할 수 있다는 진단이 내려졌습니다. 사람들은 마리잔에게 위험을 피해 산에서 내려오라고 얘기했지만, 그는 꿈쩍도 않고 산 아래 마을을 지켜달라고 계속 노래하고 기도했지요. 그리고 화산이 결국 폭발하지 않자, 그 광경을 지켜본 사람들은 마리잔을 '현대의 성자聖者'라고 여기게 되었습니다.

하지만 2010년의 화산 폭발로 인해 문지기는 결국 목숨을 잃었습니다. 하지만 마리잔이 의미 있는 일을 했다는 데는 누구도 의심을 품지 않았죠. "우리는 메라피 산이 언젠가 문지기를 데려가리란 것을 오래 전부터 알고 있었습니다." 마리잔의 시신이 발견된 날, 정부 대변인은 이렇게 논평했습니다. "이제 그는 떠났고, 우리는 새로운 문지기를 다시 뽑아야만 합니다."

이 장의 앞부분에서 저는 '소명'이라는 단어에 종교적인 의미가 내포되어 있어서 의미 있는 일을 가리킬 때 사람들이 곧잘 혼동하곤 한다는 점을 지적한 바 있지요. 우리가 이미 알고 있듯이, 의료에서도 사업에서도 일이 의미를 갖기 위해 종교적 신념이 반드시 필요한 것은 아닙니다. 하지만 이것만은 분명합니다. 수많은 사람이 종교적 혹은 정신적 가치에 헌신하는 직업을 통해 의미 있는 일을 구현하고 있지요. 승려, 수녀, 신부, 목사, 랍비뿐 아니라 종교적 신념이 동기가 되는 여러 사회봉사 단체와 지원 기관에서 일하는 사람들이 모두 여기에 포함됩니다. 마리잔처럼 문지기로서의 소명을 실천하거나 죽은 사람을 위해 기도하거나 환자를 치료하는 등의 모든 일이 해당될 수 있고요.

종교적으로 동기를 부여받은 일이라고 해서 반드시 교회나 사원, 혹은 어떤 단체 내에서 행해져야 하는 것도 아닙니다. 평소의 자기 직업을 종교적, 영적 관점에서 바라보면 일에서 더 깊은 의미를 경험할 수 있지요. 릭 워렌 목사의 베스트셀러 《목적이 이끄는 삶》에는 신앙을 통해 일과 가정생활 모두를 바꿀 수 있는 다섯 가지 확실한 방법이 제시돼 있습니다. 매일 예배하기, 신앙을 공유하는 사람들과 공동체 가꾸기, 삶의 모든 곳에서 신의 뜻에 따르기, 도움이 필요한 사람을 돕고 보살피기, 자신의 신앙을 타인에게 가르치기. 성공회에서 사용하는 《기도서Book of Common Prayer》에는 훨씬 간단하게 기술돼 있죠. "자신을 위해서가 아니라 공동선을 위해 일할 수 있도록 우리를 인도해 주십시오." 신앙에 근거한 일이란 모두에게 적용될 수는 없을지 모르지만, 의미로 향하는 숭고한 길인 것만은 분명합니다.

네 번째 토대 : 가족

앞서 3장에서 살펴봤듯이, 지배적 성향의 부모는 때로 자녀가 자율적으로 일을 탐색하는 데 방해가 될 수도 있지요. 하지만 올바른 부모 자식 관계는 일에서 보다 깊은 의미를 찾고 서로의 성장을 도모하는 데 도움이 되기도 합니다. 실제로도 연구에 의하면 양육 그 자체가 소명으로서 일의 기준을 모두 충족시키는 의미 있는 일이란 사실이 밝혀졌습니다. 이는 집에서 자녀의 주요 양육자 역할을 수행하는 부모는 물론 가족의 생계를 책임지기 위해 경제 활동을 하는 부모 모두에게 해당됩니다.

예를 들어, 어느 블로거가 앞서 두 번째 토대에서 언급됐던 말콤 글래드웰의 의미 있는 일에 대한 자율성 기반의 정의를 인용한 다음, 블로그 구독자들을 대상으로 의견을 구한 적이 있었죠. 여기에 다음과 같은 댓글이 달렸습니다. "의미 있는 일에 대한 나의 정의는 이것입니다. '가족을 부양하기 위한 수단을 제공하는 모든 일.'" 아마 이 댓글에 대부분 동의할 겁니다. 그리고 배우자나 자녀에게 좀 더 관심을 쏟기 위해 연봉은 높지만 스트레스가 심한 일을 그만두거나 쉬는 사람들의 사례는, 제가 또 한 권의 책을 쓸 수 있을 정도로 많죠. 특히 건강 문제로 위기를 겪거나 이혼으로 충격을 받은 후에는 의미를 부여하는 가족이 없다면 일 자체가 얼마나 무의미한지 깨닫게 되곤 합니다.

의미 있는 일에서 가족이라는 토대는 양방향으로 효과를 냅니다. 자신의 길을 스스로 개척할 자유를 부여받은 자녀는 가족의 믿음에 답하기 위해 선택한 일을 통해 의미를 발견하게 되죠. 플로리다주 상원의원 마르코 루비오가 바로 이런 경우입니다. 그는 1950년대에 미국으로 이민을 온 쿠바인 부모 밑에서 태어났습니다. 플로리다주 마이애미에 정착한 이들 부모는 각각 바텐더와 호텔 청소부로 일했죠. 하지만 자녀들이 자신들 뒤를 따라 호텔에서 일하기를 원치 않았고, 쿠바에서보다는 더 나은 삶을 자녀들에게 선사해 주고 싶었습니다. 과거에 왜 서비스 직종에 종사하지 않았는지 묻는 기자에게 루비오는 이렇게 답했죠. "제 부모님은 저희에게 이렇게 말씀하셨어요. 직업은 생계를 위해 하는 일이고, 커리어는 돈을 받으면서 자기가 좋아하는 일을 하는 거라고요. 제가 커리어를 가질 수 있도록 본인들이 직업에 종사하는 거라고 하셨습니다."

루비오는 정치라는 영역에서 자신의 소명을 발견했죠. 산타페 커뮤니티 칼리지를 거쳐 콜로라도주에 있는 작은 대학교에 진학했고 플로리다대학교와 마이애미대학교 법학대학원을 졸업했습니다. 법학대학원 재학 중에는 하원의원 사무실에서 인턴으로, 공화당 선거본부에서 자원봉사자로 일했고요. 일단 정치에 투신하게 되자 루비오는 젊음이라는 무기와 쿠바인이라는 유산, 보수적인 관점을 활용하기에 플로리다야말로 최적의 장소라는 걸 깨달았습

172

니다. 빠른 속도로 정치 가도를 내달린 그는 35세라는 젊은 나이에 플로리다 주 하원의 대변인으로 임명됐고, 그로부터 5년 후에는 미국 상원의원에 선출되어 대통령, 부통령 후보로까지 거론되는 유력인사가 되었죠.

이렇게 빠른 성장을 보면 루비오에게 남다른 야심이 있는 건 분명해 보입니다. 하지만 그가 자신의 일에 관해 털어놓는 이야기를 들어보면, 출세의 사다리나 보수적 사상에 대한 신념과는 종류가 다르지요. 그 이야기는 열세 살 때 그가 할아버지에게 했던 약속에 대한 것입니다. 루비오의 회고록《미국의 아들An American Son》에 담겨 있는 일화를 살펴봅시다.

1996년 루비오의 법학대학원 졸업은 가족 모두의 경사였습니다. 가문의 역사를 통틀어 그 수준까지 교육받은 사람이 없었기 때문이었죠. 부모님은 너무나 자랑스러워했습니다. 하지만 루비오는 그 자리에 꼭 함께했어야 마땅하지만 참석하지 못한 누군가를 찾아가야 했습니다.

> 다음날 나는 할아버지의 묘소를 방문했다. 할아버지 임종 자리에서 그의 손을 잡았던 때의 기억이 떠올랐다. 할아버지 역시 내 손을 꼭 쥐었고, 나는 열심히 공부해서 반드시 성공하겠다고 맹세했다. 그리고 그로부터 12년이 지나 마침내 그 약속을 지켰다. 이때 처음으로 내가 부모님과 할아버지의 삶을 대리해서 살고 있다는 생각이 들었다. 그분들은 한때 자신들을 위해 품었던 꿈을 내게 전해주었다. 내가 이뤄온 모든 성취는 그들

의 삶에 목적과 의미를 부여해 왔다. 그들의 삶과 사랑과 희생이 헛되지 않았다는 걸 나는 증명했다. 그들은 의미 있는 삶을 살았다. 묘소를 떠나면서 나는 할아버지의 존재를 느꼈고, 지금도 여전히 느끼고 있다.

마르코 루비오에게 일의 의미란 깊은 경험, 즉 숨을 거두는 할아버지에게 했던 약속에 뿌리를 두고 있죠. 또한 이 약속의 지속력은 라틴 문화에서 너무도 중시되는 가족이라는 존재에서 비롯됩니다. 이 두 가지가 결합하여 일의 의미에 관한 루비오의 이야기가 완성된 것이죠.

다섯 번째 토대 : 아이디어, 발명, 예술을 통한 자기표현

창의적인 재능을 가진 사람의 경우, 음악, 미술, 언어, 디자인, 발명 등 개인적이고 독창적인 표현과 관련된 일에서 깊은 의미를 얻을 수 있다는 점을 역사는 입증합니다. 자기를 표현하는 삶을 선택한 사람들은 새로운 세대의 문화를 창조하지요. 이 중에는 가난에 시달리는 사람, 영광을 누리는 사람, 누구도 모르게 세상을 떠나는 사람, 환호를 받는 사람도 있습니다. 하지만 표현이라는 일에서는 오직 창작자가 창작하는 행위 자체로 만족을 느낄 때만 의미가 있죠. 만약 예술가가 관객의 칭찬에 의지하여 자신을 추켜세우게 된다면 근본적인 바탕을 잃게 되는 겁니다.

팔레스타인의 젊은 플루트 연주자 달리아 무카커Dalia Moukarker는 예술 정신을 매우 풍부하게 표현해 왔습니다. 그녀는 예루살렘에서 몇 마일 떨어진 베이트 잘라의 서안지구 마을에서 자랐지요. 어렸을 때부터 플루트 연주에 푹 빠졌고, 자신의 우상인 스위스 플루트 독주자 엠마누엘 파후드Emmanuel Pahud의 포스터로 방을 도배할 정도였습니다. 팔레스타인과 이스라엘의 정치적 분쟁 때문에 예루살렘에서 음악 수업을 받는다는 게 쉽지 않았고, 비좁은 아파트에서 연습하는 건 다른 네 형제자매에게 환영받지 못하는 일이었지요. 그럼에도 그녀는 연주를 포기하지 않았고 결국 서안지구에서 파후드가 직접 이끄는 마스터 클래스에서 두각을 나타낼 수 있었습니다. 그렇게 이름이 알려지고 온라인에 영상이 퍼지면서 컬럼비아 대학교의 한 교수는 무카커에게 새 플루트를 보내주기도 했고, 클래식 음악을 통해 중동 평화를 장려하려는 재단에서 그녀의 음악 수업을 후원하기 시작했습니다. 스무 살이 되던 해에는 마침내 플루트 연주자를 단 네 명만 뽑는 독일의 일류 음악학교에 선발되었지요.

무카커는 자신이 음악하는 의미를 이렇게 설명했습니다. "저에게 음악은 제 목소리예요. 제가 말할 수 있도록 도와줘요. 음악을 반드시 밖으로 내보내야 해요. 그렇게 해야 살아갈 수 있어요." 무카커의 이스라엘인 스승 라나 에일런은 이렇게 말했습니다. "45년간 음악을 가르치는 동안 대여섯 번밖에 들어보지 못했던 에너지가 이 아이의 연주에는 담겨 있었죠. 그것은 자유의 에너지였어요."

자기를 표현하는 일은 음악 같은 전통적 예술에만 국한되지 않습니다. 만화부터 컴퓨터 응용 예술에 이르기까지 온갖 분야로 확장될 수 있죠. 오늘날처럼 혁신을 추구하는 첨단기술 시대에는 독창적 디자인, 발명, 혁신을 통해 일에서 의미를 발견하는 사람이 점차 늘어나고 있는 추세입니다. 이 책의 프롤로그에서 2005년도 스탠퍼드대학교 졸업식 연설을 인용했던 스티브 잡스를 생각해 보죠. 이 시대의 창의적 천재였던 잡스가 애플에서 시도했던 제품 디자인 작업은, 명백히 그의 삶에 의미를 부여한 자기표현의 한 형태였습니다.

첨단기술 분야에서 의미 있는 인생을 창조해낸 또 다른 인물로 온라인 결제 시스템 페이팔의 창립자이자 스탠퍼드대 컴퓨터공학과에서 가끔 강의하기도 하는 피터 틸을 들 수 있습니다. 메리 리 헤링턴과 마찬가지로, 그는 스탠퍼드대학교와 동 대학교 법학대학원을 졸업한 후에 법조계를 통해 사회에 첫발을 들여놓았죠. 하지만 젊은 법조인이라면 누구나 갈망하는 미국 대법관 서기직을 놓치고는 방황에 빠졌습니다. 난생 처음으로 학문적 경쟁에 실패한데 충격을 받은 그는 법조계에서 완전히 발을 빼고 비즈니스의 세계에 입문했죠. 그리고는 예리한 선구안으로 페이팔과 페이스북 같이 잠재력이 풍부한 비즈니스 모델을 골라내어, 금세 억만장자에 등극했습니다.

실리콘 밸리에서는 너무도 유명한 이야기지만, 제가 이 사례를 소개하는 이유는 피터 틸이 법조계에서 경제계로 자리를 옮겨 스타트업 투자로 성공했기 때문이 아닙니다. 그가 엄청난 명성과 부에도 불구하고 자신의 일에서 의미를 찾는 작업을 그만두지 않았기 때문이지요. 스탠퍼드대학교 수업에서 피터 틸은 학생들에게 관습적인 학업 경쟁에 얽매이지 말라고 경고합니다. 본인도 그 경쟁에 뛰어들어 좋은 성적을 냈지만 결국엔 아무런 의미가 없었다면서 말이죠. 대신 개인의 적성과 시행착오를 바탕으로 틀에 박히지 않은, 더욱 창의적인 길을 따르라고 촉구합니다.

그는 관습적인 대학교-대학원 교육 시스템을 완전히 건너뛰고 싶어 하는 십대 청소년들을 돕기 위해, 매년 20세 이하 청소년 20명을 선발하여 연간 5만 달러씩 2년간 장학금을 지급하는 틸 장학재단Thiel Fellowships을 시작했습니다. 이 장학금의 유일한 지급 조건은, 세계적 수준의 고정관념을 탈피한 독창적 아이디어와 목표를 위해 대학을 중퇴할 만큼의 추진력입니다. 틸은 창의적인 일에 평생을 바친다는 느낌을 학생들이 일찍 맛볼 수 있게 하려는 것이죠.

대학 중퇴를 부추긴다며 틸 장학재단을 맹렬히 비난하는 사람들도 있습니다. 하지만 매년 선발되는 틸 장학생 20명의 입장에서는 별로 손해될 게 없죠. 만약 자신의 아이디어가 통하지 않거나, 자신의 의미 있는 일을 향한 추구에 자유로운 형식의 창의적 커리어가 어울리지 않는다고 깨닫게 되면, 틸 장학생이라는 영예를 등에 업고 언제든 대학 문을 다시 두드릴 수 있기 때문이죠. 그리고 만약 자신의 아이디어가 창업까지 이어진다면, 스티브 잡스, 마크 주커버그, 빌 게이츠 같은 성공한 대학 중퇴자의 행렬에 동참할 수 있으니까요.

여섯 번째 토대 : 대의에 기여하고, 궁핍한 사람들을 돕는 공동체

제 성공학 수업에서 레아라는 학생이 자신의 할아버지에 대해 짧은 글을 써낸 적이 있습니다. 당시 레아의 할아버지는 100세 생일을 앞두고 있었죠. 그는 코스타리카의 유대인 사회에서도 유난히 친절하고 과묵한 사람으로서, 무엇보다도 가족과 함께하는 시간을 즐기며 가정에 안락함과 지혜를 베푸는 걸 좋아한다고 레아는 설명했지요.

레아의 할아버지는 2차 세계대전 당시 나치가 폴란드에 세운 죽음의 수용소에 갇혀 있었습니다. 홀로코스트에서 어떻게 살아남았는지 묻는 손녀에게 그는 이렇게 대답했죠. "내겐 친구들이 있었단다. 우리는 서로 보살펴주고 기도해주었지. 음식을 나눠 먹고 서로의 안전을 챙겨줬어. 신의 뜻에 따라 남을 도울 수 있는 곳이라면, 거기가 어디든 아주 몹쓸 곳은 아닌 게야."

공동체에서 사람을 돕든 자신이 믿는 대의를 위해 봉사하든, 개인을 넘어선 목적에 기여하는 일은 깊은 의미를 얻는 원천이 될 수 있습니다. 그리고 사람들은 우리가 앞서 다뤘던 다른 토대들을 종종 이 만족감의 원천에 결합시키곤 하지요.

공동체와 대의에 대한 봉사 정신을 일의 주된 기반으로 삼는 사람의 예로, 와튼스쿨의 협상 수업을 통해 알게 된 인물을 소개하고자 합니다. 의미 있는 일의 토대로 헌신을 택했을 때 어떤 대가가 따르게 되는지를 제게 일깨워 준 사람이기도 하지요.

2010년 여름에 일주일간 진행된 임원 협상 워크숍의 첫날에 저는 히스 로빈슨Heath Robinson과 만났습니다. 30대 초반에 친근한 인상을 가진 그의 앞에는 '미 해군 개발 그룹'이라고 적힌 명패가 놓여 있었죠. 그는 약간 긴장한 기색이었고, 함께 참석한 재계와 정부의 고위급들 사이에서 겉도는 듯했습니다. 과연 잘 적응할지 염려가 됐죠. 하지만 24시간이 지나기 전에 로빈슨에 대한 제 생각은 바뀌었습니다. 제가 가르쳤던 그 어떤 학생보다 뛰어났죠. 그날 저녁 식사 자리에서 로빈슨은 자신의 직업을 밝혔습니다. 공식 명칭은 '해군 특수전 개발 그룹'인 '씰팀 식스SEAL Team Six', 그중에서도 최정예 소대의 리더였죠. 1년 뒤 이 씰팀 식스는 파키스탄에서 알카에다 지도자 오사마 빈 라덴 사살 작전을 성공적으로 수행하면서 전 세계적으로 명성을 떨치게 됩니다.

일주일 과정이 진행되는 동안 로빈슨은 자신이 속한 직업 세계에 대해 제게 많은 걸 알려주었습니다. 그곳은 엄격한 전문적 기준을 따르고 자기희생에 헌신해야 하는 세계였죠. 6개월짜리 정규 SEAL 훈련 과정을 마치는 데 성공하는 인원은 열 명 중 두세 명에 불과합니다. 5.5일간 이어지는 '지옥 주간'에서 많은 사람이 탈락하는데, 훈련생은 72시간 동안 잠을 자지 못하고 내내 깨어 있으면서 인간의 한계까지 자신을 밀어붙이며 육상 및 수중 훈련을 받습니다. 씰팀 식스는 해군 특수부대원(네이비씰) 2,000명 중에서 200명가량을 다시 선발하여 구성하는 최정예 소대로, 지원자 가운데 씰팀 식스에 최종 합류하는 대원은 절반에도 못 미치지요. 로빈슨은 전투 소대 하나를 이끄는 사병士兵 리더였습니다(대학을 다닌 적이 없습니다). 수차례 전투에서 무용武勇을 뽐내며 실행력을 갖춘 군인이었죠.

워크숍 참가자 중에서 로빈슨이 두드러졌던 이유는 과묵하고 자제력이 뛰어난 그의 '존재감' 때문이었습니다. 그와 이야기를 나눠본다면, 아무것도 입증할 필요가 없는 사람이라는 걸 금방 눈치챌 수 있을 정도죠. 딱 그런 사람이었습니다. 자신만만하고, 겸손하고, 침착하고, 그러면서도 주의를 게을리하지 않는 사람. 어느 날 저녁에는 한밤중 치렀던 아찔한 전투 이야기를 해줬다가도, 다음날이면 아내에게 전화로 들은 신생아 딸에 대한 얘기를 되풀이하기도 했습니다. 그가 인생의 의미를 여러 가지 원천으로부터 얻고 있다는 점이 명확하게 보였습니다. 하지만 그중에서도 해군 특수부대원이라는 정체성과 군 복무에서 얻는 자부심이 상위에 자리 잡고 있었죠.

그로부터 1년이 지난 2011년 8월이었죠. 집에서 일하고 있는데 로빈슨의 동료인 톰으로부터 전화가 걸려왔습니다. 톰도 와튼스쿨 워크숍에 로빈슨과 함께 참석했었죠. 톰의 설명에 따르면, 전날 로빈슨의 소대가 아프가니스탄에서 탈레반에게 억류됐던 미군들을 구출하는 임무를 무사히 수행한 후 귀국하는 길에, 적군이 쏜 로켓추진형 수류탄에 헬리콥터가 격추되어 탑승자 전원이 사망했다는 것이었습니다.

그날 제가 느꼈던 상실감과 슬픔의 감정은, 이내 우리가 빚을 지고 있는 사람들에게 대한 감사의 마음으로 점차 바뀌었죠. 군인뿐 아니라 소방관, 구급대원, 경찰관, 외교관 등 공동체에 봉사하기 위해 험지를 마다하지 않는 사람들 말입니다. 그들의 일은 그들 자신은 물론 우리에게도 깊은 의미를 남길 수 있는 겁니다.

일곱 번째 토대 : 재능을 기반으로 한 탁월함의 추구

고대 그리스인은 의미 있는 일의 궁극적 목적을 '아레테arete'라는 단어로 표현했지요. 때로는 '미덕'으로 번역될 때도 있지만, 아레테의 보다 올바른 의미는 '높은 수준의 탁월함과 효율성으로 수행하는 일'입니다. 구두 수선공에게는 완전무결한 신발을 제작하는 것이 아레테를 보여주는 길이죠. 전사는 가장 위험한 상황에서 용맹함을 발휘하여 아레테를 과시합니다. 따라서 저는 일의 의미를 구성하는 마지막 토대를, 자신이 재능을 지닌 분야에서 최고의 탁월함에 도달하려는 열망이라고 정의하려 합니다.

사람들이 아레테라는 목표에 도달하는 데는 여러 가지 경로가 있죠. 그중 한 가지 길은 어떤 일에 열정을 품고 시작하여 탁월한 기량을 갖출 때까지 평생을 매달리는 겁니다. 예를 들어, 프레드 베키는 아흔 살이 넘었지만 대개의 이십대보다 친구가 많아서 친구 집 소파에서 종종 잠을 자곤 합니다. 그의 추종자 중 한 명은 이렇게 말하더군요. "저는 프레드가 무척 좋아요. 하지만 집 주소만큼은 절대 말해주지 않을 거예요." 그는 미혼이고 안정된 직업에 종사한 적이 전혀 없으며, 대부분의 시간을 야외에서 보냅니다. 과연 어떤 일을 하길래? 그는 등반가입니다. 익스트림 스포츠 분야를 다루는 〈월스트리트저널〉의 어느 칼럼니스트는 베키를 가리켜 산악 등반 역사상 가장 경험이 많은 '최초의 등반가'라고 칭한 적이 있었죠. 그는 열세 살에 처음 정상 정복에 성공한 이후 등반을 멈추지 않았습니다. 《프레드 베키의 북미 등반길 100선》을 비롯해 여러 등반 관련서도 저술했죠. 그는 이제 어떤 산을 등정한 최초의 인물이 되는 건 전혀 중요하지 않다고 말합니다. "되돌아보면 그런 기록은 아무 의미가 없어요. 첫 번째로 등반하든 스무 번째로 등반하든 전혀 중요치 않죠." 하지만 등반을 향한 관심과 열정, 등반기술은 그의 존재 이유인 동시에 큰 의미가 있죠. 세월에 흐르면서 유일하게 달라진 것은 함께 산을 오르는 사람들입니다. 그와 연배가 비슷한 사람들은 이제 함께 산에 오를 수 없죠. 그래서 베키는 자기보다 수십 년 어린 이십대와 삼십대의 '애들'과 함께 산에 오릅니다. "젊은이들은 시간도 에너지도 넘쳐요. 가끔은 말만 잘하면 내 로프도 옮겨줍니다."

아레테에 도달하는 또 다른 길은 타고난 재능을 바탕으로 열심히 노력하여 발전시키고, 열정적 헌신의 수준에 이르는 것입니다. 조지타운 대학교 컴퓨터공학과 교수인 칼 뉴포트는 이러한 전략을 따른 자신의 커리어에 대해 〈뉴욕타임스〉에 기고한 적이 있었죠. 대학 졸업이 가까워지자, 그는 각각 매우 다른 세 가지 진로를 놓고 고민했습니다. 전문 작가가 되는 데 관심이 있었고 이미 논픽션을 한 권 펴낸 적도 있었죠. 또 시애틀에 위치한 마이크로소프트로부터 전도유망한 프로그래머 자리를 제안받았습니다. 보스턴 근처 MIT대학의 컴퓨터공학과 박사과정에 입학 허가도 받아놓은 상태였고요. 고민 끝에 박사과정을 선택한 이유는, 컴퓨터에 대한 열정 때문이 아니라 동부 해안 지역이 거주지로서 좀 더 마음에 들었기 때문이었습니다. "열정을 따르라는 말을 귀에 못이 박히도록 들었지만, 저는 무시했어요." 그에게는 어떤 길을 선택하느냐가 아니라 일단 선택한 일을 제대로 해내는 것이 중요했습니다. 그 일에 숙달되면서, 또 교사라는 활동이 자신의 재능을 더욱 발휘하게 해준다는 걸 발견하게 되면서 그는 교수라는 직업을 점점 더 사랑하게 되었지요. 그는 이렇게 조언합니다. "열정은 당신이 따라가야 하는 대상이 아닙니다. 세상에 가치 있는 사람이 되고자 노력하는 과정에서 자연히 당신을 따라오는 것이죠."

시슬리 베리의 사례는 베키와 뉴포트의 중간 어디쯤에 해당될 겁니다. 그녀는 학창 시절 시詩에 흥미를 가졌고, 그 흥미를 발전시켜 화술을 가르치는 전문적 재능으로 키웠습니다. 그리고 그 재능은 연극을 향한 열정에 불을 붙였죠. 현재는 스트랫포드 어폰 에이본Stratford-upon-Avon에 있는 로열 셰익스피어 극단에서 보이스 디렉터voice director로 40년 넘게 활동하고 있는 중입니다. 그녀의 제자 중에는 숀 코너리, 주디 덴치, 앤소니 홉킨스, 제레미 아이언스 등 현대 연극과 영화계의 거물들이 많죠. 전설적 배우인 패트릭 스튜어트(《스타트렉》 시리즈의 피카드 선장)는 셰익스피어 연극에서 다양한 역할을 맡으며 발성 기법을 베리에게 배웠다고 인정했습니다. 그녀가 진행하는 워크숍에서는 배우들이 걷고, 달리고, 구르고, 다리를 꼬고 앉아 속삭이고, 손을 엉덩이에 얹은 채 발가락을 까닥거리면서 대사를 읊는 모습을 볼 수 있죠. 그녀는 소녀 시절 "시를 공부했고 사람들을 피해 다녔다"고 말합니다. 시를 향한 흥미가 단어의 소리에 관한 관심으로 점차 발전했고, 마침내는 런던의 왕립중앙

연극담화원Central School of Speech and Drama에까지 진학하게 된 것이죠. 로열 셰익스피어 극단에서의 일 외에, 그녀는 실험 연극 배우들은 물론 영국 총리들에게도 화술을 가르치고 있습니다. 미래 계획을 묻는 질문에 베리는, 일에서 열정과 보상과 재능이 결합되는 지점을 발견한 사람들이 흔히 내뱉는 단순한 진리를 밝혔습니다. "그만 두라고 할 때까지 저는 이 일을 멈추지 않을 거예요."

어떻게 의미 있는 일을 찾을 것인가

자, 이제 여러분 차례가 왔습니다. 3장으로 되돌아가 복권 테스트에 뭐라고 답했는지 살펴보기 바랍니다. 그리고 그 대답을 출발점으로 삼아 자신의 내면으로부터 새로운 일에 대해 생각해 보세요. 가족이나 사회가 '그래야 한다'고 강요하는 것이 아니라 자신의 마음이 뭐라고 하는지 귀를 기울이는 데서 시작해야 합니다. 이번 장에서 읽은 이야기와 사례를 되새기면서, 과연 높은 직업적 지위, 명성, 부라는 명백한 목표를 뛰어넘을 수 있겠습니까? 어떤 종류의 일이 현재 당신의 인생 단계에서 특별한 만족을 선사할 수 있을까요? 마지막으로, 자신의 열정과 재능, 생계 능력이 한데 겹치는 정중앙의 스위트 스팟이 어디인지 떠올려 봅시다.

무엇이 자신을 감정적으로 북돋울 수 있을지 알아내려면, 앞서 다뤘던 PERFECT 범주를 살펴봐야 합니다. 일에 의미를 부여하는 일곱 가지 토대 중에서 가장 마음이 끌리는 두세 가지는 무엇인가요? 이 토대들 몇 가지를 결합할 수 있는 아이디어로 무엇이 있을 까요?

다음 중 자신에게 가장 동기부여가 되는 범주에 표시해 보세요.

- _____P 개인적 성장과 발전
- _____E 사업적 독립
- _____R 종교적, 정신적 정체성
- _____F 가족
- _____E 아이디어, 발명, 예술을 통한 자기표현
- _____C 대의에 기여하고, 궁핍한 사람들을 돕는 공동체
- _____T 재능을 기반으로 한 탁월함의 추구

여기에 조언 한 마디를 덧붙이겠습니다. 직업과 커리어와 의미 있는 일 간의 차이는 여러분이 생각하는 것보다 보통 더 작습니다. 그러니 일의 전환을 꿈꾼다면, 이미 종사하고 있는 일을 완전히 버리기보다는 재고하거나 재구성하는 편이 낫지요.

예전에 라파엘 리셈베르크라는 열정적이고 지식이 풍부한 가이드의 안내로 뉴욕 첼시 지역의 화랑들을 돌아본 적이 있었습니다. 리셈베르크는 예전에 코넬의과대학교를 다니다가 아픈 사람들과 섞여 지내는 삶이 싫어 중퇴했다고 합니다. 미술에 관심이 있었던 그는 미술과 교육학 분야에서 박사학위를 취득했고, 뉴저지주의 킨대학교에 종신교수직을 얻었죠. 이렇게 번듯한 커리어를 세웠지만, 중요한 무언가가 빠진 듯한 기분이 들었습니다. 그런데 2002

년부터 매달 한 번씩 취미로 뉴욕 갤러리 투어를 시작하면서 그 빈곳이 채워지기 시작했죠. 그리고 2007년, 그는 많은 학계 동료들이 바보 같다고 평한 결정을 내렸습니다. 종신교수직을 내려놓고 전문 사업가의 길을 택한 것이었죠.

이후로 리셈베르크는 자신의 의미 있는 일을 즐기며 삽니다. "그 어느 때보다도 더욱 제 일에 지적이고 감정적인 열정을 품게 됐죠. 매일 아침마다 정말 벌떡 일어납니다. 제가 생각하는 의미 있는 일이란, 그날 일할 생각만 해도 아침에 눈이 번쩍 떠지게 만드는 그런 일이에요."

성공의 의미를 묻다

말콤 글래드웰은 이렇게 적었습니다. "의미가 없이 열심히 일만 하는 것은 징역형과 같다. 그러나 의미가 있는 일은 아내를 붙잡고 춤이라도 추게 만든다." 로버트 체임버스가 백악관으로부터 초청을 받았을 때 춤을 추지는 않았을지 몰라도 그는 뉴잉글랜드에서 차를 파는 방법이 단 한 가지뿐만은 아니라는 사실을 분명히 보여 주었죠. 그의 옛 직장은 마치 교도소 같은 곳이었지만, 그가 새로 만들어낸 직장은 직원의 사기를 고취시키고, 고객을 교육시켜 주었으며, 물론 돈도 벌어들였습니다.

이번 장에서는 의미 있는 일로 향하는 다양한 경로를 탐색해 보았지요. 그중에서 일부는 여러분의 생각보다 가까이 있다는 점을 깨달았기 바랍니다. 우리는 또한 사람들이 각각 직업, 경력, 소명 (의미 있는 일)이라고 여기는 일 사이의 차이점은 무엇인지 검토했습니다. 에이미 브제스니예프스키 교수의 연구결과에 따르면, 누군가에게는 오직 급여를 받는 데 쓸모가 있는 직업일지라도 또 다른 누군가에게는 매우 의미가 깊은 일일 수도 있는 겁니다.

포 브론슨은 마음 깊숙이 느낀 경험이 의미 있는 일에 열중하도록 만드는 근원이라는 관점을 제시했습니다. 반면 조지타운대학교 컴퓨터공학과의 칼 뉴포트 교수는 이른바 '열정론'은 혼란을 부추길 뿐이며, 자신이 하는 일에 더 큰 가치를 부여하도록 열심히 노력하다 보면 자연히 의미가 발생한다고 주장했죠. 마지막으로 우리는 의미 있는 일의 PERFECT 모델을 탐색하면서, 개인의 성장, 사업적 독립, 종교적 가치, 가족, 자기표현으로서의 예술과 혁신, 공동체에 대한 봉사와 재능 기반의 아레테와 관련된 일로부터 의미를 찾는 사람들의 사례를 살펴보기도 했습니다.

여기까지가 이 책의 1부의 마지막입니다. 지금까지 우리는 '성공'이라는 단어가 자기 자신에게 갖는 의미에 대해 깊이 있게 살펴봤지요. 외적 성취의 측면에서 성공관에 영향을 미칠 수 있는 두 가지 핵심적 외부 요소인 가족과 사회를 탐색했고, 성공을 정의할 때 고려해야 할 내적 성공 요소들, 즉 순간적 행복, 전반적 행복, 깊은 행복, 그리고 의미 있는 일에서 얻을 수 있는 만족감에 대해서도 검토했습니다.

성공학 강좌에서는 크게 두 가지 질문을 던집니다. 지금까지는 첫 번째 질문인 "성공이란 무엇인가?"를 다뤘다면, 이제부터 "어떻

게 성공할 것인가?"라는 두 번째 질문에 대한 답을 함께 찾아보도
록 합시다.

자신에게 의미 있는 일을 찾아라

일의 세계는 직업, 커리어, 그리고 급여나 지위 이상의 특별하고 개인적인 의미를 지니는 일, 이 세 가지로 구성된다. 만약 자신에게 의미 있는 일을 하고 있다면, 성공 가능성이 훨씬 높아진다. 내적 만족과 외적 성취를 동일한 원천으로부터 획득할 수 있기 때문이다.

의미 있는 일을 향한 탐색은 대개 자신이 가진 재능으로부터 출발하여 점점 특별한 대상으로 깊이를 더해간다. 하지만 때로는 자신의 재능을 특별한 용도로 사용하게 해주는 깊은 경험에서 비롯되기도 한다.

의미 있는 일을 향한 탐색에 나서기 전에 우선 재능, 열정, 생계 능력이 겹치는 스위트 스팟, 그리고 많은 사람들이 자신의 일에서 의미를 발견하는 일곱 가지 PERFECT 모델에 대해 고려해 봐야 한다.

2부

두 번째 질문 :
그렇다면 대체,
"어떻게 성공할 것인가?"

성공을 정의하는 법을 살펴본 1부에 이어, 이번 2부에서는 성공을 달성하는 방법에 대한 인식과 판단을 목표로 삼습니다. 그 과정을 돕기 위해 저는 간단한 5단계 프로세스를 제시할 겁니다.

우선 먼저 나올 두 개의 장에서는 성공의 근간인 재능과 자신감에 대해 다룹니다. 최상의 성과를 내기 위해서는 이 두 가지 요소가 모두 필요하죠. 그리고 다음으로 이어질 세 개의 장에서는 중요한 성취에 필수적인 구성 요소들이 나옵니다. 첫째, 우선 열정을 불태우고 정신을 집중시킬 수 있으며 신중히 선택된 장기 목표가 필요합니다. 둘째, 계속 전진하기 위해서는 동기를 자극하는 에너지를 생성해내야 하죠. 셋째, 누구도 홀로 성공할 수는 없으니, 사교술이 결정적 역할을 합니다. 따라서 신뢰가 바탕이 되는 진실한 인간관계를 발전시켜야 하죠.

2부를 읽으면서 여러분은 자신만의 성취 프로세스를 개발할 기회를 얻게 됩니다. 사람을 목표를 향해 전진하게 만드는 의식儀式, 즉 리추얼ritual과 실행법 중에서도 자기에게 특별히 잘 맞는 최상의 조합이 따로 있게 마련이죠. 또한 목표를 추구하는 과정에서 행복 기반의 내적 성공과 성취 기반의 외적 성공을 조화시킬 수도 있습니다. 여러분이 자신의 독특한 능력을 활용하고, 실패로부터 배우고, 내적 만족과 외적 보상의 적절한 조화를 통해 활력을 얻고, 진정한 친구들과 함께 일할 때, 비로소 인생이 가치 있게 느껴지고 일도 더욱 즐거워질 겁니다. 그럼으로써 성취 가능성도 한층 높아질 테지요.

능력을 정확히 평가하라
내가 제일 잘할 수 있는 일에 관하여

빵은 자기 밀가루로 구워야만 한다.

덴마크 속담

줄리아 차일드는 아마 처음으로 세계적인 명성을 얻은 셰프일 겁니다. 그녀는 원래 스미스 칼리지에서 역사학을 전공하면서 작가가 되는 꿈을 키웠던 사람이었죠. 여성치고는 큰 키(약 188cm)라는 점을 유독 의식했지만 긍정적인 태도에 잘 웃는 성격, 그리고 모험심을 지녔습니다. 무엇보다 글솜씨가 뛰어나 졸업 후에는 뉴욕으로 건너가서 가구 판매 기업의 광고부서에 카피라이터로 일하게 되었지요.

그러나 그녀는 곧 깨닫게 됐습니다. 그 직업이 자신을 행복하게 만들지 못한다는 점을 말이죠. 일기에 이렇게 털어놓았거든요. "슬프게도 나는 써먹을 수 없는 능력을 가진 평범한 인간이다." 글을 쓰는 일을 얻긴 했지만, 글 쓰는 일로 돈을 버는 건 썩 만족스럽지 않았던 거죠.

마침 발발한 제2차 세계대전은 차일드의 운명을 바꿔놨습니다. 큰 키 때문에 일반적인 입대는 어려웠지만, 가능한 선택지를 살펴본 후 정부의 첩보기관인 전략사무국에 지원하여 워싱턴 D.C로 향했죠. 얼마 지나지 않아 그녀의 지성과 글쓰기 능력은 고위층의 주목을 끌었고, 이내 기관장인 윌리엄 도노반 장군의 조사관이 되었습니다.

첩보기관 직원이 되자 그녀의 자아관 또한 바뀌기 시작했지요. "예전에는 그냥 희망을 찾는 어린 소녀에 불과했던 거죠." 나중에 차일드는 이렇게 평했습니다. 1944년에는 현재의 스리랑카인 실론Ceylon에 일급비밀 임무를 띠고 파견되어 아시아 전역에서 수집된 수천 건의 통신을 점검하고 분류하는 작업을 담당하게 됩니다. 나중에 평생의 반려자가 된 폴 쿠싱 차일드를 만난 곳도 실론이었죠. 줄리아뿐 아니라 요리에 대한 사랑도 극진했던 그는 미식美食의 세계로 그녀를 이끌었습니다.

폴과 결혼하여 프랑스에 머물던 1948년, 차일드는 특별한 깨달음의 순간을 마주하게 됩니다. 루앙의 한 레스토랑에서 푸이 퓌세 Pouilly-Fuisse 와인과 함께 굴, 버터구이 가자미, 그린 샐러드 요리로 저녁 식사를 하고 있을 때였죠. 후에 직접 평한 대로 그녀는 "영혼이 눈뜨는 순간"을 겪었고, 이 명백한 신호를 계기로 직접 프랑스 요리를 배우기로 결심했습니다. 이렇게 줄리아 차일드는 파리의 요리학교인 르 꼬르동 블루Le Cordon Bleu에 입학했고, 후에는 다른 프랑스 일류 셰프와 함께 더 깊은 공부를 이어갔죠.

마침내 그녀는 요리책을 집필 중이던 두 명의 프랑스 여성을 만나, 미국 독자에게 적합하도록 돕는 작업을 맡게 됩니다. 이 저술 프로젝트로 인해 차일드는 그때까지 습득했던 모든 기술, 즉 글쓰기와 대규모 데이터 처리 능력은 물론 이제 막 눈뜬 프랑스 요리에 대한 열정까지 그야말로 총동원해야 했습니다. 그 결과물로 734쪽짜리 《프랑스 요리 예술 마스터하기》가 1961년에 출간되어 최고의 요리책 중 하나로 남게 되죠.

그리고 연이어 놀라운 기회가 찾아왔는데, 줄리아 차일드에게는 그런 기회를 놓치지 않을 뛰어난 감각이 있었죠. 1960년대 초, 매사추세츠주 케임브리지에 머물던 그녀에게 공영 TV 방송에 출연하여 오믈렛 조리법을 시연해 달라는 제안이 들어온 것이었습니다. 차일드는 그 제안을 기쁘게 받아들였고, 시청자들의 반응도 좋았죠. 전혀 전문가 같지 않은 외모의 셰프가 사람들의 안방과 부엌에 불어넣는 유머와 요리 스타일을 더 보고 싶다는 요청이 쇄도했습니다. 이렇게 해서 〈프렌치 셰프〉라는 줄리아 차일드의 30분짜리 요리 프로그램이 편성되었고, 그녀는 이 쇼를 이끌면서 자신에 대해서도 새로운 발견을 할 수 있었지요. 본인에게 과장된 행동으로 시청자를 만족시킬 수 있는 연기 재능이 있다는 점 말입니다! 어이없는 실수를 저지르고, 탄식과 비명을 내뱉으며, 바닥에 떨어진 재료를 얼른 줍는 등("주방에는 당신 혼자뿐이잖아요, 누가 본다고 걱정이에요?")의 행동은 그녀의 특유한 스타일로 인정받았습니다.

줄리아 차일드의 커리어는 이렇게 방송 활동으로 날개를 달게 되었죠. 과거에 본인을 "슬프게도 평범한 인간"이라고 여겼던 당시에는 가능성조차 꿈꾸지 못했던 일이었습니다.

줄리아 차일드의 성공 스토리를 보면서, 행운과 환경 덕분이라고 여기는 사람들도 있습니다. "우연히 전시戰時에 일자리를 구했고, 덕분에 남편을 만났는데 마침 그 남편이 요리에 열정을 품은 사람이었고, 프랑스의 일류 요리학교를 다닐 수 있는 여유가 있었으며, 새로운 인맥을 통해 요리책의 공저자를 찾던 사람들을 만났는데 그 요리책은 예상 외로 베스트셀러가 됐다. 지역 TV 방송국에서 오믈렛 요리를 시연할 사람을 물색할 때 우연히 시기와 장소가 맞아서 출연 제의를 받았고, 우연한 실수로 인해 인기를 얻게 됐다."

이렇게 본다면, 줄리아 차일드는 그야말로 운이 엄청나게 좋은 사람이었다고밖에 해석할 수 없죠. 하지만 이런 관점은 그녀를 너무 과소평가하는 거라고 저는 생각합니다. 줄리아 차일드 본인이 말했던 다음 한 문장에 그녀의 성공 비결이 요약돼 있죠. "요리를 하면 할수록 요리가 더욱 좋아졌어요." 어떤 일을 좋아하게 되면 우리는 그 일에 대한 연습을 꾸준히 하게 되고, 어떤 일을 열심히 연습하면 그 일에 대한 실력이 점점 늘게 마련이지요. 그럼 결국에는 다른 사람들보다 그 일을 훨씬 잘하게 됩니다. 때로는 세계 최고의 전문가가 되기도 하고요.

줄리아 차일드의 말을 되새기면서, 여러분 본인에게 맞는 문장을 완성해 보세요. 자연스럽게 마음이 끌리는 전문 분야, 다른 사람들보다 실력도 뛰어나면서 좋아하기도 하는 그런 일을 찾아보는 겁니다. 그게 결국 성공의 토대가 될 수도 있거든요.

나는 _____ 을(를) 하면 할수록, _____ 이(가) 더욱 좋아졌다.

운의 마법이 작동하기 전, 여러분이 누구보다 더 잘하는 그 일에서 먼저 성공은 시작됩니다. 그것은 글을 쓰는 일일 수도, 손을 쓰는 작업일 수도, 머릿속으로 계산하는 일일 수도, 팽팽한 긴장 상태로 남을 설득하는 일일 수도, 혹은 요리나 디자인일 수도 있지요. 다만 중요한 건, 자신이 가진 능력을 어떻게 조합하느냐에 따라 그 일에서의 성공 여부가 달라진다는 점입니다. 요리에 열정을 가진 사람은 엄청나게 많겠죠. 글쓰기에 흥미와 재능을 지닌 사람들 또한 마찬가지일 겁니다. 하지만 과연 셰프 중에서 글쓰기에 특출난 재능을 가진 사람이 몇이나 될까요? 상대적으로 숫자가 적겠죠. 또 그중에서 요리에 관한 책을 쓸 시간을 낼 수 있는 사람은 또 얼마나 될까요? 숫자가 훨씬 더 줄어듭니다. 여기에 약간의 행운, 유용한 인맥, 그리고 충분한 끈기가 더해진다면. 자신의 재능을 발휘하여 만족스러운 보상을 얻을 수 있는 스위트 스팟을 개발할 수 있는 것이죠. 줄리아 차일드가 그랬던 것처럼 말입니다.

대학을 설립하게 해준 6,000번의 강연

이번 장은 1부에서 던졌던 "성공이란 무엇인가?"란 질문으로부터 2부의 새로운 질문인 "어떻게 성공할 것인가?"로 넘어가는 가교 역할을 합니다. 또 이 장을 포함해 앞으로 우리는 여러분의 능력, 자신감, 정신력, 동기, 사회적 영향력에 관해 하나하나 짚어볼 예정입니다.

우선 능력에 대해 생각해 봅시다.

성공을 다룬 문헌들을 살펴보면, 보다 만족스러운 삶을 만들기 위해 필요한 도구들은 대개 가까운 곳에 있다는 내용이 자주 등장하지요. 앞으로 살펴보게 되겠지만, 개인이 가진 기본 능력의 틀을 규정하는 것은 그 사람의 타고난 유전자이며, 성공이란 대개 우리가 이미 알고 있는 지식과 노하우를 바탕으로 이뤄집니다. 줄리아 차일드는 떠들썩하게 자기를 드러내는 걸 즐겼고, 결국 그 능력이 TV 프로그램 진행자로 성공하는 초석이 되어주었죠.

1장 첫머리에 소개했던 고교 교사 출신의 SEED 재단 공동 설립자 에릭 애들러를 제가 처음 만났을 때, 그가 가장 이야기하기 꺼렸던 분야는 바로 자신이 가장 잘 아는 것, 바로 고등학생들을 교육하는 법에 관한 내용이었습니다. 이미 거쳐왔고 해봤던 일이었기 때문이었죠. 당연하게도 성공은 그 외의 다른 곳에서 얻어야 하는 것이었습니다.

그가 아직 깨닫지 못하고 있었던 사실은, 그의 진정한 천직을 이미 손에 넣은 거나 다름없었다는 점이었죠. 하지만 과거의 경험을 새로운 방식으로 적용하는 법을 발견한 덕에, 그는 위기에 처한 10대에게 고등학교 교육을 제공하는 독특한 모델을 개척하여 전국적으로 유명한 사회사업가가 될 수 있었습니다.

19세기 후반부터 20세기 초에 걸쳐 미국에서 가장 유명한 동기 부여 강사였던 러셀 콘웰은 변호사 출신의 침례교 목사였죠. 그는 평생 똑같은 내용으로 6,000회가량의 강연을 펼쳤고, 덕분에 오늘날까지도 노동자를 위한 주요 교육기관으로 남아 있는 템플대학교를 설립할 돈을 벌 수 있었습니다.

콘웰의 강연에 등장하는 우화는 우리가 지금껏 다뤄왔던 '성공하는 사람의 특징'을 훌륭하게 표현해내고 있습니다. "과거의 흥미, 경험, 능력이 현재 주어진 기회와 조화를 이루기 시작할 때 비로소 밝은 미래가 열린다"는 것이죠. 이제 그 고전적인 강연을 만나봅시다.

기회는 늘 당신 발밑에 있다

젊은 시절 콘웰 목사는 영국인 여행자들과 함께 중동 지역을 여행한 적이 있었죠. 이들은 바그다드에서 나이 든 아랍인 가이드를 고용해 티그리스강과 유프라테스강을 따르는 여정의 안내를 맡겼습니다. 그리고 여행길 내내 이 가이드는 고용주들에게 여러 전설과 우화를 들려주었죠.

"그때 들은 이야기들을 지금은 대부분 잊어버렸지요." 콘웰은 청중들에게 털어놓곤 했습니다. "뭐 그래서 다행인지도 모르죠. 하지만 절대 잊혀지지 않는 이야기가 하나 있습니다."

이렇게 콘웰의 이야기는 본격적으로 시작됩니다.

페르시아의 인더스강 유역에 알리 하페드라는 부유한 농부가 살고 있었죠. 과수원, 밭, 정원이 딸린 거대한 농장을 소유한 하페드는 부유할 뿐 아니라 행복한 삶을 누리는 중이었습니다. 그러던 어느 날 동방에서 온 현자라는 불교 스님이 그에게 몸을 의탁해 왔지요. 머무는 동안 스님은 하페드에게 이 세계의 형성 과정을 설명하다가 이윽고 다이아몬드에 관해 얘기해 주게 되었습니다. 다이아몬드 몇 알 만으로도 하페드의 자손 모두가 왕좌에 앉을 수 있을 만큼 대단한 가치가 있다고 했죠. 비록 다이아몬드에 대해 처음 들어보는 하페드였지만, 금세 소유욕에 사로잡혀 버려서는 스님에게 어디서 다이아몬드를 얻을 수 있는지 알려달라고 간청했죠. 스님의 대답은 다음과 같았습니다.

"음… 높은 산들 사이를 흐르면서 백사장白沙場을 가진 강의 모래를 파헤쳐보면 분명 다이아몬드가 나올 겁니다."

스님의 말이 미심쩍었던 하페드는 "그런 강이 과연 있을까요?"라고 반문했지만, 스님은 다시금 못을 박았습니다. "있다마다요. 게다가 아주 많죠. 그곳을 찾기만 한다면 다이아몬드를 원하는 만큼 가질 수 있답니다."

하페드는 마침내 농장을 팔고 가족을 이웃에 맡기고는, 하얀 모래와 높은 산들, 그리고 다이아몬드를 찾아 길을 떠났지요. 그렇게 여러 해 동안 중동 전역을 돌아다니고 유럽을 헤집었지만 아무것도 찾을 수가 없었습니다. 세월이 흘러 초라한 몰골로 전락한 그는 결국 어느 스페인 해변에서 바다에 몸을 던져 생을 마감하고 말았죠.

한편, 알리 하페드의 농장을 사들인 새 주인은 어느 날 집 바로 뒤편의 얕은 강가에서 낙타에게 물을 먹이다가 "하얀 모래로부터 수상한 빛줄기"가 비치는 장면을 포착했습니다. 강바닥에서 집어든 돌에서는 "무지개처럼 영롱한 광채"가 반사되었죠. 이렇게 하여 이 새 주인은 알리 하페드의 집 뒤편에 있는 강이 다이아몬드 천지라는 사실을 알게 된 겁니다. 그냥 가서 줍기만 하면 크고 아름다운 보석을 얻을 수 있던 것이었죠. 이후 그 농장은 전 세계에서 가장 거대한 다이아몬드 채굴지가 되었습니다.

청중들에게 이 일화를 들려준 다음, 콘웰은 '자신의 뒷마당에서' 성공을 찾아낸 수많은 사람들의 이야기를 이어가곤 했습니다. 청중에 따라 강연 내용을 조정해 가면서요. 뉴욕에서 알리 하페드의 뒷마당이란 곧 이 도시에서 투자하려는 사람들을 기다리고 있는 '기회'를 의미했죠. 영업직 종사자들이 청중일 때 하페드의 뒷마당은 고객의 필요를 발견하기 위해 귀를 기울이는 '기술'로 바뀌었습니다. 콘웰은 가는 곳마다 강조했지요. "성공을 가로막는 것은 재능과 기회의 부족이 아니라, 이미 소유한 능력을 활용하지 않는 게 문제"라고요. 그러면서 이렇게 결론지었습니다. "현재 여러분이 있는 곳, 여러분이 가진 것에서 시작해야 합니다. 바로 오늘, 바로 지금 이 순간부터 당신의 다이아몬드 밭을 찾으세요."

이 '다이아몬드 강연'은 콘웰을 부자로 만들어 주었고 덕분에 그는 훌륭한 대학을 세울 수 있었습니다. 줄리아 차일드의 이야기에서 알 수 있듯이 콘웰의 근본적인 통찰은 시간이 흐른 지금도 여전히 유효하지요. 〈뉴욕타임스〉의 유명 칼럼니스트이자 《소셜 애니멀》, 《인간의 품격》, 《두 번째 산》 등 현대 문화에 관한 책을 펴내 온 데이비드 브룩스는 오늘날 대부분의 사람이 직면한 상황을 다음과 같이 요약했습니다. 우리 사회가 점점 "자신의 관심사, 라이프스타일, 능력"을 발견하고 활용함으로써 "재능을 최대화하는 사람"에게 보상하는 곳이 되어가고 있다고 말입니다. 그러면서 이런 세상에서 성공하기 위해서는 자신이 이미 소유한 소질, 기술, 능력, 열정에서 출발해야만 한다고 주장했습니다. 이들은 또한 곧 다음 목표로 연결시켜 주는 다리 역할까지 해주죠. 집에 가만히 앉아 "더 좋은 인간관계, 다른 상사, 새로운 직업, 돈 되는 재능, 더 나은 학위, 더 많은 행운이 따르기만 한다면…" 살 만해질 것이라 불평하는 건 아무 도움이 되지 않는다는 겁니다.

자신이 가진 독특한 능력의 조합을 포착하기만 해서 성공이 보장되는 건 아니죠. 경쟁, 절망, 실패, 초기의 난관 등이 여전히 우리를 기다리고 있습니다. 하지만 반드시 맨 처음 밟아야 하는 단계인 것만은 분명합니다. 덴마크의 옛 속담처럼, 인생의 전환기를 맞을 때마다 "자신이 가진 밀가루로 빵을 구워야" 하는 겁니다.

안타깝게도, 내면을 들여다봄으로써 앞으로 나아갈 길을 찾는 일이 오늘날엔 그 어느 때보다 더 힘들어졌습니다. 인내와 믿음, 의지가 요구되는 민감하고 개인적인 일이기 때문이죠. 설령 그 능력이 자신의 뒷마당에 묻혀 있을지라도, 분명 잘 눈에 띄지 않도록 숨겨져 있는 게 사실이란 말입니다. 적어도 자기 자신의 눈으로부터는요. 또한 대중매체, 연예, 뉴스, 유명인 등 24시간 쏟아지는 산만함 속에서 자신을 정확히 평가하기 위해서는 훨씬 강력한 자기 수양과 정직한 태도가 필요합니다.

자, 이제부터는 좀 더 실질적 지침과 사례를 들여다봅시다. 우선 자신의 독특한 능력을 포착하는 방법부터 시작할 겁니다. 그런 다음 자신의 뒷마당을 탐색하면서 다음과 같은 '나만의 다이아몬드'를 찾아낼 수 있을지 확인하는 기회를 여러분에게 부여하겠습니다.

- 흥미와 열정
- 소질과 기술
- 과거의 경험
- 성격적 장점

다이아몬드를 찾기 위해 필요한 두 가지

다이아몬드를 탐색하는 데 필요한 요소는 과연 무엇일까요? 수많은 사람들이 자기 재능을 최대한으로 발휘하려고 애쓰기 때문에, 우리 사회에는 값비싼 평가 절차, 인생 상담 코치, 경력 상담 시스템이 이미 구축돼 있습니다. 사람에 따라서 이런 요소들만으로도 만족할 수 있을지도 모르죠. 하지만 결국에는 이들 역시 두 가지 측면에 대해 자기를 인식하고 스스로에게 솔직해지는 능력을 필요로 하게 될 겁니다.

첫째, '언제 자신의 정체停滯 상태에 불만을 느끼는지'에 주의를 기울여야 합니다. 불만족은 탐색을 시작하는 동기가 되어주기 때문이죠. 줄리아 차일드는 일찍이 뉴욕에서 카피라이터로 일했던 삶의 초기에 그런 불만과 마주하게 되었습니다. 정확히 무엇인지는 몰랐지만 그 이상의 목표를 추구하고 싶었던 거죠. 그래서 새로운 직업을 찾아 나섰고 마침내 첩보기관에서 일할 수 있었습니다.

둘째, 자기 내면의 목소리, 즉 직관에 주파수를 맞추고 '삶의 방향에 대해 느끼는 흥미'를 잘 관찰해야 합니다. 대학 시절의 줄리아 차일드가 그랬듯, 지위, 명성, 돈처럼 사회적으로 매력적이라고 인정받는 목표를 추구하다 보면 잘못된 신호가 발생할 수 있기 때문이죠. 그녀는 한때 소설가나 작가를 꿈꿨지만 현실은 녹록치 않았습니다. 광고 카피를 쓰는 일은 자신이 상상했던 '작가의 삶'과는 거리가 멀었고, 2차 세계대전이 터졌을 때는 '뭔가가 되겠다'는 꿈을 접고 대신 '뭔가를 해내겠다'는 의지로 기회를 잡을 수 있었습니다.

뭔가 새로운 일을 시작할 때는 그 일에 대한 자신의 반응에 민감해야 합니다. 일종의 실험에 참여하는 마음으로, 내적인 흥분이 이끄는 대로 따르다 보면 자신의 관심사와 능력에 맞는 목표에 이를 수 있기 때문입니다. 처음에 든 맹렬한 감정이 이내 미래를 향한 다리를 구축하는 길고 느린 과정으로 연결될 것이고요.

예수회에서는 이런 과정 중심의 주의 깊은 자각을 일컬어 '식견

discernment'이라 부릅니다. 식견이란 생활방식, 직업, 인간관계에 관한 중요한 선택을 내릴 때 신의 목소리에 귀를 기울이는 태도를 가리키지요. 하지만 반드시 신을 믿어야만 이런 식견의 힘을 배양할 수 있는 건 아닙니다. 그저 자기 가슴에 귀를 기울이는 법을 익히고 우리가 앞으로 다룰 네 개의 다이아몬드를 찾아 나서기만 하면 되지요. 자기 집 뒷마당에 묻혀 있는, 미래로 향하는 다리가 되어줄 다이아몬드 말입니다.

첫 번째 다이아몬드 : 흥미와 열정

지금 어떤 삶의 단계를 밟고 있는지, 자연스럽게 우리의 흥미와 열정을 잡아끄는 대상이 있기 마련입니다. 그 대상은 특정한 활동, 주제이거나 스포츠, 사람, 커리어, 목적, 프로그램, 언론, 혹은 게임일 수도 있죠. 그리고 자신의 내면을 들여다볼 때 좋은 출발점이 되어주기도 합니다.

사람들은 흔히 "예, 저는 _____에 열정이 있어요. 하지만 그게 뭐 특별한가요? 누구나 _____에 열정을 가지고 있잖아요"라고 말하는데, 잘 생각해 보면 그냥 넘길 말이 아닙니다. 우선, 연극이나 영화, 탐정, 달리기, 하키, 정원 일에 대한 '열정'을 '누구나' 갖고 있진 않죠. 그런 일에 흥미를 가진 사람이 유독 주변에 많을 수도 있겠지만, 여러분이 교류하는 사람은 전체 인구 중에서 아주 적은 일부에 불과하다는 걸 생각해야 합니다. 그리고 그런 주변 사람들은 여러분이 매료된 바로 그 일에 직간접적으로 종사하고 있을 가능성이 높지요. 그들의 대열에 동참하지 않을 이유가 없죠.

때로는 어린 시절로 거슬러 올라가 흥미와 열정을 탐색할 수도 있습니다. 그때 어떤 취미나 활동에 몰두했었는지 떠올려 보세요. 가치 있는 뭔가가 있나요? 제 처남이 어렸을 적, 독특한 습관이 있었다고 합니다. 〈포춘〉 선정 500대 기업에 편지를 써서 연차보고서를 보내 달라고 요청하고는 처음부터 끝까지 샅샅이 읽었다는 거죠. 덕분에 당시 처남의 방은 각종 경영 관련 간행물들로 가득했고, 보통 사람들에게는 수면제로 쓰일 그 자료들을 밤새 읽은 그는 마침내 전문 투자자의 길을 걷게 되었습니다. 그리고 현재 자신이 졸업한 예일대학교 경영대학원 자문위원 자리에 앉아 있지요.

당대 가장 위대한 비행사 중 하나였던 베티 스켈턴Betty Skelton의 예를 들어볼까요? 여덟 살 때 이미 비행기 제조사에서 발행한 브로슈어를 수집하는 취미를 가진 것으로 동네에서 유명했죠. 비행飛行을 향한 외동딸의 열정에 감복한 부모는 함께 비행 교습을 받기 시작했고, 비행술에 너무 매료된 나머지 직접 비행 교습소를 열기까지 했습니다. 스켈턴은 열두 살에 몰래 교습용 비행기를 몰고 나가서 첫 단독 비행에 성공했죠. 이 위험천만한 모험에 화가 난 부모는 열여섯 살이 될 때까지 단독 비행을 금지시켰습니다.

어른이 된 스켈턴은 일류 비행사가 되어 에어쇼에서 곡예비행에 나섰습니다. '블루 엔젤스의 연인' 비행단에서 최고의 해군 파일럿들과 함께 비행하면서 고도高度는 물론 속력 부문에서도 기록을 세웠지요. 1960년 수성水星 탐사 프로그램이 막 출범했을 때 한 잡지에서는 그녀에게 미국 최초의 우주비행사를 위해 남성을 대상으로 치렀던 것과 똑같은 체력 테스트를 받게 했습니다. 그리고 스켈턴은 모든 테스트 기준을 통과해, 기존 일곱 명의 우주비행사들로부터 '7.5번 비행사'라는 애정 어린 호칭을 얻었죠.

어렸을 적 자신에게 상상력을 불러일으켜 줬던 흥밋거리는 무엇이었습니까? 과거를 떠올리면서 그와 관련하여 할 수 있는 일이 뭐가 있을지 생각해 보세요. 옛날 만화, 자전거 타기, 자연과 어울리기, 세계 전쟁사, 그 무엇이든 예전의 흥밋거리에 다시 빠져들기 시작한다면, 아마 주변 사람들과 공통점이 얼마나 많은지 발견하고 깜짝 놀라게 될 겁니다.

어린 시절, 스포츠에 열정을 품었던 사람도 있겠지요. 프로 골퍼 버바 왓슨Bubba Watson은 2012년 최고의 골프 토너먼트 대회인 마스터스에서 우승을 차지했습니다. 서른세 살의 나이에 겨우 네 번째 우승이었으니, 경력으로만 보면 마스터스 우승은 감히 꿈꾸기도 힘들어 보였지요. 하지만 그는 공동 선두를 유지하다가 최후의 단판 플레이오프에서 '기적의 샷'을 날리며 당시 관중은 물론 모든 이의 마음을 사로잡기에 이르렀습니다. 페어웨이에서 한참 떨어져 있는 끔찍한 위치에서 날린 160야드짜리 웨지 샷이, 근처 나뭇가지 사이를 지나 오른쪽으로 큰 커브를 그리며 핀에서 15피트 거리의 그린 위에 안착했던 것이죠.

여타의 프로 선수들과는 달리 왓슨은 정식 코치를 두지 않았습니다. 아니, 단 한 번도 골프 교습을 받은 적이 없었죠. 그냥 어렸을 적부터 자연스럽게 재미로 골프를 배우다가 어른이 되어서도 그 열정을 놓지 않았던 겁니다. 마스터스 우승 이후 〈월스트리트저널〉에 실린 기사에는, 왓슨이 여섯 살 때 아버지에게 인생 첫 골프채를 선물로 받는 순간 "첫눈에 반해 버렸다"고 적혀 있습니다. 곧장 밖으로 달려나가 연습용 공을 치기 시작했다고요. "당시엔 그게 훈련인지도 몰랐어요. 그냥 재밌으니까 했을 뿐이죠." 스윙 실력이 좋아지면서 그는 집 앞 진입로에 작은 원을 그려놓고는 거기서부터 연습용 공을 치기 시작해서 집을 한 바퀴 돌아 다시 그 원에 공을 집어넣을 때까지 몇 번의 스윙이 필요한지 계산하기 시작했습니다. 한 바퀴를 시계 방향으로 돌고 나면 다음에는 반시계 방향으로 돌았고, 공이 수풀 속에 떨어지면 그냥 그 자리에서 다시 쳤습니다. 이렇게 어린 시절 놀이 삼아 했던 연습이 2012년 마스터스 대회에서 기적의 샷을 날리는 데 완벽한 밑거름이 되었던 것이죠.

물론, 어린 시절 품었던 열정이란 한낱 몽상에 그치는 경우가 많습니다. 신장이 작고 빨리 뛰지도 못한다면 아무리 세계적인 농구 선수를 꿈꾼들 소용없는 일이죠. 하지만 키가 크지 않더라도 농구와 관련해 종사할 수 있는 직업이 전 세계에 널려 있습니다. 열정만 있다면 코치, 기자, 블로거가 될 수도 있고, 유명 선수를 만나고 싶어하는 소아환자를 위해 비영리재단을 조직할 수도 있죠.

정리하자면, 자신이 가진 열정과 관심사를 살펴봄으로써 다이아몬드 사냥에 나설 수 있다는 얘깁니다. 단지 너무 평범하다는 이유로 탐색을 포기하지 마세요. 요리는 물론 비행과 골프도 흔한 관심사에 불과하지만, 우리가 살펴봤듯이 이를 발판으로 삼아 성공한 사람들도 있으니까요.

마지막으로 한 가지 덧붙이면, 만약 과거에 확고한 '열정'을 가진 적이 없다고 해서 낙담할 필요도 없습니다. 4장에서 다뤘던 칼 뉴포트의 경우처럼 열정적 동기보다는 재능 기반의 탁월함을 통해 성공에 이르는 방법도 있는 겁니다. 이런 유형의 사람은 곧이어 다룰 '소질과 기술'이라는 다이아몬드가 더 적합할 테지요.

두 번째 다이아몬드 : 소질과 기술

능력을 탐색하려면 또한 '약간이라도 남보다 더 잘하는 것', 즉 자신이 타고난 재능이 무엇인지 살펴보는 과정이 필요하죠. 확실히 해둘 점은, 지금 제가 말하는 건 남보다 더 잘했으면 좋겠다는 '바람'이 아니라 실제로 정말 잘할 수 있는 일이라는 겁니다. 그러자면 우선 사람의 능력에서 유전적인 요소의 역할을 이해해야 합니다.

100년 넘은 연구 끝에 우리는 재능이란 유전적 세습에서 시작된다는 사실을 확실히 알게 되었습니다. 캘리포니아주립대 쌍둥이연구센터Twin Studies Center 소장이자 심리학과 교수인 낸시 시걸Nancy Segal은 유전인자가 능력과 성격에 미치는 영향을 연구하고 논문을 쓰는 데 평생을 바쳤습니다. 태어나자마자 분리되어 각기 다른 가정에서 성장한 일란성 쌍둥이를 주로 연구했죠.《함께 태어나 따로 성장하다 : 미네소타 쌍둥이 연구Born Together-Reared Apart: The Landmark Minnesota Twin Study》라는 책으로 정리된 그녀의 연구결과는 물리학의 과학적 발견만큼이나 명확합니다. 유전자는 인간이 지니게 될 소질과 기술에 작용하는 가장 중요한 단 하나의 변수라는 것이죠. 시걸 교수는 이렇게 정리했습니다. "측정된 거의 모든 인간적 특성은 일정 수준 이상의 유전적 영향을 드러낸다."

정신적 능력을 예로 들어 보죠. 1979년 토마스 부샤드Thomas J. Bouchard의 미네소타대학교 연구팀은 다양한 사회경제적 계층에 걸쳐, 각기 다른 가정에 입양되어 양육된 성인 일란성 쌍둥이 56쌍을 조사하는 데 착수했습니다. 이들은 50시간에 걸쳐 심리, 생리, 지능 검사를 집중적으로 받았고, 양육 과정에 관련된 종합적 조사가 이뤄졌죠. 그리고 이 자료를 한 가정에서 같이 길러진 일란성 쌍둥이들에게서 수집한 유사 데이터와 비교했습니다. 만약 유전인자보다 가정환경이 이후의 능력에 더 큰 영향을 미친다면, 동일 가정에서 자란 쌍둥이보다 각기 다른 가정에서 자란 쌍둥이 간의 지능지수 차이가 더 크겠죠. 하지만 1990년 〈사이언스〉지에 실린 연구결과에서는 이런 차이는 발견되지 않았습니다. 어떤 양육자에게 길러지든지 일란성 쌍둥이는 동일한 지능지수를 보였던 겁니다.

일란성 쌍둥이의 아버지이기도 한 조지메이슨 대학교 경제학 교수 브라이언 캐플란Bryan Caplan은 위와 같은 연구들은 물론, 입양아가 양부모와 친부모 중 어느 쪽을 더 닮게 되는지 조사하는 '입양' 관련 연구들의 사회적 의미를 살핀 후 그 결과를 《자녀를 더 갖는 이기적 이유Selfish Reasons to Have More Kids》라는 책에 담았습니다. 그는 이 책에서 자신을 포함한 부모들은 자녀의 성공에 집착하는 경향이 있으나 "부모가 자녀에게 줄 수 있는 가장 영향력 있는 선물은 돈, 인맥, 지원 같은 게 아니라 올바른 DNA"라고 결론 내렸지요. 어떻게 양육 받고 자랐는지에 따라 자녀가 부모에게 느끼는 애정의 정도나 종교적, 정치적 성향이 바뀔 수는 있지만, 궁극적인 수입, 학력, 전문적 지위는 부모로부터 물려받은 유전인자에 달려 있다는 것이죠.

이러한 유전자의 중요성을 인정한다면 다음과 같은 질문을 맞닥뜨리게 됩니다. "유전자가 내게 무엇을 해줄 수 있는가? 또 물려받은 유전자의 토대 위에서 뭘 할 수 있는가?" 저는 DNA를 일종의 잠재적인 능력이라고 여깁니다. 우리 인생의 경험이 유전인자와의 상호작용을 통해 그 잠재 능력을 발현시킴으로써 비로소 외부로 드러나는 기술과 재능이 완성된다는 뜻입니다. 생물학자 리처드 도킨스는 '비버와 댐 건설'을 예로 들어 유전자와 능력 간의 관계를 설명한 바 있죠. 비버는 유전자 덕에 댐을 쌓을 수 있는 가능성을 타고납니다. 하지만 정작 댐 건설 기술이 발현되도록 만드는 건 비버가 맞닥뜨리는 환경의 압력 때문이죠. 도킨스는 이런 댐 건설 능력을 가리켜 비버의 유전자가 지닌 '확장된 표현형extended phenotype'이라고 명명했습니다.

개인의 기술과 소질은 유전자를 기반으로 형성되기 때문에, 때로는 아주 어린 시절부터 분명하게 드러날 수도 있지요. 연구결과에 따르면, 수학적 능력을 타고난 세 살짜리는 빠르게 바뀌는 화면상의 점들이 더 많고 적음을 맞추는 테스트에서 뛰어난 점수를 올릴 수 있다고 합니다. 과학자들은 이처럼 실제로 세지 않고 수학 문제의 답을 추측하는 능력에 '수리 감각number sense'이라는 특별한 용어를 붙였죠. 여섯 살의 버바 왓슨이 처음 골프채를 손에 쥐었을 때 보여주었던 평균 이상의 '시각과 손의 협응 능력'도 유전인자를 바탕으로 형성된 소질의 예시 중 하나입니다.

저의 제자 중 한 명인 지나Gina라는 학생은 제 성공학 수업에서, 자신이 어렸을 때 조립식 모델 만들기를 좋아했다고 털어놓았지요. 레고, 링컨 로그Lincoln Logs, 팅커토이 등의 장난감을 조립하며 몇 시간이고 상상의 나래를 펼치곤 했다고요. 나이가 들면서 그녀의 관심사는 건설 키트, 심시티SimCity 컴퓨터 게임, 디자인 프로그램으로 옮겨갔죠. 대학에서는 수학적, 분석적 모델을 만들고 실험하는 법을 가르쳐주는 수업을 가장 좋아했습니다.

그랬던 지나가 어느 날 수업에 들어와서는, 활짝 웃는 얼굴로 월 스트리트에서 꿈에 그리던 직장을 얻게 됐다고 말했을 때 저는 약간 놀랐습니다. 혹시라도 명성과 부의 유혹에 넘어가 큰돈을 좇는 흐름에 휩쓸린 건 아닌지 걱정됐던 거죠. 하지만 수학적 모델을 구축하는 팀의 일원으로서 신흥시장과 새로운 투자 유형의 위험성을 분석하는 일을 맡을 거라고 눈동자를 반짝이며 설명하는 지나를 보면서 안심할 수 있었습니다. 그러면서 '팅커토이'에서 '복잡한 금융 모델'로의 도약은 결국 같은 길 위에서 한 걸음 더 나아간 것에 불과하다는 점 또한 깨닫게 됐지요.

다른 사람보다 자신이 더 잘할 수 있는 일을 찾고자 한다면, 자신의 능력을 형성하고 연마했던 어린 시절의 주변 환경에서 어떤 압력을 받았는지를 떠올려 보기 바랍니다. 예를 들어, 신체적 '인내력'과 신체적 '강인함'에 영향을 미치는 유전인자가 각각 다르다는 점이 최근 연구결과로 밝혀졌습니다. 즉 인내력 유전자를 갖춘 사람은 장기리 경주에 유리하고, 강인함 유전자를 갖춘 사람은 단거리 경주에 유리하다는 겁니다. 만약 단거리 경주에 유리한 유전자를 가진 중학생에게 100미터 달리기 종목 훈련에 집중하라고 한다면, 장거리 경주에 유리한 유전자를 가진 학생에 비해 재능이 더 빨리 발달하겠죠. 타고난 '본성'이 새롭고 집중적인 단거리 훈련의 '양육'을 통해 스스로 발현되는 겁니다. 다른 모든 조건이 동일하다고 가정한다면, 이 학생은 고등학교와 대학교에서도 단거리 선수로 성공할 가능성이 높겠지요. 인지적 기술부터 사회적 능력에 이르기까지 유전적 기반이 확고한 모든 영역에서 이와 똑같은 과정이 발생할 수 있습니다.

인간의 지능은 유전자와 환경 간의 상호작용을 매우 역동적으로 만들어 주는 역할을 합니다. 비버와는 달리 우리는 평생에 걸쳐 새로운 경험과 환경에 자기 자신을 노출시킬 수 있죠. 그리고 새로운 활동에서 자신이 빠르게 성장할 수 있음을 확인한다면 자신의 유전적 '표현', 즉 타고난 재능이나 소질을 발견할 수 있는 겁니다.

여러분을 잘 아는 주변 사람들에게 물어보세요. 여러분이 상대적으로 덜 노력해도 잘할 수 있는 일이 무엇인지 말입니다. 고장 난 가전제품 고치기? 혹은 암산으로 수학 문제나 퍼즐 풀기? 무엇이든 좋습니다. 그다음, 그런 소질을 활용해 타인을 위한 가치를 창출할 수 있는 여러 방법들을 고민해 보세요.

예를 들어보죠. 케이프 코드의 토착민인 리암 해버랜Liam Haveran은 매사추세츠 주의 소도시 채텀에서 성장하여 공업 고등학교에 진학해서는 배관설비 기술을 배웠습니다. "정말 좋았어요. 제가 바라던 딱 그런 일이었죠. 외부에서 일하면서 새로운 사람들을 만나는 게 즐거웠고 두 손을 쓰는 일이 제게 잘 맞았습니다." 하지만 세면기와 화장실을 고치며 몇 년이 흐르자 변화해야 할 필요성을 느꼈습니다. 육체 노동은 괜찮았지만 케이프 코드의 좁고 어두운 공간에서는 벗어나고 싶었던 것이죠. "먼지로 뒤덮인 좁다란 공간에 갇혀 있는 게 싫었어요."

해버랜은 지역 대학교 학생들과 어울렸고, 곧이어 낮에는 배관공 일을 하면서도 밤에는 인근의 전문대학에서 야간 수업을 듣기 시작했습니다. 대학을 다니면서 자신이 진정 원하는 일에 대한 생각도 구체화되었죠. 처음에는 물리 치료사나 척추 지압사 쪽으로의 진로를 고민하다가 불현듯 의대 진학까지 꿈꾸게 되었던 겁니다. 얼마 후 그는 실제로 예과 과정을 밟기 시작했죠. 과학과 수학의 기초가 약한 탓에, 더구나 배관공 일과 병행하면서 학업을 따라가기가 너무나 벅찼지만 해버랜은 견뎌냈습니다. 그의 고등학교 시절 생활지도 교사는 이렇게 말했죠. "해버랜에 관해 기억나는 건, 끈기가 대단했다는 겁니다."

피나는 노력 끝에 해버랜은 마침내 필라델피아 정골의과대학교에 입학할 수 있었습니다. 그의 나이 서른 살의 일이었죠. 레지던트 과정을 밟으면서 그는 과거에 두 손을 쓰는 일을 좋아했던 것이 수술을 집도하는 데 큰 도움이 된다는 사실을 깨닫게 되었습니다. 또한 환자의 상태에 직접적이고 긍정적인 변화를 줄 수 있는 외과의라는 직업이 주는 만족감도 컸죠. "수술로 문제를 단숨에 해결할 수 있잖아요." 그는 고향으로 돌아와. 예전에 배관공으로 일했던 케이프 코드의 가정집들과 멀리 떨어지지 않은 곳에 진료소를 열었습니다.

리암 해버랜은 손을 사용하는 재능을 타고났으며, 그 재능을 활용해 배관설비와 외과 수술이라는 서로 별개지만 연관된 커리어를 구축할 수 있었죠. 여러분의 소질 중에서 무엇이 새롭고 흥미로운 미래의 진로를 위한 토대가 되어줄 수 있겠습니까?

세 번째 다이아몬드 : 과거의 경험

지금껏 우리가 살펴봤던 모든 사례에는 두 가지 핵심적인 교훈이 담겨 있습니다. 첫째, 우리 인생의 각 단계에서 능력은 앞 단계의 능력을 토대로 구축됩니다. 성공한 사람들은 기존에 이룩한 성과를 다음 단계로 나아가기 위해 재구성하는 건설적 방법을 거의 언제나 틀림없이 찾아내 왔습니다. 고등학교와 대학 졸업 이후, 새로운 직장과 취미와 추가적인 교육과 훈련을 통해 우리의 능력은 끊임없이 변화하고 확장되는 것이죠.

둘째, 성공한 사람들은 현명하게도 도약에 필요한 경험을 적극적으로 창조합니다. 루앙에서 인생을 바꿔놓은 저녁 식사를 경험한 줄리아 차일드는 단순히 집에 돌아가 프랑스 요리책을 읽는 데 그치지 않았습니다. 그녀는 최고의 요리를 배우기 위해 프랑스의 일류 요리학교에 입학했죠. 외과의사가 된 배관공 리암 해버랜의 경우, 가만히 앉아 의사가 되는 꿈을 꾸지 않았습니다. 대학 졸업을 위해 수학 공부를 시작했고 의대에 지원했죠.

차일드와 해버랜은 미래를 향해 다음과 같은 능력 중심의 경로를 걸었던 겁니다.

기술과 소질에 대한 통찰력 ⇨ 미래를 위한 아이디어 ⇨ 새로운 경험 ⇨ 새로운 커리어 활동

새로운 경험(특히 특정 분야에서 훈련을 받고 전문가들의 인정을 받는 경험)은 종종 우리가 아직 전혀 탐색해 본 적 없는 활동 영역으로 우리를 안내하곤 합니다. 그리고 기존의 경험, 기술, 소질과 새로운 활동이 만나면서 신선하고 만족스러운 시간을 누리게 되는 일도 생기는 겁니다.

이것은 단순히 우연이 아닙니다. 새로운 경험을 하는 과정에서 전문적인 지식이나 능력을 가진 사람들의 집단과 접촉하게 마련이죠. 이러한 네트워크를 통해 우리는 심리적인 강화와 더불어 기존의 능력을 활용하는 법에 대한 새로운 아이디어와 방법을 얻게 되는 것입니다.

네 번째 다이아몬드 : 성격적 장점

어떤 활동을 하든지 가장 중요한 능력 중 하나는 자신만의 성격적 장점을 잘 결합하는 것입니다. 앞으로 제가 개발하여 와튼스쿨에서 활용하고 있는 성격적 장점 테스트를 소개하겠습니다. 성공학 수업에서 저는 학생들이 자신의 성격에 기반한 능력을 이해할

수 있도록 돕기 위해 다음과 같은 다양한 테스트와 분석법을 적용해 왔습니다.

- 마이어 브릭스 성격 유형 지표the Myers-Briggs Type Indicator, MBTI
- 도널드 클리프턴과 갤럽이 개발한 강점 발견 시스템Strengths Finder System
- 마틴 셀리그먼 및 크리스토퍼 피터슨 교수진의 펜실베이니아 대학 긍정심리학 센터 '성격 강점 VIA 조사VIA Survey of Character Strengths'
- 미국 국립보건원의 성격 및 인지 연구소 소속 수석 과학자인 폴 코스타 주니어Paul T. Costa Jr.와 동료인 로버트 매크레이Robert R. MaCrae가 개발한 다섯 가지 성격 요인 유형(개방성, 성실성, 친화성, 외향성, 신경증)을 근거로 만든 인기 있는 다양한 평가 방법

그리고 마침내, 이와 같은 다양한 방법들로부터 일부를 빌리고 조합하여, 성공과 직접적으로 관계가 있다고 제가 믿는 성격의 네 가지 주요 측면을 겨냥한 테스트를 직접 고안하게 되었지요. 그 네 가지 측면은 다음과 같습니다.

- 타인에 대한 태도(사회적 유형)
- 성취 추진력(행동 지향)
- 지적이거나 창의적 활동을 선호하는 성향(마인드셋)
- 정서적 반응 체계(정서적 기질)

온라인상에서 찾아볼 수 있는 성격 분석법들과는 달리, 제 테스

트에는 30분의 문답만으로 신기하게도 당신이 '성취자' 혹은 '관계 중시자'라고 알려줄 수 있는 비밀 알고리즘 같은 건 존재하지 않습니다. 단지 여러분의 핵심적인 성격적 특징을 가려내기 위해 신중하게 선택한 단어와 라벨label만이 있을 뿐이죠. 여러분은 그중 어떤 라벨이 자신에게 가장 잘 어울리는지 선택하면 됩니다.

이 테스트에는 두 가지 단계가 존재합니다. 첫 번째는 직접 자기 자신을 평가하는 겁니다. 그리고 두 번째로는 자신을 잘 아는 사람에게 의견을 물어봐서 자신의 성격에 대한 인식을 보완해야 합니다. 수업 시간에 저는 학생들에게 이 방법을 소개한 후, 부모와 형제자매부터 동료와 친구에 이르기까지 최대한 많은 지인들로부터 자신의 장점, 약점, 성격과 능력에 관한 의견들을 구해오라고 얘기합니다.

타인의 눈에 비친 모습을 관찰하여 자신에 대한 이해를 구하는 이 역동적 방식은 사회학자 찰스 쿨리Charles Cooley가 자신의 저서 《인간 본성과 사회 질서Human Nature and the Social Order》에서 주장한 '거울 자아Looking-Glass Self'에서 가져온 것입니다. 우리는 타인의 인식이라는 거울에 투영된 자신의 모습으로부터 여러 가지를 배울 수 있죠. 그리고 타인과 상호작용할 때 우리가 수행하는 사회적 역할에 기반하여 타인에게 투영되는 우리의 모습이, 우리 생각과는 매우 다르다는 것을 깨닫고는 깜짝 놀라곤 합니다.

물론, 마지막에 어떤 표현으로 자신을 정의할지는 다름 아닌 자기 자신의 몫입니다. 셰익스피어 희곡에서 자기 의심의 늪에 빠진 리어왕이 광대에게 "내가 누구인지 말해줄 수 있는 자는 누구인가?"라고 묻자, 그 질문에 답할 수 있는 자는 리어왕 자신뿐이라고 광대가 답하듯이 말이죠.

SAME 성격 평가

이제부터 열여섯 쌍의 성격 특징에 따라 개인의 주요한 네 가지 성격 측면, 즉 사회적 유형Social Style, 행동지향Action-Orientation, 마인드 셋Mindset, 정서적 기질Emotional Temperament을 분류할 겁니다. 이 네 가지 영역의 첫 글자를 따서 SAME 테스트라고 부르는데, 고유의 성공 경로를 규정하는 데 도움이 될 개인의 성격을 파악하는 과정이라고 보면 됩니다.

각 설명을 읽고 자신의 성격을 정확하게 드러낸다고 생각되는 특징에 표시하기 바랍니다. 자신의 성격이 주어진 두 라벨의 중간에 해당한다고 생각된다면 그 중간에 표시하면 됩니다.

사회적 유형

1. 내향형 vs 외향형

내향형Introvert은 조용하고 심사숙고하는 편이며, 소규모의 친밀한 집단에서 타인과 교류하는 것을 선호합니다. 많은 사람과의 교류는 에너지를 급격히 소진시키죠. 반면 외향형Extrovert은 사교적이며 큰 모임에 참석하는 걸 즐기고 사교활동을 통해 인생의 활력을 얻습니다. 지나치게 오래 혼자 있을 경우 불안함과 불편함을 느낄 수 있죠.

내향형								외향형
100	75	50	25	0	25	50	75	100
매우 그렇다		조금 그렇다		중간이다		조금 그렇다		매우 그렇다

2. 친화형 vs 지배형

친화형Agreeable은 마음이 따뜻합니다. 모두와 잘 지내면서 사랑받으려고 노력하며, 타인의 말에 잘 따릅니다. 반면 지배형Dominant은 자기주장이 강하고 책임을 떠맡는 것을 좋아합니다. 타인의 말에 따르기보다는 직접 이끌고 싶어 하고 타인에게 지시를 내리는 쪽을 좋아하죠.

친화형								지배형
100	75	50	25	0	25	50	75	100
매우 그렇다		조금 그렇다		중간이다		조금 그렇다		매우 그렇다

3. 협동형 vs 경쟁형

협동형Cooperative은 갈등이나 협상 상황에서 절충을 잘합니다. 외적 기준보다는 스스로의 기준에 견주어 자신을 평가하고, 모두의 문제를 해결했는지 여부에 따라 성공을 측정합니다. 반면 경쟁형Competitor은 협상에서 이기기를 좋아하고, 외부 기준을 훌륭하게 충족했을 때 만족을 느끼며, 매우 지루한 일조차도 흥미로운 게임으로 탈바꿈시킬 줄 압니다.

협동형								경쟁형
100	75	50	25	0	25	50	75	100
매우 그렇다		조금 그렇다		중간이다		조금 그렇다		매우 그렇다

4. 순응형 vs 직설형

순응형Adaptable은 어떤 환경에든 자신을 적응시킵니다. 마치 뛰어난 영화배우처럼 상황적 요구에 맞춰 여러 사회적 역할을 쉽게 담당하지요. 반면 직설형Direct은 성격이 직접적이고 솔직함에 큰 비중을 둡니다. 순응형에 비하면 사람을 경직된 태도로 대하고, 미묘한 사회적 단서보다는 문제와 사실 자체를 더 중시하지요. 이른바 '곧이곧대로'인 스타일이죠.

순응형								직설형
100	75	50	25	0	25	50	75	100
매우 그렇다		조금 그렇다		중간이다		조금 그렇다		매우 그렇다

행동지향

1. 계획형 vs 즉흥형

계획형Planner은 리스트 만들기를 좋아하고 일정과 질서를 고수하는 사람으로, 때로는 완벽을 추구하다가 실수를 저지르기도 합니다. 반면 즉흥형Improvisor은 직관, 본능, 혹은 자의에 의해 행동하는 쪽을 선호하죠. 계획형에 비하면 덜 체계적이지만 그래도 상관없다고 여깁니다.

계획형								즉흥형
100	75	50	25	0	25	50	75	100
매우 그렇다		조금 그렇다		중간이다		조금 그렇다		매우 그렇다

2. 분투형 vs 여유형

분투형Striver은 의욕적이며 일을 위해 사는 스타일이죠. 열정적으로 앞장서고 분주한 삶을 살며 장기적 목표를 달성하려고 애쓰면서 성취를 기준으로 성공을 가늠하지요. 반면 여유형Relaxed은 분투형에 비해 열정과 근면성이 떨어집니다. 직업은 돈을 벌어 삶의 즐거움을 누리기 위한 수단이며, 조기 은퇴 후 편안한 삶을 꿈꾸죠. 커리어의 성취가 아닌 전반적 삶의 질을 기준으로 성공을 가늠하는 성향을 보입니다.

분투형								여유형
100	75	50	25	0	25	50	75	100
매우 그렇다		조금 그렇다		중간이다		조금 그렇다		매우 그렇다

3. 신중형 vs 결단형

신중형Deliberative은 오랜 시간에 걸쳐 다양한 대안을 놓고 고민하며 가능성을 저울질합니다. 최대한 후회는 줄이고 스스로 결과를 내다보려 하죠. 반면 결단형Decisive은 현재 보유한 정보를 근거로 신속하게 결정을 내립니다. 상황을 보면서 일단 행동을 취한 후 그로부터 배운 뒤 다음 행동에 나서겠다는 태도를 보이죠.

신중형								결단형
100	75	50	25	0	25	50	75	100
매우 그렇다		조금 그렇다		중간이다		조금 그렇다		매우 그렇다

4. 위험감수형 vs 경계형

위험감수형Risk taker은 모험과 스릴을 즐깁니다. 롤러코스터와 가파른 경사를 좋아하죠. 자기 자본으로 창업하고 전문 포커판에도 도전해 보며 곡예비행사를 꿈꾸기도 합니다. 반면 경계형Cautious은 안전한 행동을 추구하고 검증된 방법을 선호하며 불필요한 위험을 회피합니다. 도박을 멀리하려 하고, 스릴을 위해 위험을 좇는 일을 어리석다고 여기죠.

위험감수형								경계형
100	75	50	25	0	25	50	75	100
매우 그렇다		조금 그렇다		중간이다		조금 그렇다		매우 그렇다

마인드셋

1. 지식인형 vs 실용주의자형

지식인형Intellectual은 추상적 아이디어를 떠올리고 탐색하기를 좋아합니다. 배움을 즐기고 역사적 관점에서 현재를 이해하려 하죠. 반면 실용주의자형Practical은 주로 작동 방식을 기준으로 아이디어의 가치를 평가합니다. 따라서 구체적인 해결책에 필요하지 않은 추상적 사고나 학문 연구를 좋아하지 않습니다.

지식인형								실용주의자형
100	75	50	25	0	25	50	75	100
매우 그렇다		조금 그렇다		중간이다		조금 그렇다		매우 그렇다

2. 분석형 vs 창의형

분석형Analytical은 자신이 직면한 상황을 이해하기 위해 객관적 데이터와 증거를 추구하지요. 명확함을 선호하는 체계적 사고의 소유자입니다. 반면 창의형Creative은 개방적이고 주관적이며 자신의 상상 속 세계에서 사는 경우가 많죠. 낙서를 즐기거나 종이를 찢어서라도 독창적인 뭔가를 만들어냅니다.

분석형								창의형
100	75	50	25	0	25	50	75	100
매우 그렇다		조금 그렇다		중간이다		조금 그렇다		매우 그렇다

3. 전통주의자형 vs 혁명가형

전통주의자형Traditionalist은 변화에 보수적 태도를 보입니다. 기존의 방식을 선호하고 불확실한 미래의 계획을 지지하기보다는 과거에 효과가 입증된 관례를 지키는 쪽을 택합니다. 반면 혁명가형

Revolutionaries은 기존 현상에 도전하는 쪽입니다. 변화에 가치를 두고, 상황 속에서 결함과 불공정함을 빠르게 포착해내며, 보다 나은 세계를 만드는 이상적 비전을 갖고 있지요.

전통주의장형								혁명가형
100	75	50	25	0	25	50	75	100
매우 그렇다		조금 그렇다		중간이다		조금 그렇다		매우 그렇다

4. 특수지식형 vs 보편지식형

특수지식형Knowledge Specialist은 종교, 정치, 과학 등 소수의 '결정적 아이디어'를 통해 세상을 바라보고 한정된 주제에 깊은 지식을 축적하고자 합니다. 반면 보편지식형Knowledge Generalist은 정보와 전통을 통합시키려 하죠. 폭넓은 독서와 다양한 경험의 지속적 추구를 통해 풍부한 판단력과 이해력을 갖추지만, 그렇다고 자신이 모든 걸 파악하고 있다고는 여기지 않습니다. 철학자 이사야 벌린은 '고슴도치와 여우'라는 글에서 이 두 가지 마인드셋을 설명했던 적이 있죠(고슴도치는 특수지식형, 여우는 보편지식형).

특수지식형								보편지식형
100	75	50	25	0	25	50	75	100
매우 그렇다		조금 그렇다		중간이다		조금 그렇다		매우 그렇다

정서적 기질

1. 열정형 vs 냉정형

열정형Passionate은 감정을 강렬하게 경험하고 자신을 본인 인생의 중심이라고 여깁니다. 사랑에 빠지면 온 마음을 빼앗기고, 미워할 땐 뜨겁게 증오하죠. 반면 냉정형Even-Tempered은 가슴으로 느끼기보다는 머리로 생각하는 쪽입니다. 감정도 성격의 일부라는 걸 인정하면서도 자신은 감정보다는 이성을 중시한다고 생각하죠. 사랑에 빠질 때도 열정형은 그 사실을 즉각 받아들이는 반면, 냉정형은 그 현상을 파악해야만 직성이 풀립니다.

열정형								냉정형
100	75	50	25	0	25	50	75	100
매우 그렇다		조금 그렇다		중간이다		조금 그렇다		매우 그렇다

2. 낙관주의자형 vs 현실주의자형

낙관주의자형Optimist은 세상만사에 긍정적인 편입니다. 컵에 물이 반이나(!) 차 있다고 생각하고, 무슨 일에든 긍정적 측면을 찾아내어 좌절로부터 신속히 벗어나죠. 반면 현실주의자형Realist은 행복하면 행복한 대로, 슬프면 슬픈 대로, 즐겁거나 비극적이거나 있는 그대로 삶을 인식합니다. 현실주의자가 늘 비관적인 것은 아니지만 낙관주의자에 비하면 비관적일 때가 훨씬 많죠. 낙관주의자는 늘 밝은 면을 찾아내지만 현실주의자는 어두운 면을 보고 위기에 대비해 계획을 세웁니다.

낙관주의자형							현실주의자형	
100	75	50	25	0	25	50	75	100
매우 그렇다		조금 그렇다		중간이다		조금 그렇다		매우 그렇다

3. 감정발산형 vs 감정억제형

감정발산형Emotionally Expressive은 자신의 감정을 드러내 보여 타인에게 쉽게 읽히곤 합니다. 그러니 행복할 때면 남들이 다 알고, 슬플 때는 숨기질 못하죠. 감정적인 휘발성이 강한 편입니다. 반면 감정억제형Emotionally Restrained은 좀처럼 자신의 감정을 드러내지 않기에 겉으로는 냉정하고 차분해 보이죠. 타인의 입장에서는 감정을 읽기 힘든 타입이며, 타인과의 교류에서는 합리성과 논리에 중점을 둡니다. 또한 포커 페이스를 유지하는 데 선수들입니다.

감정발산형								감정억제형
100	75	50	25	0	25	50	75	100
매우 그렇다		조금 그렇다		중간이다		조금 그렇다		매우 그렇다

4. 불안형 vs 안정형

불안형Easily Stressed은 정신적 압박감, 마감, 응급사태에 동반되곤 하는 불안감을 싫어합니다. 폭풍우 속에서 자신을 이끌어줄 타인을 원하죠. 안정형Calm-Under-Pressure은 위기나 마감에 쫓겨 압박감을 받을 때 진가를 발휘합니다. 응급사태가 발생하면 오히려 반응 속도를 늦추고 평정심과 집중력을 유지하려고 하죠. 때로는 동기부여와 자극을 위해 마감의 스트레스를 필요로 하기도 합니다.

불안형								안정형
100	75	50	25	0	25	50	75	100
매우 그렇다		조금 그렇다		중간이다		조금 그렇다		매우 그렇다

자신의 SAME 결과 분석하기

이제 자신의 SAME 테스트 결과를 분석하여 성공을 위한 정보로 활용할 수 있는지 살펴봅시다. 우선, 위에서 열거한 항목 중에서 자신에게 해당하는 '주요 성격 특징'을 골라보세요. 75점 이상을 준 쪽에 해당하는 특징이 자신의 '주요 성격 특징'이 되는 겁니다.

그런 다음 아래 빈칸에 자신의 주요 성격 특징을 기록합니다. 각 평가에서 50점 이하로 표시된 항목은 본인 성격 중에서 어떤 상황이나 사람을 만나느냐에 따라 쉽게 바뀔 수 있는 기능적이고 순응적인 측면을 반영한다고 보면 됩니다. 물론 이런 것들도 장점이기는 마찬가지지만, 미래의 커리어를 위해 인생의 방향을 선택하고 다음 단계를 분명히 알려주기에 충분한 장점은 아니죠. 여기서는 자신의 성격을 구성하는 가장 강력한 요소, 즉 가장 진실되고, 안정적이고, 차별화된 측면을 찾아야 하는 겁니다. 남들이 알아챌 정도거나 특별한 활동에 필요로 하는 자신의 특징이어야 하죠.

자신의 주요 성격 특징

사회적 유형	행동지향	마인드셋	정서적 기질
———	———	———	———
———	———	———	———
———	———	———	———
———	———	———	———

작성이 끝났다면 자신의 리스트를 보면서 특정한 패턴이 드러나는지 살펴보세요. 예를 들어 주요 성격 특징이 외향형, 지배형, 경쟁형, 즉흥형, 결단형이라면, 여러분은 틀림없이 사교성이 매우 강하고 대부분의 상황을 직접 지휘해야 직성이 풀리는 사람일 겁니다. 따라서 부드러운 말투를 써야 하고 팀 체제로 움직이는 관계 지향적 환경(인사부서 책임자나 탁아소 관리자 등)에는 잘 어울리지 않겠지만, 대형 헤지펀드 기업에서라면 훌륭한 상사가 될 가능성이 높습니다. 또한 뛰어난 사교성은 대개 실용적인 사고방식과 심리적인 평정심에 잘 어울리죠. 이런 성격적 장점을 가진 사람은 응급상황에 잘 대처하는 경향을 보입니다.

이와는 반대로, 각 영역에서 주요 성격 특징으로 딱 하나씩, 외향형, 여유형, 창의형, 낙관주의자형을 골랐다고 칩시다. 이러한 특징들은 광고업체에서 창의적 작업을 담당하는 사람에게는 좋은 결합일 수 있죠. 외향형, 창의형, 낙관주의자형이라는 세 가지 특징은 창의성이 중요한 시장에서 상품 판매와 고객 응대 시 필요한 사회적, 지적, 감정적 요구를 소화하는 데 적합하기 때문입니다. 한편 여유형은 엄격한 일정표에 얽매이기보다는 자신이 세운 일정에 따라 일하면서 여가를 즐기고 싶어 하는 사람에게서 볼 수 있는 특징이고요.

자신의 주요 성격 특징에 적합한 일에 종사하고 있다면 일과 능력 간의 마찰은 거의 없을 겁니다. 어쩌면 긍정심리학자들이 말하는 '몰입flow'을 경험했을 수도 있죠. 몰입이란 어떤 활동에 깊이 빠져들어 시간의 흐름도 잊은 채 최고의 기술을 발휘하는 상태를 가리킵니다. 하지만 만약 일에서 끊임없는 불만을 느낀다면, 자신의 주요 성격 특징을 최적의 방식으로 사용하지 못하고 있거나 자신에게 어울리지 않는 특징을 발휘하라고 강요받고 있을 가능성이 크지요.

아래에는 특정 직업에 적합한 주요 성격 특징을 예시로 들었습니다. 물론 해당 산업 전체와 기업 문화를 알지 못하는 상태에서 어떤 성격 특징이 적합할지 확실히 얘기하기는 어렵죠. 다만 이 예시를 발판 삼아 자신에게 특별히 잘 어울릴 수 있는 활동, 커리어, 기능이 무엇일지 생각해 보기 바랍니다.

커리어와 성격 조합 예시

- 회계사 : 내향형, 계획형, 신중형, 분석형
- 영화배우 : 즉흥형, 순응형, 열정형, 감정발산형
- 대학교수 : 내향형, 지식인형, 분석형, 특수지식형
- 컨설턴트 : 외향형, 계획형, 실용주의자형, 분석형
- 사업가 : 경쟁형, 즉흥형, 실용주의자형, 낙관주의자형
- 소송변호사 : 경쟁형, 결단형, 현실주의자형, 안정형
- 특수부대 작전수행자 : 내향형, 즉흥형, 결단형, 안정형
- 정치가 : 외향형, 친화형, 분투형, 신중형
- 세일즈맨 : 외향형, 친화형, 협동형, 낙관주의자형

예외적으로, 어떤 주요 성격 특징의 조합도 적절하게 받아들여질 수 있는 '부모'라는 직업이 하나 있습니다. 최고의 부모는 자신

의 참된 자아에 자녀를 향한 진실한 사랑과 관심을 결합시키는 존재니까요.

마지막 단계로 주변의 의견을 듣는다

앞서 수집한 정보들에 대해 여러분의 사회적 네트워크를 찾아 의견을 들어보세요. SAME 평가지를 친구, 가족, 동료에게 이메일로 보내는 것도 좋습니다. 그 사람들에게 여러분의 주요 성격 특징 네가지를 골라 달라고 요청하면서, 그렇게 생각하는 근거도 알려달라고 부탁하는 겁니다. 그런 다음 타인의 생각과 자신의 평가가 일치하는지 검토해 보세요. 만약 의문이 든다면, 자신의 인맥 중에서 특별히 뛰어나다고 생각되는 사람이나 더 의견을 들어보고 싶은 사람을 찾아가 얘기를 나눠보세요.

성공을 원한다면 내면부터 들여다보라

자신에게 성공을 안겨줄 능력은 어디서부터 찾기 시작해야 할까요? 19세기에 템플 대학교를 설립했던 러셀 콘웰은 본인 뒷마당부터 시작하라고 조언합니다. 파울로 코엘료의 베스트셀러 《연금술사》에서 젊은 목동 산티아고는 알리 하페드처럼 돈을 많이 버는 것이 성공이라는 환상에 시달리지요. 그래서 피라미드에 숨어 있다고 전해 내려오는 금을 찾으려고 스페인의 집을 떠나 이집트로 향한다. 다행히도 하페드와는 달리 도중에 죽음을 맞이하진 않습니다. 수많은 모험을 겪고 현명한 스승들을 만나면서 매우 중요한 교훈을 배우죠. 바로 성공의 비결은 자신 안에 있다는 겁니다. 지혜를 터득한 산티아고는 그간 찾아 헤맸던 보물이 자신이 떠나온 스페인의 나무 아래 묻혀 있다는 사실을 깨닫죠. 그렇게 고향으로 돌아온 그는 보물을 파내고, 여행 중 만난 진정한 사랑 파티마와 영원히 행복한 삶을 누립니다. 이 책은 전 세계적으로 무려 2,000만 권 이상 팔렸습니다.

이번 장에서 우리는 각자 내면을 들여다보고 자신의 흥미, 소질, 경험, 주요 성격 특징을 조사하는 기회를 가졌습니다. 이 결과를 유념하고 적절한 자격을 갖춰 목표를 향해 꾸준히 정진한다면 어떤 영역에서든 탁월한 성공을 거둘 토대가 마련될 겁니다.

유명한 셰프인 줄리아 차일드부터 배관공 출신으로 외과의가 된 리암 해버랜에 이르기까지. 이 장에서 살펴본 거의 모든 사례는 진정한 능력을 발견하고 바람직하게 사용했을 때 나타나는 영향력을 보여줍니다. 줄리아 차일드의 이야기에서 알 수 있듯, 영감이 번뜩이는 순간에는 흥미와 열정의 불꽃이 튀고, 기술, 경험, 성격이 한데 어울려 새로운 인생 항로가 열리지요. 그러니 자신의 심장 박동에 귀를 기울이고, 성격적 장점을 보다 바람직하게 활용할 방법을 끊임없이 모색해야 합니다.

이제 본인의 능력을 알았으니 성공을 향한 다음 단계를 밟을 준비가 된 것 같군요. 앞으로는 자신의 기술과 소질을 활용하는 데 필요한 자신감을 소환해야 할 차례입니다.

당신은 실패를 감당할 만큼 자기 자신을 믿습니까?

내면을 들여다보고 최적의 능력 조합을 발견하라

이미 뒷마당에 가득한 다이아몬드를 먼 곳에서 찾아 헤매지 말라. 당신의 다이아몬드는 다음과 같은 것들이다.

- 흥미와 열정
- 소질과 기술
- 과거의 경험
- 성격적 장점

성공이란 독보적으로 뛰어난 하나의 재능에서 비롯되는 게 아니다. 이러한 능력들을 최적으로 조합했을 때 찾아온다.

내면의 자신감을 키워라
실패하는 법을 배운다는 것에 관하여

출발할 때 가장 똑똑했다고 마지막까지 가장 똑똑한 건 아니다.

알프레드 비네Alfred Binet, IQ 테스트의 창시자

2011년, 당시 21세였던 프로 골퍼 로리 맥길로이는 세계 최고의 골프 토너먼트인 마스터즈 대회에서 2위에 4타 앞선 채로 최종 라운드를 맞았지만, 우위를 지키지 못하고 최종 15위로 경기를 마쳤습니다. 그야말로 역사에 남을 만한 참패였죠. 토너먼트 역사상 3라운드까지 선두였던 선수 중 최악의 최종 라운드를 치른 것이었습니다. 경기를 마친 지 몇 분 후, 그는 이런 말을 남겼죠. "이번 일로 내 성격이 조금이라도 나아지면 좋겠군요."

그리고 두 달 후, 맥길로이는 US오픈에서 토너먼트 역사상 최저 타수를 기록하며 우승을 거머쥐었습니다. 우승 후 그는 마스터

즈의 실패 경험이 어떻게 US오픈 우승에 기여했는지를 되돌아보았지요. "마스터즈 대회는 매우 소중한 경험이었어요. 이기려면 뭘 해야 하는지 알게 었거든요."

이 맥길로이의 일화는 제가 가르쳤던 린다Linda라는 학생의 이야기와 대비됩니다. 그녀는 자신이 한때 '자기 불구self-handcapping' 증후군 때문에 대학 생활을 거의 망칠 뻔했다고 수업에서 털어놓았죠. 이 증후군은 재능을 가졌지만 실패를 겪지 않으려는 사람에게서 나타나곤 합니다.

린다는 대학교에 입학한 첫 학기부터 위기를 맞았지요. 고등학교 때까지는 타고난 능력 덕택에 힘들이지 않고 좋은 성적을 거뒀던 겁니다. 10대 시절 부모님과 선생님들에게 '똑똑하다'는 칭찬을 아낌없이 받으면서 자긍심이 한껏 올라가 있었죠. 크게 노력하지 않고도 좋은 성적을 거뒀다는 건 곧 부모님과 선생님들의 판단이 옳다는 증거였고, 일류 대학 입학으로 의심의 여지도 사라진 셈이었습니다.

그러나 대학에서 C와 D 학점으로 도배된 첫 학기 성적표는 그녀의 자긍심을 뿌리째 흔들어 놓았죠. 자신이 사실은 전혀 똑똑하지 않을 수도 있다는 두려움에 남몰래 떨었습니다. 그게 정말 사실이라면 말 그대로 공포스러운 일이었으니까요.

만약 린다가 2011년 마스터즈 대회와 US오픈 대회 사이의 로리 맥길로이처럼 실패로부터 배우는 자신감을 갖고 있었다면, 대학 첫 학기에 맞이한 재앙을 발판으로 더욱 노력하고, 새로운 공부 습관을 익히고, 경쟁 환경 속에서 더 좋은 성적을 내기 위한 도전에 나설 수 있었을지 모릅니다. 하지만 린다의 성적은 더 떨어질 뿐이었죠. 안타깝게도 '똑똑하다'는 자신에 대한 평가를 보호하려다가 얻은 결과였던 겁니다.

열심히 공부하는 대신 공부를 더 소홀히 했고, 중요한 시험 전날에는 파티에 참석하거나 영화를 보러 가기 일쑤였습니다. 그래서 형편없는 성적을 받으면 "진심으로 노력하지 않았으니까"라는 준비된 변명을 늘어놓았죠. 또 툭하면 두통이 심하다는 핑계를 대곤 했습니다. 하필 매번 시험이나 과제 제출 직전에 말이에요. 그러면서 또 "머리가 너무 아파서 도저히 공부를 할 수가 없었어"라고 둘러댔죠. 도저히 묵과할 수 없었던 부모님은 린다를 상담교사에게 보냈고, 상담교사는 또다시 그녀를 곧바로 심리치료사에게 보냈습니다. 그리고 심리치료사는 자기 회의에 빠진 채 최악의 상황을 두려워하는 잠재의식이 그녀의 대학 생활을 망치고 있다고 일깨워주었죠.

자신이 자기 불구 증후군의 특징인 그럴듯한 합리화에 빠져 있다는 사실을 깨달은 린다는 마침내 위기를 극복할 수 있었습니다. 이제는 나쁜 성적이 나와도 더이상 "진심으로 노력하지 않았어"라는 핑계를 대지 않게 되었죠. 심리치료사와 정기적으로 상담하고, 그룹 치료를 받고, 새로운 공부 습관을 확립함으로써 실패의 두려움을 물리치고 차근차근 발전해나가는 데 주력하기 시작한 겁니다.

때로는 성적이 좋을 때도 있었고 나쁠 때도 있었죠. 대학에서의 경쟁이란, 어쨌든 이전에 린다가 경험했던 것에 비하면 훨씬 치열했으니까요. 하지만 실패하는 법을 배우면서 얻은 보상은 커다란 가치가 있었습니다. 대학 생활을 즐기면서 자신의 배움과 성취에 자부심을 갖게 된 것이죠. 저와 만나게 됐을 즈음엔 전 과목에서 상위권에 올라 있었고, 와튼스쿨의 초경쟁적 환경 속에서도 승리를 쟁취하고 있었지요.

무엇보다도 린다가 평생 지속될 소중한 경험을 얻었다는 점이 가장 중요했죠. 로리 맥길로이와 마찬가지로, 린다는 자신이 뛰어난 결과를 얻으리라고 여겼던 영역에서 커다란 실패를 경험했습니다. 또한 그 후 실패를 극복해내고 새로운 자긍심을 얻게 되었죠. 이 자긍심은 그녀가 통제할 수 없는 타인들의 의견에 기댄 것이 아니라, 손수 어려운 '통과의례'에서 살아남은 경험을 통해 얻어낸 것이었습니다.

만약에 여러분이 린다처럼 시험대에 오를 기회를 회피하고 있다면, 실패하는 법을 배우는 연습이 필요합니다. 린다의 이야기가 보여주듯 실패에 대한 두려움은 극복하기 어렵지만, 그에 대한 태도를 변화시킨다면 그야말로 인생이 바뀔 수도 있는 거니까요.

앞 장에서 살펴본 '능력'은 성공의 가능성을 우리에게 선사합니다. 하지만 그 능력을 가장 잘 발휘하기 위해서는 자기 내면의 자원, 즉 자신감이 필요하지요. 이제부터 우리는 자신감이란 정확히 무엇인지, 올바른 자신감이 성취에 왜 그토록 중요한지, 보다 상세히 알아볼 겁니다. 앞으로 알게 되겠지만, 자신감이란 두 가지 단계를 통해 작동됩니다.

'1단계 자신감'은 가장 기본적이고 깊은 인식, 즉 자율성, 도덕적 인격, 행동 능력에 대한 믿음과 연관돼 있죠. 이런 믿음은 대개 우리가 어렸을 때부터 형성되지만, 린다의 이야기에서 알 수 있듯 까다로운 장애물을 성공적으로 극복하는 과정을 통해 인생의 어느 시기에든 만들어질 수도 있습니다. 또한 우리가 성취와 인격을 바탕으로 존경하는 사람이 우리를 존중해 줌으로써 1단계 자신감이 생겨나기도 합니다. 마지막으로 자신을 초월하는 힘에 대한 신앙을 통해 (우리가 그런 신앙을 믿을 경우) 발달하는 경우도 있죠. 사람들이 종교적 체험을 겪은 후 "다시 태어났다"고 고백할 때는 일종의 1단계 자신감을 되찾았다는 의미이기도 합니다.

제 관점에서 가장 좋은 1단계 자신감의 형태는, 자신에 대한 확고한 신념과 높은 수준의 인격에 도달하려는 헌신이 결합되는 것입니다. 안타깝게도 "나는 할 수 있어"라는 믿음이 "내가 최고야"라는 오만한 고집이 되어버리는 경우도 가끔 있으니까요.

두 번째 단계의 자신감, 즉 '2단계 자신감'은 특정한 기술이나 활동에 적용됩니다. 린다가 학업 성적을 향상시키기 위해 새로운 공부 습관을 들이려고 노력했을 때처럼 말이죠. 효과적인 2단계 자신감의 본질을 연구해 온 스탠퍼드대학교 심리학과 캐럴 드웩 교수는 미국 건국의 아버지들도 동의했을 만한 통찰에 도달했습니다. 부단한 노력, 시행착오, 실패로부터 배우려는 의지가 새로운 관심사나 직업에 능숙해지는 가장 확실한 방법이라는 것이죠. 드웩 교수는 "나는 더 똑똑해지고 나아질 수 있어"라는 믿음을 토대로 만들어지는 2단계 자신감이 문제해결, 학업 성취도, 업무 수행도를 포함한 우리의 능력을 증진시킬 수 있다는 점을 입증했습니다.

1단계 자신감 : 진정한 자아에 대한 믿음

심리학자 윌리엄 제임스는 이런 말을 남겼습니다. "인간이 실패하는 원인은 딱 한 가지다. 바로 진정한 자아true self에 대한 믿음이 부족하기 때문이다." 제임스가 말한 '진정한 자아'란, 자신만의 독특한 정체성(현대의 학자들은 '의식consciousness'이라는 용어를 선호합니다)에 대해 깊이 인식하는 것을 의미합니다. 이런 인식은 우리의 일상적 경험 내내 유지되는 것으로서, 자신이 잠들 때까지 인식하다가 잠이 깨자마자 다시 경험하게 되는 내면의 핵심을 가리키지요. 각기 다른 환경에서 다른 행동을 취할지라도, 우리는 어떤 상황에서든 진정한 자아를 유지하면서 인생에서 가장 중요한 질문에 대한 자신의 진실한 감정을 발견하게 되는 것이죠.

이 진정한 자아를 이해하는 일은 성공한 삶을 위한 가장 중요한 원칙 중 하나입니다. 고대 그리스의 성지城地 델포이의 아폴로 신전은 그리스인들이 중요한 문제에 관해 신탁을 받는 장소로 유명했죠. 신전의 진입로에는 "너 자신을 알라"라는 문구가 적혀 있었습니다. 고대인들은 신탁이 전하려는 메시지를 정확히 해석하려면 먼저 자신의 편견, 야심, 인격을 먼저 파악해야 한다는 점을 알고 있었던 것이죠.

이제 자신의 진정한 자아에 대한 1단계 자신감을 갖추고, 그것을 자신의 능력과 결합하여 완전히 다른 두 가지 커리어를 구축했던 사람의 인생을 살펴봅시다. 이 남자의 이름은 빌 리치몬드라고 합니다.

리치몬드는 대학에 다닌 적은 없었지만 제2차 세계대전을 통해 대학 졸업장보다 훨씬 더 가치 있는 무언가를 손에 넣을 수 있었지요. 바로 자신에 대한 흔들리지 않는 믿음이었습니다. 캘리포니아주 칼라바사스에 거주하는 리치몬드는 이제 90세가 넘었지만, 여전히 전쟁 때 배워 평생 활용했던 자신의 독특한 성공 철학에 대해 즐겨 얘기하곤 합니다.

1922년에 태어난 그가 19세 되던 해, 일본의 진주만 습격으로 인해 미국은 제2차 세계대전에 휘말리게 됩니다. 리치몬드는 해병대에 입대해 비행기 조종사로 자원했죠. 비행 경험은 없었지만 도전해 볼 만한 일이라고 여겼기 때문입니다. 겨우 여섯 시간의 훈련을 받았을 뿐이지만 그는 단발 엔진을 단 소형 정찰기를 홀로 조종하여 무사히 착륙했죠. 첫 비행에 성공한 후에는 비행 학교에 입학해 1년간 전투기 조종법을 배웠고, 졸업과 동시에 해병대 전투기로서 최전선에 투입되었습니다.

1946년, 리치몬드가 해병대를 제대한 시점에 그에게 남은 것은 본인의 인생과 힘들게 얻은 1단계 자신감뿐이었죠. 비행기를 한 번도 몰아본 적 없던 그가 결국 전투기 조종사로 활약했으니, 어떤 역경도 훌륭하게 극복할 수 있으리라 자신했던 겁니다. 해병대 경험은 이렇게 리치몬드에게 평생 간직하게 되는 지침을 남겼습니다. "일단 도전하고 방법은 나중에 배워라."

전쟁이 끝난 뒤 무엇을 해야 할지 뾰족한 수가 없었지만, 그는 일리노이주 록포드에서 중학교를 다녔던 시절, 자신이 밴드부에서 드럼을 꽤 잘 쳤던 기억을 떠올렸죠. 더구나 재즈를 좋아했기에 리치몬드는 전문 드럼 연주자가 되겠다는 꿈을 품고 캘리포니아로 향하게 됩니다.

〈뉴욕타임스〉칼럼니스트인 제인 브로디와의 인터뷰에서 리치몬드는 이렇게 회고했습니다. "저는 시간을 아주 잘 지켰고 상대방에게 자기가 뭘 하고 있는지 잘 알고 있다는 인상을 줬어요. 덕분인지 몇 달 지나지 않아 시내의 한 술집에 자리를 얻었죠." 결국엔 대형 밴드에까지 입성할 수 있었지만, 그는 자신의 성공 시스템의 두 번째 단계, 즉 '방법 배우기'를 거치지 않고서는 진정한 전문 연주자가 될 수 없다는 사실을 깨달았습니다. 그래서 체계적으로 드럼 연주를 배우기 위해 음대에 입학했고, 오래 지나지 않아 엘라 피츠제럴드와 프랭크 시나트라 같은 가수들의 반주를 담당하는 일류 밴드에서 활약하게 되었죠. 보람과 즐거움을 주는 그 커리어를 그는 15년간 묵묵히 이어갔습니다.

하지만 운명은 "일단 도전하고 방법은 나중에 배워라"라는 그의 성공 시스템을 한 번 더 시험대에 올려놓습니다. 마흔이 거의 다 된 나이에 코미디어 제리 루이스를 만나 그의 지방 순회공연에 참여하게 된 거죠. 리치몬드에게서 전염성 강한 유머감각을 발견한 루이스는, 그에게 코미디 대본을 써보라고 권했습니다. 뿐만 아니라 자신이 감독 및 출연 하는 영화 〈레이디스 맨The Ladies Man〉(1961년작)의 시나리오 작업에 작가 멜 브룩스와 함께 참여해 달라고 요청했죠. 이후 브룩스가 작업 초반에 일을 그만두면서 리치몬드는 홀로 시나리오를 완성했습니다. 이 영화가 흥행에 성공함으로써 리치몬드는 드럼 연주를 그만두고 정식으로 시나리오 작가 수업을 받게 되지요. 그 후에도 제리 루이스와 함께 〈너티 프로페서The Nutty Professor〉, 〈심부름 소년The Errand Boy〉 등 고전적인 코미디 영화 여섯 편을 더 만들었습니다. 이후 리치몬드는 30년간 코미디 작가로서 영화와 TV를 넘나들며 확고한 업적을 쌓았고, 1970년대에는 〈캐럴 버넷 쇼〉 시나리오로 에미상을 세 차례나 수상했죠.

1995년 73세의 나이로 은퇴했지만 그는 여전히 무엇이든 할 수 있다는 자신감으로 여생을 보냈습니다(빌 리치몬드는 2016년 95세를 일기로 사망했다_옮긴이 주). 제인 브로디와의 인터뷰에서 그는 다음과 같은 말을 남겼죠. "중요한 건, 깜짝 놀랄 준비를 하고 있어야 한다는 겁니다. 인생은 꿈꿨던 것보다 훨씬 좋은 결과를 가져다줄 때가 많으니까요. 그러니 늘 뜻밖의 우연을 받아들이는 태도를 취해야 하죠."

리치몬드의 성공 뒤에는 "위험 없이는 보상도 없다"는 인생에 대한 심오한 진리가 담겨 있습니다. 이 말을 한 단계 더 들여다보면 위험을 감수하는 의지가 필요하다는 뜻이죠. 결국 1단계 자신감이라는 단단한 토대로부터 모든 것이 시작되는 겁니다.

현대 실험 심리학자들은 진정한 자아의 발견(또는 재발견)이 심리적 건강에 결정적이라는 데 동의합니다. 여러 연구결과를 봐도, 자아의 깊은 본질을 발견하려 애쓰는 사람일수록 삶에서 더 많은 의미를 경험하려는 경향을 가지고 있죠. 그리고 누구든 겪을 수 있는 인생이 확 바뀌는 경험 중 하나는, 거짓되거나 타인에게서 강요된 모습이 아닌 진정한 자기 그대로를 조건 없이 사랑받고 인정받는 것입니다. 단점을 포함한 자신의 진정한 자아가 다른 누군가의 사랑을 받을 가치가 있음을 느끼는 것이야말로 한 사람의 인생에서 가장 중요한 순간이지요.

성공을 위해서는, 진정한 자아의 주된 요인 두 가지가 모두 작동되어야 합니다. 우선 빌 리치몬드처럼 '할 수 있다'는 기본적인 태도를 갖춰야 하죠. 이것은 신체적, 정신적 한계 내에서 자신이 선택한 일을 어떻게든 완수하겠다는 신념입니다.

두 번째 요인은 자신의 가치에 대한 인식, 또는 자기 존중입니다. 자기가 비록 완벽하지는 않더라도 근본적으로 옳은 일을 하려고 최선을 다하는 좋은 사람이라고 믿어야 한다는 거죠. 달리 말하자면 자기 자신을 정직하다고 여기라는 뜻입니다. 설령 남들은 그 생각에 동의하지 않더라도 말이지요.

철학자이자 신비론자인 조지 그루지예프George Gurdjieff는 성공을 가리켜 "명확한 양심의 인식을 통해 설정된 목표를 현명하게 달성하는 것"이라고 정의한 바 있습니다. 전쟁은 분명히 리치몬드의 인격을 시험대에 올렸을 겁니다. 그리고 전쟁이 끝난 후에도 활달한 정신을 유지했다는 것은 그가 전쟁터에서 어떤 윤리적 난관에 부딪혔든 그 시험을 통과했음을 시사하죠.

진정한 자아의 두 가지 요인 중 어느 하나가 흔들린다면, 윌리엄 제이스가 말한 '실패'에 빠질 위험에 놓이게 됩니다. '할 수 있다'는 자신감을 잃고 뒤로 물러서거나, 자신의 인격, 정직성, 용기를 믿지 못하고 인생의 목적에 의심을 품기 시작하는 거죠.

증권회사 설립자이자 백만장자인 러셀 바센도르프 시니어Russell Wasendorf Sr.는 고객의 돈 수억 달러를 횡령한 혐의로 체포되었고,

이후 다음과 같은 고백을 남겼습니다. "저는 사기를 저질렀습니다. 그로 인해 끊임없이 심한 죄책감을 느낍니다. … 추가 자금을 끌어올 방법이 없었기에 사업을 접을지 부정행위를 저지를지 선택해야 하는 중대한 결정을 내려야 했죠. 아마도 제 에고ego가 실패를 받아들이기에는 너무 거대했나 봅니다. 그래서 자금을 횡령했습니다."

바센도르프의 '할 수 있어' 능력, 즉 금융을 다루는 뛰어난 실력은 그의 사기가 금세 드러나지 않게 감춰주었지만 결국 자신의 양심을 이겨낼 수는 없었습니다. 위에 인용한 고백은 자살 시도 직전에 바센도르프가 작성했던 내용입니다. 그는 지금 감옥에 있죠.

자신의 진정한 자아에 대한 1단계 자신감을 어떻게 획득할 수 있을까요(혹은, 당신은 어떻게 획득했나요)? 각기 다른 세 가지 경로를 살펴봅시다.

첫 번째 경로 : 존경하는 사람이 보내주는 신뢰

언젠가 친한 친구 한 명이 저에게 자신감의 토대가 형성된 순간에 대해 이야기해 준 적이 있습니다. 그녀가 여덟 살 때 벌어진 일이었다지요.

친구는 네 명의 형제자매 중 셋째였고, 나이 차이가 얼마 나지 않는 이들 형제자매들은 부모의 관심과 인정을 받기 위해 서로 경쟁했습니다. 제 친구 역시 서열 싸움에서 앞서기 위해 부단히 애써야 했죠. "나는 장남도, 장녀도, 막내도 아니었잖아. 중간에 애매하게 끼어 있었지." 관습적인 방식으로는 경쟁할 수 없었기에 독서를 통해 가족 구성원 중에서 앞서 나가기로 마음먹었습니다. 그래서 3학년 때는 그 한 해에만 다방면에 걸쳐 342권의 책을 읽었을 정도였죠. "노란 메모장에 비뚤배뚤한 글씨로 그 책들에 대한 짧은 독후감을 썼고, 학교 독서 대회에서 상을 탔어. 그 후 얼마 있다가 엄마가 나를 옆에 앉히고는 평생 잊을 수 없는 말씀을 해주셨지. 내가 가족 중에서 가장 똑똑하고, 이다음에 커서 하고 싶은 일은 뭐든 할 수 있을 거라고 말이야."

친구 어머니의 그 말은 그녀에게 두 가지를 선사했죠. '똑똑한 사람'이라는 정체성과 더불어 어머니의 기대에 부응해 성공하겠다는 목표를 부여했던 겁니다. 중고등학교를 거쳐 대학을 졸업할 때까지 이 두 가지는 그녀의 삶에서 상당한 역할을 했죠. 물론 세상에는 자기보다 훨씬 똑똑한 사람이 많다는 사실을 깨닫기까지 오래 걸리지 않았지만, 한편으로 똑똑함은 성공에 필요한 수많은 능력 중 하나에 불과하다는 사실 또한 깨달을 수 있었습니다. 무엇보다 "너는 하고 싶은 일은 뭐든 할 수 있다"는 어머니의 확신에 찬 말이 오랫동안 친구의 1단계 자신감을 뒷받침하는 토대가 되어주었죠.

앞으로 살펴보게 되겠지만, 누군가에게 똑똑하다고 말한다고 해서 그 사람이 똑똑해지지는 않습니다. "너는 똑똑하다"는 말을 자칫 열심히 노력하지 않아도 된다는 자격으로 받아들이거나, 그 말이 틀렸다는 게 밝혀지지 않도록 검증받지 말아야 한다는 의미로 여기게 된다면 오히려 역효과를 낼 수도 있죠. 하지만 제 친구의 경우엔 그 말은 본인에 대한 믿음의 기초이자, 그 말을 실현시키기 위해 더욱 노력하는 계기가 되었던 겁니다.

이 이야기에서도 알 수 있듯, 어렸을 때 특히 우리는 자신의 성격과 능력에 관한 다양한 암시를 받아들이기 쉽습니다. 이때 평소 존경하던 사람이 "너는 할 수 있어"라는, 시의적절하고 권위 있으며 긍정적인 메시지를 보내준다면, 그 영향력은 강력할 뿐만 아니라 오래도록 지속되는 거죠. 마치 전등 스위치를 켜는 것과 비슷합니다. 타인이 우리에 대한 신뢰를 표현해주면, 우리는 마침내 자기 자신을 믿기 시작하는 것이죠.

이러한 암시의 힘은 과학자들의 연구를 통해서도 입증된 바 있습니다. 예를 들어 설탕으로 만든 알약이라도 만약 의사가 자신 있게 환자에게 통증이 줄어들 것이라고 말하면, 실제로 통증 감소 효과가 발생하는 겁니다. 현재의 과학적 의료술이 확립되기 전, 의사들은 이 '플라시보 효과placebo effect', 즉 위약偽藥 효과를 활용하여 환자의 통증을 줄여주곤 했죠. 고대 그리스의 의사 갈레노스는 "자신을 신뢰하는 사람이라면 의사는 대부분 고친다"고 주장했습니다.

컬럼비아 대학교 소속 과학자 토어 웨이저Tor Wager는 심지어 오늘날에도 "사람의 기대가 뇌와 건강에 강력한 영향을 끼칠 수 있다"고 말합니다. 약물과 치료의 효과 중 대략 30퍼센트가 긍정적 암시의 영향이라고 알려져 있으며, 통증 관리에서는 그 비율이 훨씬 높죠. 뿐만 아니라 위약에 대한 신뢰도가 높아지면 치료 효과 또한 상승합니다. 가짜 아스피린을 복용했을 때보다 모르핀을 주사하는 척했을 때의 통증 감소 효과가 더 컸습니다.

오늘날 연구자들은 긍정적 암시가 도파민과 기타 뇌의 화학물질 분비를 촉진하여 의약품 처방과 같은 효과를 발생시킨다고 인정하고 있습니다. 물론 이런 위약 효과를 남들보다 더 잘 받아들이는 사람들이 따로 있긴 하지만, 뇌가 (물리 법칙의 한계 내에서) 신체의 치유를 도울 수 있다는 데는 이제 의심의 여지가 없죠.

플라시보 효과(그리고 부정적 암시의 '노시보 효과nocebo effect')를 자극하는 기대의 메커니즘은 성공에도 강력한 영향을 미칠 수 있습니다. 자신의 능력에 대한 믿음에 따라 한계가 결정되는 것이죠. 이는 100년도 더 전인 1890년, 미국 정부가 실시한 전국 인구조사 당시 우연한 실험을 통해 밝혀진 사실입니다. 인구조사를 위해 만든 새로운 천공카드 시스템의 개발자는 자신이 훈련시키는 중인 신입 타이피스트들에게, 훈련을 잘 받은 사람은 하루에 천공카드를 550장 정도 찍을 수 있을 것으로 예상한다고 말했죠. 그렇게 2주일 정도 연습한 후 타이피스트들은 평균 550장의 카드를 찍었고, 열심히 일한 소수는 최대 700장까지도 기록했습니다.

반면 개발자의 550장 예측에 대해 전혀 모르는 사람이 훈련시킨 신입 타이피스트 집단도 있었는데, 이들에게는 최대한 많은 카드를 찍으라는 지시만이 주어졌습니다. 역시 2주간의 연습을 거친 두 번째 집단의 1인당 생산량은 2,100장에 달했죠. 기대의 한계에 구애받지 않은 두 번째 집단은 자기 능력을 최대한 발휘했던 겁니다.

하버드대학교 심리학자 로버트 로젠탈과 그의 동료 레노어 제이콥슨이 1966년 실시했던 '피그말리온 효과' 실험은 매우 유명하지요. 연구진은 18개 학급의 담임교사들에게 각 학급마다 일부 '탁월한 재능'을 가진 학생들이 있으며, 지능검사 결과 이들이 '대단한 지적 성취'를 이뤄낼 가능성이 매우 높게 나타났다고 귀띔했습니다. 하지만 사실, 해당 학생들은 무작위로 선정됐을 뿐, 다른 학생들에 비해 특별한 재능 같은 건 없었죠.

그렇게 8개월이 지난 후, 어떤 일이 벌어졌을까요? 각 학급별 20퍼센트에 해당하는 이 '탁월한 재능'의 소유자들은 학업 성적이 다른 학생들에 비해 월등히 높았고, 심지어는 지능검사 점수가 30점이나 오른 경우도 다수 발견되었습니다. 해당 학생들이 뛰어난 성적을 낼 것이라는 교사들의 기대가 실제로 훨씬 더 뛰어난 성적이라는 결과로 나타났던 것이죠.

이른바 '자기충족적 예언'이라고도 불리는 '기대의 전이 현상'은 두 가지 원인이 결합해 발생하게 됩니다. 기대를 거는 사람 쪽에서는 상대방에게 더 좋은 대우를 하고 좀 더 도전적인 과제를 내주게 되며, 그 결과 더 많은 학습이 이뤄집니다. 그러면 상대방은 그 암시를 자신의 능력에 대한 정확한 평가로 받아들이고는 노력의 강도를 높이는 겁니다.

여기서 얻는 교훈은 분명하지요. 우리는 '사회적 환경의 기대가 성과에 미치는 힘'을 이해해야만 한다는 것입니다. 사회적 환경이 가능성에 대한 믿음에 커다란 영향을 끼칠 뿐 아니라 자신감, 노력의 정도, 그리고 최종 결과까지 달리할 수 있다는 점을 말이죠.

한 사람이 '진정한 자아'를 어떻게 인식하느냐에는 타인이 중요한 영향을 미칠 때가 많습니다. 이번 장의 뒷부분에서는 '레거시 연습The Legacy Exercise'이라는 평가를 통해 여러분의 인생에서 누가 이러한 역할을 담당하는지 파악하는 시간을 가져볼 예정입니다. 암시의 영향력을 연구해 온 의학자들과 심리학자들은 자신이 존경하는 사람이 보여주는 확신은 인간의 행동에 현저한 차이를 발생시킬 수 있음을 입증했지요. 플라시보 효과의 경우, 암시에 반응하여 분비되는 화학물질이 자신도 모르는 사이에 혜택을 가져다줍니다. 성과라는 측면에서 보자면, 주변의 높은 기대는 더 많은 에너지와 노력을 쏟게 만들지요.

이러한 선순환의 최종 도착지는 이렇습니다. 과연 자신이 타인의 믿음에 어울리는지 자신의 행동을 관찰하고, 또 그 결과 실제로 자신이 타인의 그런 기대에 걸맞은 사람임을 직접 확인하는 순간이지요. 그러면 우리는 타인의 믿음이 입증됐다는 확신을 갖고, 새롭고 더 힘든 도전에 나설 수 있는 자신감을 얻게 되는 겁니다.

두 번째 경로 : 통과의례

1단계 자신감의 토대는 중요한 도전을 극복하는 과정에서 확립될 때가 많죠. 예를 들면, 군대 복무와 훈련이 1단계 자신감을 갖는 데 핵심적인 계기가 되었다고 많은 사람이 이야기합니다. 하지만 군대는 수많은 통과의례 경험 중 하나에 불과합니다. 연구결과에 따르면 부모의 사망, 심각한 건강 악화, 직장에서의 해고 등 살아가면서 겪는 극심한 혼란은 통과의례로 작용할 수 있습니다. 이 시기를 성공적으로 견뎌낸 사람은 죽음에 대한 두려움이 줄고 물질에 대한 애착이 감소하며 타인에 대한 유대감이 늘어나면서 더 확고한 자각을 경험한다고 하죠. 이런 현상에는 '고통으로 유발된 전환적 경험SITEs'이라는, 심리학자들이 붙인 명칭까지 존재합니다.

다행히도 극심한 트라우마를 통해서만 1단계 자신감을 얻는 통과의례를 경험하는 건 아니지요. 그렇지만 현재의 여러분이 있기까지 여러분은 도전과 갈등을 분명 극복해 왔을 겁니다. 어떤 경로를 통해 경험했든지 이러한 도전과 갈등은 "할 수 있다"는 자신감의 토대를 형성해 주지요. 인생에서 한발 더 나아가기 위해서는 이런 과거의 승리를 회상하고 재현해야 할 때가 많습니다.

제가 보기에, 자신의 안전지대를 벗어나 내적 자원을 활용하게 만드는 경험이라면, 그것이 무엇이든 1단계 자신감의 형성에 기여할 수 있습니다. 나이, 성별, 인생의 단계에 따라, 진정한 자아에 대한 긍정적 믿음을 제공하는 경험으로는 다음과 같은 예들이 있죠.

- 고등학교나 대학교 시절의 중대한 실패 극복
- 진지하게 사랑했던 연인과의 이별에서 생존
- 자기 신뢰와 창의성이 요구되는 훈련, 또는 험난한 야생 트레킹 완주
- 자신의 성 정체성 수용
- 대학교. 대학원의 까다로운 학업 프로그램 통과
- 자녀의 출산
- 커리어의 위기 극복 및 유능한 인재로의 부활
- 심각한 질병 이후 건강을 회복하기 위한 자기수양
- 심리적, 감정적 붕괴 또는 위기 극복

- 사랑하는 사람의 죽음에 대처

- 대학 졸업 후 커리어 진입, 이직 및 은퇴까지, 단계별 성공적 전환

이런 통과의례들은 비록 다시 겪고 싶진 않을 수 있겠지만, 이후로는 자신이 과거에 이런 일들을 해내 더 강하고 능력 있는 사람이 됐다는 내적 확신에 이르게 해줍니다.

여러분의 자신감과 성격을 시험대에 올려놓았던 통과의례의 경험에는 어떤 것들이 있었나요? 다음 빈칸에 적어보기 바랍니다.

1) _____

2) _____

3) _____

4) _____

5) _____

세 번째 경로 : 믿음의 힘

자기 자신에 대한 믿음도 확고하지만 영적 존재에 대한 믿음은 그보다 더 큰 사람들이 있습니다. 때로 이런 신념은 앞서 다뤘던 플라시보 효과처럼 긍정적인 치유력을 발휘하곤 하죠.

예전에 아내와 함께 뉴멕시코주를 방문했던 길에 치마요Chimayo의 한 유명한 예배당에 들렀던 적이 있습니다. 성소聖所 옆의 작은 방에 목발과 의료기구가 가득 쌓여 있더군요. 오직 이 교회에서만

얻을 수 있는 '성스러운 흙'으로 병을 고친 사람들의 물건이라고 했습니다. 매년 이 예배당을 찾는 수많은 순례자 중 대부분은 고통에서 벗어날 수 있다는 희망을 품고 올 겁니다.

이보다는 좀 덜 극적이더라도 종교 지도자나 성인聖人, 혹은 교리의 절대적인 선함과 힘을 깨달음으로써 자신의 진정한 자아를 발견하는 경우는 자주 발생하지요. 뉴욕 5번가의 마블협동교회에서 52년간 목회 활동을 펼쳤던 노먼 빈센트 필 목사가 쓴《긍정적 사고방식The Power of Positive Thinking》은 오랜 기간 베스트셀러에 머물렀습니다. 이 책의 1장은 다음과 같이 시작하죠. "당신 자신을 믿어라! 자신의 능력에 믿음을 가져라! 자신의 힘에 대해 겸손하지만 합리적인 믿음이 없다면 결코 성공하거나 행복할 수 없다."

그런 다음 한 기업 행사에서 인사를 나눴던 어느 40세 남성에 대한 이야기를 들려줍니다. 그 남성은 일생일대의 커다란 사업 기회를 목전에 두고 있었음에도 좀처럼 기운을 내지 못하고 있는 듯했습니다. 말하자면 자기 자신에 대한 '1단계 자신감'이 결여된 상태였죠. 그는 필 목사에게 이렇게 물었습니다. "저는 어째서 이렇게 평생을 열등감과 자신감 부족, 자기 의심으로 고통받는 걸까요?"

필 목사는 그 남성에게 두 가지를 실천하라고 조언했습니다. 첫째, 자신의 삶을 깊숙이 들여다보면서 스스로에 대한 불신의 근원을 찾으라는 것이었습니다. 필 목사에 의하면 이 방법은 전문가의 안내가 필요하며 시간이 오래 걸릴 수도 있다고 했죠. 지속적인 열등감에는 다양한 원인이 존재하는데, 대개는 어린 시절 받았던 부정적이고 기운을 꺾는 메시지 때문이라고 설명했습니다.

하지만 필 목사의 두 번째 조언은 그 남성이 당장 실천할 수 있는 것이었죠. 그는 성경 빌립보서 4장 13절에 담긴 사도 바울의 말을 적어 주었습니다. "내게 능력을 주시는 자 안에서 내가 모든 것을 할 수 있느니라." 그러면서 이 성경 구절을 집으로 돌아가는 동안 계속 되풀이하고, 잠들기 전과 잠에서 깬 후 각각 세 번씩 되뇌고, 중요한 회의에 참석하기 전에도 세 번씩 반복하라고 했습니다. "반드시 믿음을 갖고 말해야 합니다." 필 목사는 덧붙였습니다. "그러면 당신의 문제를 해결할 수 있을 만큼 충분한 힘과 능력을 얻게 될 거예요."

필 목사의 조언을 충실히 이행한 그 남성은 후에 성경 구절을 반복해 되뇐 것이 "기적"을 발휘했다면서 그 덕택에 문제를 해결할 자신감을 얻었다고 고백했죠. 필 목사의 책에는 이와 비슷한 이야기가 여럿 실려 있습니다만, 결국 그의 조언은 다음과 같이 집약할 수 있습니다. "열등감을 제거하는 최고의 비결은 자신의 마음에 신념이 넘쳐 흐르게 만드는 것이다. 신神에 대한 강력한 믿음을 품으면 스스로에 대해 겸손하면서도 매우 현실적인 믿음 또한 생겨난다."

저 역시 오랫동안 성공에 대해 연구해 왔지만, 1단계 자신감을 고취시키는 데 인간의 이해를 넘어서는 신념의 힘만큼 깊은 인상을 남긴 것은 없었습니다. 필 목사가 상징하는 전통적 종교를 비롯해, 여러 성공학 서적에서 옹호하는 명성, 부, 행복을 얻기 위한 시각화의 마법적인 힘에 이르기까지, 신념의 범위는 매우 넓지요.

종교, 유사종교, 신비주의의 정신적 힘에 근거한 성공의 신념 체계는 오랜 세월 역사에서 자주 모습을 드러냈기에 성공학 연구자들은 이에 대해 '정신력 학파mind power school'라는 명칭까지 붙였을 정도입니다. 성공을 다룬 서적에서 가장 유명한 인용구 중 하나는 1930년대에 출간된 베스트셀러, 나폴레온 힐Napoleon Hill의 《생각하라 그리고 부자가 되어라Think and Grow Rich》에 등장하는 다음의 문장이지요. "사람이 마음에 품고 믿을 수 있는 것이라면, 무엇이든 이룰 수 있다."

나폴레온 힐은 앤드류 카네기, 토머스 에디슨, 헨리 포드 등 당대의 가장 성공한 사업가와 발명가의 증언을 바탕으로 자신의 공식을 만들어 냈습니다. 보통 사람은 불가능하다고 여겼던 일들을 이들은 마음에 품었고, 믿었고, 그리고 성취해냈죠. 현재에도 나폴레온 힐의 책, 특히 앞서 인용한 문장을 깊이 신뢰하는 사업가가 많습니다. 이들은 나폴레온 힐의 글에서 1단계 자신감을 얻어 자신의 '정신 나간' 아이디어에 믿음을 갖고 전에는 절대 이룰 수 없으리라고 여겼던 목표를 달성할 수 있었다고 입을 모으죠.

이제는 저도 마침내 깨닫게 되었습니다. 1단계 자신감에서는 무엇을 믿는지보다 그 믿음에 대해 스스로가 갖는 신념과 헌신이 더 중요하다는 사실을 말이죠. 역사에 기록된 모든 사회의 핵심에는 인간의 이해를 넘어서는 힘을 가진 종교가 늘 존재했다는 점은 결코 우연이 아닌 겁니다. 그리고 이들 종교 대부분은 '가치 있는 행동 강령을 지키며 사는 훌륭한 사람'이 될 것을 강조하며 1단계 자신감의 윤리적 측면에 필수적인 지침을 제공해 왔지요.

이러한 사례들을 통해 저는 다음과 같은 결론에 이르렀습니다. 불확실하고 살기 힘든 세상에서 자기 자신보다 더 위대한 힘에 대한 믿음은 곧 자신의 진정한 자아를 향한 믿음의 튼튼한 토대가 되어준다는 것입니다. 셰익스피어 희곡에서 햄릿은 이 점을 다음과 같이 표현했죠. "호레이쇼, 세상에는 자네의 철학으로 상상할 수 있는 것 이상의 것들이 존재한다네."

무엇보다도 "나는 할 수 있어"라는 기본적인 믿음을 갖는 것이 중요합니다. 다만 그 믿음의 근원이 부모, 멘토, 통과의례, 신념 중 무엇인지, 혹은 이들의 결합에서 비롯되는지 파악하는 일은 여러분의 몫으로 남겨두지요.

2단계 자신감 : 성공을 부르는 마인드셋

어떤 난관도 이겨낼 수 있다는 빌 리치몬드의 자신감은 제2차 세계대전이라는 통과의례를 바탕으로 형성되어 "나는 할 수 있다"는 강력한 1단계 자신감으로 발전했습니다. 하지만 그가 두 가지 성공적 커리어를 일궈내는 데는 자신에 대한 또 다른 종류의 믿음이 작용했지요. 훈련과 학습, 성장을 통해 자신이 맡은 일을 충분히 더 잘해낼 수 있다는 믿음 말입니다. 제가 '2단계 자신감'이라고 부르는 이것은 우리로 하여금 도전과 실패를 용납하게 만들어 능력을 가다듬고 고도의 기술을 익힐 수 있게 해줍니다.

자신감이라는 주제가 주류 실험 심리학자들의 관심을 끌면서 필연적으로 관련된 전문 용어들이 대대적으로 등장했지요. 스탠퍼드대학교의 앨버트 밴두라Albert Bandura는 '자기효능감self-efficacy'이라는 개념을 들고 나왔고, 노터데임 대학교의 티머시 저지Timothy Judge는 긍정적인 '핵심 자기평가core self-evaluation'에 주목했습니다.

한편 캐럴 드웩 교수는 사람들이 자신의 능력에 관해 갖는 대조적인 두 가지 믿음을 일컬어 각각 '고정 마인드셋fixed mindset'과 '성장 마인드셋growth mindset'이라는 용어를 붙였죠. 그녀가 보기에 고정 마인드셋의 소유자는 인간이 일정량의 불변하는 지능과 재능을 타고난다고 여깁니다. 이들은 타고난 능력에 안주하며 그 능력을 선보일 수 있는 활동만을 찾아다니고, 실패할 수도 있는 시험에는 참여하지 않으려고 하죠.

반면 성장 마인드셋의 소유자는 타고난 지능과 능력을 노력을 통해 향상시킬 수 있다고 믿습니다. 노력에는 보상이 따른다고 믿는 이 사람들은 비판을 수용함은 물론 심지어 자신을 한계까지 밀어붙이고 성장하기 위해 일부러 비판을 추구하기까지 하죠. 이번 장의 첫머리를 장식한 "출발할 때 가장 똑똑했다고 마지막까지 가장 똑똑한 건 아니다"라는 인용문은 1905년 IQ 테스트를 처음 발명했던 심리학자 알프레드 비네가 바로 그런 사람들을 일컬어 남긴 말입니다.

2단계 자신감과 관련된 이론들은 비록 학문적으로는 중요한 차이가 있지만, 실질적으로는 네 가지 공통점을 갖고 있죠. 이제부터 그 네 가지 공통점을 요약, 정리할 테니 여러분은 자신에게 해당되는지 여부를 살펴보면서 자신의 2단계 자신감을 성장, 발전시킬 방법을 찾아보기 바랍니다.

1. 2단계 자신감을 갖춘 사람은 배움에 욕심을 낸다

2단계 자신감이 강력한 사람은 자신의 전문 영역에서 배움에 대한 강렬한 욕구를 가지고 있다는 점이 실험 결과 드러났습니다. 한 연구에서는 IQ 테스트 문제를 풀려는 노력에 대한 칭찬을 받은 아이들이 좋은 점수를 받아 똑똑하다는 칭찬을 들은 아이들에 비해, 점수 향상 비결을 배우려는 태도가 훨씬 더 강렬하게 나타났지요. 빌 리치몬드가 비행기 조종사, 드럼 연주자, 시나리오 작가 등 자신에게 소질이 있는 영역을 발견하고는 곧바로 학교에 입학해 전문가로부터 배웠다는 점은 그의 성장 마인드셋 수준이 높았다는 점을 시사해 줍니다. 이와는 반대로 성공과 실패가 타고난 능력에 따라 고착화되어 있다고 여기는 사람은, 대개 어느 정도 능력을 보여주다가 칭찬을 받고 나서는 더 이상 성장하지 않는 경우가 많지요. 이들은 같은 수준의 성취를 계속 반복하길 원하며, 재능을 활용하여 다음 단계로 올라서려는 열정이 약합니다.

당신은 어떤가요? 이미 잘 알고 있는 영역에 대해 더 배우고 싶은 마음만큼이나 새로운 영역으로 지식을 확장할 기회를 지속적으로 탐색하고 있습니까? 이것이 2단계 자신감을 가진 사람의 특징 중 하나입니다.

2. 2단계 자신감을 갖춘 사람은 기꺼이 시험대에 오른다

2단계 자신감을 연구하는 심리학자들은, 성장지향형의 사람은 때로 실패를 감수하더라도 적극적으로 도전에 나서는 덕분에 훈련을 통한 능력 향상을 누린다는 점을 밝혀냈지요. 재능을 시험받게 되면 누구나 긴장하지만, 2단계 자신감을 갖춘 사람은 그런 긴장감이 자신의 앞을 가로막게 그냥 놔두지 않습니다. 이들은 자기 자신이 직접 기준이 되고 싶어 하죠.

2단계 자신감이 부족한 사람은 자신이 재능 있고 현명한 사람이라는 이미지를 위태롭게 만드는 일은 피하려고 합니다. 앞에서 말한 연구에서, IQ 테스트 결과 똑똑하다는 평가를 받은 학생들은 실험이 계속되면서 문제가 점점 어려워지자 점점 흥미를 잃는 모습을 보여줬죠. 심지어 이들 중 40퍼센트는 낮아진 점수에 대해 거짓말을 하기까지 했고요. 하지만 노력을 칭찬받은 학생들은 달랐습니다. 그들은 쉬운 문제보다 어려운 문제를 푸는 게 훨씬 즐겁다고 말했고, 속일 수 있는 기회가 주어졌을 때도 자신의 점수를 정확하게 밝혔죠. 이처럼 도전을 회피하는 습관은 인생의 전반적인 성공에 심각하고 장기적인 악영향을 끼치는 게 분명합니다.

3. 2단계 자신감을 갖춘 사람은 결과만큼이나 노력을 중시한다

이 장의 서두에서 만나봤던 린다의 자기 불구 증후군 이야기에서 알 수 있듯, 어린 시절 타고난 능력을 너무 과도하게 칭찬받았기 때문에 2단계 자신감이 부족해지는 경우도 있습니다. 그리고 앞서 살펴본 바와 같이, 타고난 재능보다는 노력을 칭찬하는 편이 더 가치 있다는 점이 여러 실험을 통해 증명되었죠. 타인으로부터 올바른 방식으로 칭찬을 듣는다면, 뭔가 중요한 일을 성취했을 때 자신의 순수한 노력에 대해 스스로를 칭찬할 수 있게 되고 타고난 재능에 대한 평가에는 귀 기울이지 않을 수 있습니다. 대충 노력해서 얻은 결과라면 좋든 나쁘든 무시해야 하죠. 반대로 고된 노력에 뒤따르는 결과라면 아무리 기대에 미치지 못하더라도 마땅히 자랑스러워해야 하는 겁니다.

여러분이 이런 2단계 자신감을 갖췄는지를 알아보는 방법 중 하나는, 최선의 노력을 다한 후에도 여전히 바라는 만큼의 성취를 거두지 못했을 때 자신이 어떻게 반응하는지 살펴보는 것입니다. 속았다는 느낌이 드나요? 그렇게 애를 썼는데도 승자가 되지 못했으니 뭔가 부당한 대우를 받는 것 같은가요? 그런 마음이 든다면, 여전히 노력이 아닌 결과로 성공을 가늠하고 있다는 신호인 겁니다. 올바른 종류의 2단계 자신감을 갖춘 사람이라면 다음에는 더 노력하겠다고 다짐하거나 결과를 향상시킬 수 있는 더 좋은 방법에 집중하는 법을 배우려 할 테니까요.

전문성 획득에 관해 연구하는 학자인 K. 안데르스 에릭슨K. Anders Ericsson은 2단계 자신감에서 노력이 차지하는 역할을 저서《탁월함을 향하여The Road to Excellence》에 잘 정리해 놓았습니다. 그에 따르면 어떤 영역에서든 더 나아지기 위해서는 인내심을 갖고 상당한 시간 동안 '신중한 훈련deliberate practice'에 매달려야 합니다. 즉 해당 기술의 어려운 부분을 잘 포착하여 연습하고, 숙련자의 평가를 받으며, 반복과 오류 수정의 기회를 탐색해야 한다는 것이죠. 말콤 글래드웰이 《아웃라이어》에서 인용하여 유명해진 에릭슨의 발견은, 세계 최고 수준의 연주자들이 그 전문성을 획득하기까지 '1만 시간 동안의 신중한 훈련이 필요하다'는 내용이었습니다. 하지만 그의 저작에서 제가 얻은 교훈은 이보다는 덜 힘겹게 들릴 겁니다. 결과뿐 아니라 노력에 집중하여 연습하는 법을 배운다면 무슨 일을 하든 실력을 향상시킬 수 있다는 것이죠.

4. 2단계 자신감을 갖춘 사람은 실패하는 법을 배운다

이 장의 첫머리에서 만났던 골퍼 로리 맥길로이는 성장 마인드셋의 전형적인 특징 중 하나를 보여주었죠. 2011년 마스터즈 대회 4라운드에서 프로 골프 토너먼트 사상 최악의 실패를 선보였지만, 오히려 이를 이용해 몇 달 뒤에 열릴 US오픈에서 우승하기 위해 무엇을 바꿔야 하는지 배웠습니다. "마스터즈는 제게 매우 소중한 경험이었죠. 우승하기 위해서는 오늘 당장 무엇이 필요한지 알게 해줬으니까요."

배우고, 위험을 감수하고, 노력을 향상시키는 데 집중하는 사람은 자연스럽게 회복 탄력성이 길러집니다. 실패를 경험해도 그것을 영구적인 타격이 아닌 배움의 기회로 여기기 때문에 더 신속하고 적극적으로 회복하게 되는 거죠. 모든 시험 결과를 타고난 재능에 대한 측정값으로 받아들이는 사람은 실패를 자신의 가치에 대한 판단으로 해석해 버리는 경향을 보입니다. 그러면 쉽게 낙심하여 자신이 확실히 이길 수 있는 다른 일로 도망쳐 버리죠.

올바른 종류의 2단계 자신감을 키울 수 있는 마지막 방법은, '실패'를 올바른 방식으로 해석하는 겁니다. 뭔가에 실패했다고 해서 그 한 번의 사례를 갖고 "나는 실패자야, 늘 일을 망쳐"라고 일반화해서는 안 됩니다. 그보다는 그 특정한 상황에서 실패하게 된 정확한 원인을 파악하는 데 집중해야 하죠. 너무 강한 상대와 맞섰거나, 중요하지만 숨겨져 있는 요인을 간과했거나, 집중력을 잃었거나, 부주의해서 실패했을 수도 있는 거잖아요. 그런 다음 최근에 잘해 냈던 다른 일을 떠올려 보세요. 친구를 도와주었거나, 새로운 프로그램을 배웠거나, 훌륭한 요리를 완성했던 일을 말이죠. 그리고 마지막으로, 실망스러웠던 일을 떠올리며 다음에는 더 좋은 결과를 내기 위해서는 그 실패로부터 무엇을 배울 수 있을지, 한 가지 구체적인 교훈을 찾아내는 겁니다.

자신감을 충전시키는 8가지 방법

자신감은 '소유'하는 것이긴 하지만 동기부여와 마찬가지로 밀물처럼 꽉 들어찰 때도 있고 썰물처럼 쫙 빠져나갈 때도 있죠. 우리의 자신감은 예기치 못한 방해와 불안요소에 의해 거의 매일 같이 위협받을 수 있습니다. 예술가나 작가는 아무리 경험이 많은 사람이라고 해도 새로운 프로젝트를 시작하려고 자리를 잡는 순간, 자신감이 바닥으로 곤두박질친다고 종종 고백하곤 하지요. 실패에 대한 두려움은 불안감을 키울 수 있으므로 주기적으로 우리 자신에 대한 믿음, 1단계 자신감과 2단계 자신감 모두를 다시 불러일으켜야 할 필요가 있습니다.

사람들이 자신감을 충전하기 위해 사용하는 의식儀式인 리추얼 ritual은 너무나 다양하지만, 여러분이 자신의 생활을 되돌아보고 새로운 아이디어를 얻을 수 있도록 몇 가지 사례를 소개해 보겠습니다. 앞으로 소개하게 될 것들 중에는 자신감은 물론, 향후 8장에서 자세히 살펴보게 될 또 다른 성공 요인인 동기를 북돋는 데도 효과를 발휘할 수 있습니다.

1단계 자신감을 회복하는 3가지 방법

1단계 자신감은 두 가지 원천에서 생겨나지요. 하나는 자신의 능력에 대한 인식이며, 다른 하나는 자신이 '좋은 사람'이라는 믿음입니다. 이 두 가지 믿음을 회복시키려는 시도는 무엇이든 우리의 목적의식을 강화해 주지요. 자신감의 회복은 대개 성찰적 사고와 미래에 대한 새로운 아이디어, 두 가지 모두와 연관돼 있습니다. 자신감이란 우리의 전반적인 태도에서 비롯되는 것이니까요. 자신감이 들어찬 마음은 희망적이라는 특징을 띠게 됩니다. 자신의 진정한 자아에 대한 믿음을 유지할 수 있는 몇 가지 방법을 살펴보도록 합시다.

1. 더 넓은 관점에서 바라보라

소설가 마야 안젤루는 글을 쓰려고 자리에 앉을 때마다 찾아오는 스트레스에 대해 다음과 같이 고백한 적이 있죠. "뭔가를 쓰려고 결심할 때마다, 앞서 칭찬을 받았음에도 불안감에 휩싸여요. 내가 돌팔이라는 걸 이제는 독자들이 알아차리지 않을까…."

이럴 때 그녀는 예전에 어느 선생으로부터 배운 '자신이 받은 축복에 대해 적어보기'라는 개인적인 리추얼을 수행하여 의심을 지워낸다고 합니다. "빈 종이 앞에서 제가 얼마나 축복받는지 떠올려 봅니다." 보고, 읽고, 사랑하는 이들과 함께할 수 있게 해준 신에 대한 진실한 감사를 종이에 적다 보면, 이내 "광기狂氣는 물러가고" 다시 글을 쓸 수 있게 된다는 것이죠.

저의 어머니는 빌 리치몬드와 마찬가지로 제2차 세계대전을 겪은 세대로, 전쟁 기간 내내 해병대에 근무하는 남편이 무사히 귀환하기만을 바라고 계셨죠. 침대 곁에 앤 모로 린드버그의 감동적인 책《바다의 선물The Gift from the Sea》을 두고 읽으며 일상다반사 속에서 앞으로 다가올 날들을 헤쳐갈 능력이 본인에게 있다는 자신감을 상기하곤 했습니다. 찰스 린드버그의 아내였던 앤 모로는 자녀가 유괴되어 살해당하는 등 공평한 몫 이상의 극심한 슬픔을 겪었지만, 다른 사람들이 앞날에 대한 믿음을 잃지 않도록 돕기 위해 이 책을 썼습니다. 그녀는 책에 이렇게 적었죠. "혼란스러운 삶의 와중에 온전한 정신을 유지하는 것, 원심력이 나를 삶의 중심에서 밀어내려고 해도 균형을 잃지 않는 것, 어떤 충격에 맞닥뜨려도 든

든히 버티는 것이 중요하다."

많은 사람이 삶의 균형을 유지하기 위해 종교 서적을 가까이에 두지요. 균형감과 희망을 회복시켜 주는 책이라면 무엇이든 자신에 대한 믿음의 원천이 되어 우리가 계속해서 앞으로 나아갈 수 있도록 도와줍니다.

2. 타인과 함께 신념을 회복하라

사람들이 종교 집회에 참석하는 이유 중 하나는 1단계 자신감의 주요 원천에 연결되기 위한 것도 있습니다. 좋을 때나 나쁠 때나 의지할 수 있는, 자신을 넘어서는 어떤 힘에 말이죠. 이미 앞에서도 얘기했지만 여러분이 무엇을 믿느냐보다는, 무엇을 믿든지 그 믿음을 적절한 방식으로 발견했다는 확신을 갖는 게 중요합니다. 실제로도 저는 사람들이 근본적인 신념에 연결될 때 발산하는 에너지를 느끼고자 하는 이유만으로 낯선 종교 집회에 참석하곤 하지요.

예를 들자면, 한번은 필라델피아 세븐티식서스 농구 팀과 플라이어스 아이스하키 팀이 홈구장으로 쓰는 웰스파고 센터에서 조엘과 빅토리아 오스틴 부부가 이끄는 예배에 참석한 적이 있습니다. 3만 5,000명이 넘는 사람들이 성경을 머리 위로 들고 오스틴 목사의 말을 복창했지요. 그의 설교는 긍정적 사고, 정신력, 기도의 힘을 강조하면서 신을 향한 신앙을 자신감과 성취감에 명백히 연결시키고 있었습니다.

이것은 내 성경입니다. 나는 성경에서 말하는 그대로입니다. 나는 성경이 가졌다고 말하는 그것을 가졌습니다. 나는 성경이 내가 할 수 있다고 말하는 것을 할 수 있습니다. 오늘, 나는 신의 말씀을 배울 것입니다. 나는 담대하게 고백할 것입니다. 내 마음은 깨어 있고, 내 가슴은 열려 있습니다. 나는 절대 이전과 같은 사람으로 남지 않을 겁니다. 나는 썩지 않고 파괴할 수 없고 영원히 존재하는 신의 말씀의 씨앗을 이제 받아들일 것입니다. 나는 절대 이전과 같은 사람으로 남아 있지 않을 겁니다. 절대, 절대, 절대! 예수 그리스도의 이름으로 절대 같은 사람이 아닐 것입니다.

기복주의祈福主義 신앙을 전파하는 설교자를 냉소적으로 평가하기 쉽고, 일부 설교자가 사치스러운 생활을 누리는 것을 보고 신을 향한 믿음보다 은행 계좌를 불리는 데 더 열을 올리는 게 아니냐고 비판할 수도 있습니다. 하지만 어떤 종류든 종교 집회에 참석하는 사람들이 본인의 신앙을 회복하려고 애쓴다는 점은 존중받아야 마땅하다고 저는 생각합니다. 그것이야말로 공동체 생활 및 신앙생활에서 가장 중요한 요소니까요.

3. 인간관계에 늘 신경 써라

벤저민 프랭클린은 《자서전》에서 젊었을 적 타인과의 인간관계를 좋게 유지하기 위해, 특히 자기가 남을 부당하게 대했거나, 남에게 상처를 줬거나, 부정직하게 행동하지 않았나 하는 두려움이 들 때 들인 본인의 습관에 대해 다뤘습니다. 인쇄업자였던 프랭클린은 이를 두고 정오표正誤表 errata라고 불렀죠. 성공학 수업을 할 때면 저는 학생들에게 프랭클린의 습관을 본받아 자신의 삶을 되돌아보고 다음 두 질문을 던져보라고 주문하지요.

1. 내가 사과를 해야 할 만큼 잘못을 저지른 사람이 있는가?
2. 내가 감사해야 할 만큼 내게 관대하게 대해준 사람이 있는가?

그런 다음 이런 사람들을 찾아가서 마땅히 해야 할 일을 하라고 얘기해 줍니다.

후에 학생들이 알려준 바에 의하면, 이 과제는 성공학 수업에서 가장 소중했던 경험이라고 하더군요. 그 덕택에 소원했던 형제자매와 화해하고, 존경했던 선생님과 감동적인 재회를 나누고, 오랫동안 양심을 괴롭혔던 문제에 대해 솔직하게 평가하는 시간을 가질 수 있었다고 했습니다.

우리가 마땅히 되어야 한다고 생각하는 그런 사람처럼 행동할 때, 우리는 실제로 그런 사람이 될 수 있으며, 자기 인격에 대한 근본적인 믿음을 회복할 수 있게 됩니다.

이 과제를 여러분도 직접 실천해 보세요. 이 두 가지 질문 중 하나를 골라 답해보고, 좀 더 신경 써야 마땅한 그 사람을 찾아가 보는 겁니다.

2단계 자신감을 회복하는 5가지 방법

2단계 자신감을 북돋는 리추얼은 특정한 개인적, 혹은 직업적 활동과 연관된 경우가 많습니다. 사람들이 특별한 도전에 앞서 '나는 할 수 있어'라고 자신감을 끌어올리기 위해 취하는 몇 가지 행동들을 살펴보도록 합시다.

1. 시각화를 활용해 리허설하라

뇌과학자들에 의하면, 신체적 움직임을 시각화하면 실제 동작을 취했을 때와 동일한 두뇌 영역이 활성화될 수 있다고 합니다. 이러면 골프 선수와 테니스 선수가 눈을 감은 채 근육을 움직이지 않고도 스윙을 연습할 수 있다는 거죠. 뿐만 아니라 앞으로 어떤 동작을 할지 자신의 모습을 시각화해 보면 그 활동을 실제 '리허설' 해 보면서, 스트레스를 감소시키고 장애물을 극복할 방법을 상상해 볼 수 있게 됩니다. 이 모두가 자신감을 높이는 데 도움이 되죠.

2008년 올림픽에서 금메달을 8개나 획득한 수영 선수 마이클 펠프스는 신기록 수립 후 이런 말을 남겼습니다. "시합 전에는 주로 긴장을 완화시키는 연습과 시각화를 합니다. 경기장에 들어섰을 때 어떤 느낌이 들지 미리 느껴보는 게 도움이 되는 것 같아요. 또한 신체적으로나 정신적으로 경기를 하는 데 필요한 준비를 모두 마쳤다는 걸 깨닫게 되죠"

새로운 도전에 맞닥뜨리게 됐을 때, 눈을 감고 앞으로 취할 동작을 취하는 자신의 모습을 상상해 보세요. 그 일을 실천하고 성공한 자신의 모습을 시각화했을 때 편안한 기분이 드는지 살펴보기 바랍니다.

2. 자신에게 집중하는 리추얼을 실행하라

토비어스 메이어는 소더비 경매장에서 일하는 경매사로, 에드바르트 뭉크의 1895년작 '절규'를 1억 1,990만 달러에 낙찰시켰습니다. 이는 미술 작품 경매 역사상 단일 작품의 낙찰액으로는 최고가격이었죠. 메이어의 일은 상대적으로 짧은 시간 동안에 완벽한 주의력과 집중력을 요구합니다. "제가 고용된 이유는 예술 작품을 최대한 비싸게 팔기 위해서입니다." 경매가 끝나고 메이어는 기자들에게 이렇게 짧은 소감을 남겼지요.

이렇게 최고의 성과를 내야 하는 순간을 대비해, 메이어는 경매 시작 전마다 자신감을 강화시키는 리추얼을 매우 정교하게 실천합니다. 경매 당일 아침 7시에 일어나 꿀을 넣은 요구르트와 과일로 아침을 먹습니다. 이어서 9시 15분에 사전 미팅에 참석한 후 체육관에서 30분간 러닝머신을 뛰고, 닭고기 스프로 점심식사를 한후 한 시간 낮잠을 챙깁니다. 경매 때에는 항상 어머니가 열네 살 때 선물로 주신 청금석 커프스 단추를 착용하지요. 또한 파블로 피카소의 '파이프를 든 소년'을 1억 420만 달러에 낙찰시켜 미술계에 또 하나의 신기록을 세웠을 당시에 들었던 망치를 2004년 이후로 계속해서 사용해 오고 있습니다. 경매 시작 30분 전에는 샷을 네 개 넣은 카페라테를 마시고, 화물용 엘리베이터를 타고 경매장에 도착하지요.

이렇게 그는 만반의 준비와 자신감을 갖춘 상태가 됩니다.

여러분에게는 새로운 도전에 직면해 자신감을 끌어올리기 위해 실천하는 루틴이 있나요? 없다면 하나 만들어볼 것을 권합니다.

3. 작은 승리를 선사하라

올림픽 경기에 대비한 훈련을 다룬 논문 중에서 제가 가장 감명 깊게 읽었던 것은, 미국 수영협회에서 올림픽을 대비해 선수들을 훈련시키는 데 사용한 방법들을 사회학자 대니얼 챔블리스Daniel Chambliss가 연구한 내용이었습니다. 그 훈련 프로그램들의 공통점은 메달을 딴다는 거창한 목표보다 훈련 동안 '작은 승리'들을 거두는 데 중점을 두었다는 것이었죠. 챔블리스가 요약한 바에 따르면, 수영 선수들은 "작은 데서 자신의 도전 과제를 찾았다. 이번 주에는 스타트를 더 잘해야지, 그다음 주에는 백스트로크 동작을 연마해야지 하는 식으로 작은 데서 자신의 도전 과제를 찾고 게임 운영 계획을 세웠다"고 합니다. 그 결과 선수들은 '매우 분명하고 사소한 성취'를 통해 만족을 느꼈고, 매일 더 많은 작은 승리를 획득하는 데 필요한 자신감을 얻을 수 있었지요.

성취를 연구하는 학자들은 '작은 승리'를 "구체적이고 완벽하면서 적정한 중요성을 가진 수행의 결과로서, 가시적인 결과를 내는 통제 가능한 기회"라고 정의합니다. 말하자면 책 한 권을 통째로

쓸 생각을 하지 말고, 대신 한 페이지를 쓰라는 것이죠. 산을 정복하겠다는 생각 대신 정상까지 이르는 길을 한 발짝씩 걸어 오르라는 겁니다. 홈런을 치겠다고 덤비지 말고 어떻게든 공에 배트를 대라는 거죠. 이렇듯 작은 승리가 연속해서 이어지면 결국은 어떻게든 거대한 과제를 달성할 수 있지 않겠어요? 그러다 보면 일에 탄력이 붙고, 2단계 자신감이 마련되는 겁니다.

4. 주문을 외워라

빌 리치몬드는 "일단 도전하고 방법은 나중에 배워라"라는 주문을 외우면서 자신이 과거에 성공했고 앞으로도 성공할 수 있으리라는 점을 스스로에게 떠올렸습니다. 마찬가지로 사람들은 기도를 하거나 성경 구절을 암송하거나 성공 구호를 외치거나 시를 읊곤 하죠. 미국 TV 드라마 〈프라이데이 나이트 라이츠Friday Night Lights〉에 나오는 가상의 텍사스 고등학교 미식축구팀은 경기를 시작하기 전에 "눈은 밝게! 가슴은 뜨겁게! 절대 못 져!"라는 성공의 주문을 외칩니다. 드라마가 인기를 끌면서 이 주문을 따라하는 시청자들이 생겼고, 이제는 실제로 사람들이 2단계 자신감을 끌어올리는 데 도움이 되고 있지요.

5. 행운의 부적을 지녀라

다른 방법이 다 통하지 않는다면, 행운의 부적을 지니고 다녀보세요. 뭔가 중요한 일을 앞두고 토끼 발 부적이나 좋아하는 펜던트, 혹은 다른 행운의 상징을 갖고 다니나요? 자신감을 북돋기 위해 가장 단순한 방법입니다! 유명한 메이저 리그 투수였던 콜 해멀스는 마운드에 오를 때 'EFX 퍼포먼스'라는 회사가 비밀스러운 홀로그램 기법으로 만든 밴드를 목과 손목에 착용하곤 했지요. 이 밴드를 착용하기 시작한 후 2012년 8월에 선발로 나섰던 첫 다섯 경기에서 모두 승리를 챙기자 해멀스는 밴드 덕분에 집중할 수 있었다고 믿었습니다. "덕분에 제 몸이 조화를 이루는 것 같았어요." 이외에도 많은 스포츠 선수들이 비슷한 장비를 착용합니다.

행운의 부적을 찼다고 해서 마음대로 현실이 바뀌지는 않습니다. 하지만 때로는 긴장을 풀고 통제감을 느끼게 해주죠. 물론 긴장했을 때보다 마음이 편할 때 더 좋은 성적을 낼 가능성이 높아지기 마련이고요.

자신감을 쌓는 일에 관한 저의 철학은 단순합니다. '무엇이든 효과가 있는 방법'을 쓰면 됩니다.

자신감의 근원을 찾는 연습

1단계와 2단계 자신감의 근원을 찾는 우리의 탐사를 마무리 짓기 위해, 이제부터 저는 여러분께 스스로의 삶을 되돌아보면서 지금까지 본인의 자신감 형성에 부모, 형제, 멘토, 친구, 롤 모델 들이 어떤 역할을 담당해 왔는지 점검해 보라고 권하고자 합니다. 아마도 역사상 첫 번째이자 최고의 성공학 서적은, 로마 황제 마르쿠스 아우렐리우스의 개인 일기일 겁니다. 기원후 170년과 180년 사이에 그는 로마 제국의 북쪽 국경에서 이민족과 맞서 싸우면서 이 일기를 적었죠. 로마의 몰락 이후 이 일기는 1,000년 이상 유실되었다가 1558년 취리히에서 재발견되어 출판되었습니다. 현재는 《명상록The Meditations》이라는 이름으로 널리 알려진 이 책에서 영감을 받아 저는 이른바 '레거시 연습The Legacy Exercise'이라는 자신감 점검법을 창안했지요.

언젠가 아우렐리우스 황제가 다뉴브강 인근의 막사에 앉아 자신의 인생에서 무엇이 중요한지, 어떻게 살아야 할지에 대해 글을 적고 있었을 때였습니다. 그는 자신을 가장 아끼는 사람들로부터 배운 점들을 열거해 나가기 시작했죠. 《명상록》은 이렇게 시작됩니다. "나의 할아버지 베루스Verus로부터 나는 도덕성과 화를 다스리는 법을 배웠다." 그다음 아우렐리우스는 본인이 세 살 때 "겸손함과 남자다움"을 물려주고 세상을 뜬 생부生父에게 감사를 표하고, 이어서 양부養父로부터는 "온화한 성품", "헛된 영예"를 거부하는 법, 그리고 "노동에 대한 사랑과 인내심"을 배웠다고 밝혔죠. 또 "부자의 습관과는 동떨어진 현재의 단순한 생활방식"에 대한 취향은 어머니로부터 물려받았다고 적었습니다.

레거시 연습은 우리로 하여금 성공의 양 측면인 행복과 성취와 관련된 자신감 요인들을 점검하게 만들어 줍니다. 그리고 난 후에는 그 요인들에 대한 교훈을 남겨준 사람들을 떠올려 보는 것이죠. 그 사람들이 여러분에게 어떤 유산을 남겼는지, 각각의 인연에 관

성공 요인	나에게 유산을 남긴 사람

정서적 행복에 대하여

- 사랑하고 사랑받는 법 _____
- 가족의 소중함을 기억하기 _____
- 배움에 대한 사랑 _____
- 휴식하고 즐기는 법 _____
- 공동체의 가치에 대한 인식 _____
- 신체적 건강을 유지하기 _____
- 나 자신과 타인의 감정에 유의하기 _____

성취에 대하여

- 노력의 중요성 _____
- 명확하고 주의 깊게 사고하는 법 _____
- 역경 앞에서 평정심을 유지하는 법 _____
- 내 행동에 책임지기 _____
- 힘든 목표를 설정하고 달성하는 법 _____
- 신중한 계획의 중요성 _____
- 변화를 다루고 대비하는 법 _____

인간관계에 대하여

- 용서하고 용서를 구하는 법 _____
- 타인에게 귀 기울이는 법 _____
- 남을 높이고 칭찬하는 일의 중요성 _____

한 일화나 이야기를 기억 속에서 끄집어내 보세요. 잠시 멈춰서 귀를 기울인다면 그들은 여전히 당신에게 "너는 할 수 있어"라는 말을 전해주고 있을지도 모릅니다.

자신감은 성장과 극복을 위한 무기다

능력만으로는 성공을 보장할 수 없습니다. 재능을 활용할 수 있는 자신감 또한 개발해야 하죠. 올바른 자신감은 언제나 합리적인 실패 가능성이 내재된 활동으로부터 만들어집니다.

실패하는 법을 배우는 일도 하나의 기술을 익히는 것과 같습니다. 어리석고 불필요한 위험을 구태여 감수하려고 든다거나 본인의 실력으로는 달성할 수 없는 목표에 뛰어든다면, 성취는커녕 형편없는 판단력 때문에 타인의 존중마저 잃고 말겠지요. 반대로 실패가 두려워서 새로운 도전에 나서지 않는다면 성장은 멈출 테고 일상의 사이클은 지루한 경험으로 전락해 버릴 겁니다.

실패의 기술을 마스터하는 데는 두 가지 자신감이 요구됩니다. 1단계 자신감은 우리의 삶에 대한 통제력을 일깨워 주지요. 군 복무나 그와 유사한 용기와 인격에 대한 테스트 같은 '통과의례'를 거치면서 1단계 자신감을 구축하는 사람도 있고, 어린 시절 들었던 "너는 할 수 있어!"라는 메시지로부터 1단계 자신감을 얻은 후 현실 세계에서 꾸준히 단련하는 사람도 있죠. 때로는 우리를 초월하는 힘을 향한 신념으로부터 1단계 자신감을 얻고 지속하기도 합니다.

좀 더 응용된 형태인 2단계 자신감은 우리에게 특정한 기술을 익히고 발전시키도록 만들지요. 여기서도 역시 실패는 그 발전을 가능하게 하는 결정적 요인입니다. 타고난 능력이 더 뛰어나더라도 모험을 거부하는 사람에 비해, 계속해서 위험을 감수하려는 사람이 더 뛰어난 결과를 낸다는 점은 연구를 통해 입증된 바 있습니다.

마지막으로 말하자면, 자신감은 재생 가능한 자원입니다. 따라서 좌절의 순간에 대비해 자신이 의지할 수 있는 기술과 인간관계를 유지하고 있어야 하지요. 기운이 빠지고 마음이 울적해지는 것도 성공 사이클의 일부일 뿐인 겁니다.

능력과 자신감을 갖췄다면, 성공의 수레바퀴를 돌릴 준비를 마쳤다는 뜻이지요. 이제 고무적인 장기 목표를 찾아 온 정신력을 집중시킬 차례입니다. 우리 내부에는 열정, 상상력, 직관, 이성이라는, 성취를 위한 플레이어 넷이 있습니다. 그리고 이 선수들의 감독은 바로 우리 자신이죠. 이 팀이 하나가 되도록 이끄는 것이 우리의 임무입니다.

하지만 먼저, 위대한 모험 이야기를 하나 들어보시죠. 다음 장은 한 대의 비행기에서 시작됩니다.

자신에 대한 믿음을 키우고 유지하라

성공에 필요한 자신감은 겁을 내며 우물쭈물하는 것도, 오만하게 덤비는 것도 아닌 그 중간쯤 어딘가에 위치한 마음 상태라고 할 수 있다. 내가 나를 믿지 못하는데 남이 나를 믿게 만들 수 있겠는가?

1단계 : 자신감은 본인이 유능하고 뛰어난 사람이라는 기본적인 믿음이다. 평소 신뢰하던 사람이 "너는 할 수 있어!"라고 말해주거나 통과의례를 거쳐 "이제 나는 무엇이든 할 수 있어!"라고 할 수 있게 될 때 생겨난다. 또한 전능한 힘에 대한 신념 또한 자기 자신에 대한 믿음이 유지되도록 돕는다.

2단계 : 자신감은 우리가 특정한 일에 종사할 때 갖추는 태도다. 성공 마인드셋은 기꺼이 배우고, 능력을 계발하고, 결과보다 노력에 중점을 두고, 실패를 과정의 일부로 여기려는 의지에서 발현된다.

의미 있고 장기적인 목표를 세워라
자신의 마음에 집중하는 법에 관하여

성공의 가장 중요한 조건이자 커다란 비밀은 다음과 같다.
모든 에너지, 생각, 자본을 오직 당신이 하는 일에만 집중시켜라.
가진 계란 전부를 모조리 한 바구니에 집어넣고 지켜보라.

앤드류 카네기

어느 화창하고 청명한 가을날 저녁, 젊은 비행사 한 명이 세인트루이스발 시카고행 우편물 수송기를 조종하고 있었습니다. 날씨가 좋으면 비행은 지루하게 마련이죠. 후에 그가 적었듯, "초보가 비행하기에 적당한 저녁"이었습니다. 덕분에 그의 생각은 장래 커리어에 대한 계획에서 시작해 항공 산업의 문제점과 최근에 읽었던 실험용 비행기로까지 이어지다가, 마침내 아이디어 하나가 번뜩 떠올랐지요. 만약 자신이 그 비행기의 테스트 파일럿이 된다면 속도나 내구력, 비행 범위 면의 세계 기록을 깰 수 있지 않을까 하는 생각이었죠. 실험용 비행기를 직접 조종해 명성을 얻고, 그걸 바탕으로 항공업계의 선두에서 커리어를 구축할 수 있다면, 생각만 해도 멋진 일이었습니다.

미래에 대한 비전은 그의 상상력을 자극했지요. 훗날 그가 회고했듯이, 그다음에 떠오른 생각은 이 비행사의 인생을 영원히 바꿔놓게 됩니다. 충분히 오랫동안 하늘에 떠 있을 수 있다면, "이런 생각을 하기 시작했어요. 어쩌면 뉴욕에서 파리까지 멈추지 않고 비행할 수 있을지도 몰라."

무릇 아무리 뛰어난 성취라도 출발은 하나의 아이디어에서 시작되기 마련이죠. 이 특별한 아이디어는 20세기 가장 위대한 모험 중 하나의 시초가 됩니다. 이 젊은 비행사의 이름은 다름 아닌 찰스 린드버그였지요. 1926년 9월 당시 스물네 살의 린드버그는 곡예 비행사 출신으로 우편물 수송기를 조종하는 일을 하고 있었습니다. 돈도, 실험용 비행기에 접근할 연줄도, 부자 친구도 없었죠. 불과 며칠 전에 역사적인 대서양 횡단 비행에 성공하기 위해 (그리고 그 위업을 달성한 최초의 인물에게 주어지는 2만 5,000달러의 오티그 상Orteig Prize을 받기 위해) 이륙하려던 엔진 세 개짜리 비행기가 뉴욕 활주로에서 그만 폭발해 버렸다는 사고 소식에 대해서도 잘 알고 있었고요. 연료 무게를 이기지 못하고 착륙기어가 망가지는 바람에 승무원 넷 중 두 명이 즉사했습니다.

하지만 새로운 아이디어가 떠오른 린드버그의 마음속은 이미 타당성을 따져보고 있었지요. 그에게는 이 비행이 "겨울에 야간 우편물 수송기를 조종하는 것보다는 덜 위험하고 더 나은 일"이라는 생각이 들었고, 시카고에 착륙하기 전에 이미 뚜렷하고 확실한 목표로 굳어져 있었습니다. 이후 린드버그는 "대서양을 건너 프랑스까지 실제로 비행해 갈 방법"을 구체화하여 "계획을 세우고 크든 작든 매일 한 단계씩 실천"해 나갔습니다.

그리하여 불과 8개월 뒤인 1927년 5월 20일, 린드버그가 직접 디자인에 참여한 세상에 단 하나뿐인 1만 달러(현재 가치로는 대략 12만 7,500달러)짜리 비행기는 역사적인 비행에 나서게 되지요. 린드버그는 어떻게 이런 성공을 거둘 수 있었을까요? 고도로 집중시킨 정신력의 힘이었죠. 이번 장에서는 다음과 같은 린드버그의 성취 프로세스를 다룰 예정입니다.

- 열정을 살피고 가치 있는 장기 목표를 찾기
- 상상력과 직관을 동원하여 아이디어를 생산하기
- 구체적이고 도전할 만한 계획 세우기
- 계획을 작은 단계들로 쪼개고 나누기
- 즉흥적으로 조정하여 실현시키기

이러한 린드버그의 완성형 성취 시스템을 이해한다면, 여러분 자신의 중요한 프로젝트를 실천하는 데 유용한 로드맵을 얻을 수 있을 겁니다. 이 시스템은 목표로부터 시작되죠. 성공한 전문가들을 대상으로 한 갤럽의 조사에 따르면, 가정과 커리어에서 '잘 정의된 개인적 목표'의 중요성(10점 만점)에 대해 조사 대상자의 32퍼센트가 매우 중요하다(9~10점)고 답변했고, 46퍼센트는 6~8점을 매겼습니다. 즉, 무려 전체의 78퍼센트가 목표 설정이 중요하다고 평가한 것이죠.

하지만 목표 설정은 전체 성취 과정 중 일부에 불과합니다. 린드버그의 성공담은 정말 중대한 일을 완성시키는 데는 집중의 힘이 필요하다는 점 또한 보여주지요. 목표 설정이 성취의 엔진을 활성화시키는 좋은 방법이라는 점을 아는 사람은 많지만, 너무 많은 목표를 동시에 품는 것의 단점까지 알고 있는 사람은 매우 적습니다. 성공에 관한 한, 소수의 장기 목표에 지속적으로 관심을 유지하는 편이 관심의 폭을 너무 넓게 펼치는 것보다 더 낫지요.

한번은 어느 학생이 성공학 수업의 학기말 보고서를 내면서 본인이 지금까지 세워왔던 100개 이상의 목표들을 함께 제출했던 적이 있었습니다. 그 목록에는 25세부터 50세까지 5년 단위로 달성하고 싶은 목표가 무엇인지 적혀 있더군요. 자기 사업체를 꾸리겠다, 50개국 이상을 여행하겠다, 백만장자가 되겠다, 텍사스에 농장을 사겠다, 책을 쓰고 출간하겠다, 그리고 50살이 되기 전, "한 사람의 목숨을 구하겠다"라는 목표까지 세워져 있었습니다. 심지어 매년 이 목표들을 재평가하겠다는 목표도 있었죠.

이 학생의 '계획하는 기술'은 경탄스러웠지만, 이렇게 닥치는 대로 목표를 세우는 일의 장기적 결과가 우려됐습니다. 목표 설정이라는 주제를 연구한 일군의 학자들이 이렇게 정리한 바 있기 때문이었습니다. "달성하지 못한 목표들은 의식의 층위 어딘가에 잔존하여 한 사람의 생각에 침투하며, 충족될 때까지 다시 관심을 끌 방도를 모색한다. 이렇듯 달성되지 못한 목표들이 서로 주의력을 끌기 위해 지속적으로 개입하면서 다른 과제의 추구가 방해받을 수 있다." 충족되지 못한 목표와 완성되지 못한 과제가 인간의 의식을 어지럽히는 정신적 혼돈 상태를 가리켜 '자이가르닉 효과 Zeigarnik Effect'라고 부르는데, 해당 현상을 연구한 러시아 심리학자의 이름을 딴 것이지요.

효율성 전문가로서 《쏟아지는 일 완벽하게 해내는 법Getting Things Done》을 집필한 데이비드 앨런은 달성하지 못한 목표들이 너무 많아서 비롯된 정신적 혼란을 이겨내는 일에 자신의 커리어를 바쳤습니다. 그가 고안한 생산성 시스템은 다음과 같은 아이디어에 기반해 있지요. 마음을 깔끔히 정리하고 인생의 질을 향상시키려면, 어떤 목표를 정해 직접 실천하든지, 위임하든지, 미루든지(단, 그 대신 무엇을 할지 구체적인 계획을 갖고), 혹은 그만두든지 해야 한다는 겁니다. 이 시스템의 목표는 단 한 가지, '제로(0)'라는 마법 같은 영역에 도달하는 것이죠. 이는 그 시점에서 이루고자 했던 목표들이 해결되어 마음이 비로소 편안한 상태, 그리고 아직 해결되지 않은 목표들을 이루기 위해서는 앞으로 정확히 뭘 해야 할지 알고 있는 상태를 가리킵니다.

린드버그는 자신의 마음과 집중력, 두 가지 모두에 통달한 사람이었습니다. 그가 이뤄낸 성취의 비밀을 이해하려면 우리는 우선 우리가 활용할 수 있는 네 가지 마음의 힘에 익숙해져야 하지요. 그런 다음 다시 린드버그의 경탄스러운 모험 이야기로 되돌아오도록 합시다.

마음의 세계에는 네 가지 힘이 존재한다

우리는 뇌를 측정할 수도, 뇌의 무게를 잴 수도, 뇌를 스캔할 수도 있고, 뇌에 어떤 작용을 가할 수도 있지요. 신경과학자들은 두뇌 부위마다 각자 정확히 어떤 역할을 하는지 파악하려고 노력하는 중입니다. 하지만 '마음'에 대해 얘기하고자 한다면 비유적인 표현을 사용할 수밖에 없지요.

그리스 철학자 플라톤은 인간의 마음을, 두 마리 말이 끄는 마차의 마부로 묘사했습니다. 마부는 인간의 '영혼soul'을, 두 마리 말은 '이성reason'과 '정념 또는 열정passion'을 가리키죠. 인간의 영혼에게 주어진 일상적 과제는 이 순종적인 말과 제멋대로인 말 두 마리를 같은 방향으로 이끄는 것입니다.

보다 최근에 와서는 심리학자 조너선 하이트가 플라톤과 유사하지만 중대한 반전을 꾀한 은유를 제시한 바 있죠. 인간의 마음이란 식욕이 왕성하며 충동적인 거대 코끼리의 등 꼭대기에 작은 인간 기수騎手(즉, 이성)가 앉아 있는 모습과 같다는 것입니다.

스탠퍼드대학교의 칩 히스와 그의 동생 댄 히스 형제는《스위치Switch》를 통해 하이트가 제시한 코끼리의 비유를 가다듬었습니다. "코끼리 위 기수가 고삐를 쥐고 있으니 리더처럼 보이지만, 그의 통제력은 위태로운 상태다. … 어디로 향할지 언제라도 의견이 다를 수 있고 그럴 경우 기수는 6톤짜리 코끼리를 당해낼 수 없다. 전혀 상대가 되지 않는 것이다."

플라톤의 '영혼이 이끄는 마차'만큼 인간의 본성을 멋지게 표현해주지는 않더라도, 기수와 코끼리의 비유는 이성이 얼마나 쉽게 두려움에 압도당할 수 있는지, 왜 다이어트가 그토록 힘든지 설명하는 데 도움을 줍니다. 히스 형제는 '코끼리'를 통제하는 상식적인 방법을 소개합니다. 다이어트 중이라면 아이스크림을 집에 두지 마세요(코끼리에게 경로를 설정해줘라). 다이어트를 계속 유지하고 싶다면 자기 자신에게 인센티브를 제시하세요(코끼리에게 동기를 부여하라). 자기 자신에게 목표를 설명할 때는 분명한 태도를 취하세요(목적지를 가리켜줘라). 큰 변화에 나서기 전에 먼저 작은 변화를 시도하세요(변화를 축소시켜라).

제 성공학 수업을 듣는 학생들은 기수와 코끼리의 비유로부터 한 가지 교훈을 더 배웁니다. 바로 '자기 통제의 기적을 바라지 말자'는 것이죠. 한 학기 동안 학생들은 과자 섭취 줄이기부터 운동량 늘리기, 험담 자제하기 등 자신이 직접 고른 '코끼리 통제' 과제들을 수행합니다. 그런데 그 결과는 저마다 천차만별이죠. 따라서 가차 없고 고통스러운 훈련을 감내할 준비가 되어 있지 않다면, 자신의 코끼리를 잘 파악하고 사이좋게 지내는 편이 최고의 전략인 겁니다.

플라톤의 말과 하이트의 코끼리 비유는 우리의 이성적 능력과 그보다는 합리적인 욕구 사이에 존재하는 기본적인 분업 관계를 훌륭히 포착해 내고 있죠. 하지만 성공한 사람의 성취 프로세스를 탐구하는 데는 둘 모두 큰 도움이 되진 못합니다. 세계 최초로 무착륙 대서양 횡단을 이뤄낸 비행사가 되기 위해 린드버그가 치러야 했던 싸움은 용기와 두려움 간에만 일어난 것이 아니었습니다.

새로운 아이디어와 희망이 샘솟는 신비스럽고 무의식적인 세계에 존재하는 두 가지 힘, 즉 그의 상상력과 직관 또한 결정적 역할을 담당했지요.

이제 동물에 대한 비유는 잠시 잊고, 우리 모두가 일을 완수하기 위해 사용하는 네 가지 고유한 개인적인 힘에 관해 보다 직접적으로 얘기해보도록 합시다. 우선 두 가지 지배적인 힘인 열정과 이성을 살펴본 다음, 이어서 상상력과 직관을 탐색하게 될 겁니다. 그리고 마지막으로는 플라톤이 언급한 '영혼'으로 되돌아오고자 합니다. 앞으로 제가 '당신' 또는 '우리'라고 표현할 때, 그것은 당신(우리)의 생각, 감정, 기타 정신적 능력과는 별개의 무언가를 지칭하는 개념이라고 생각해 주기 바랍니다. 즉 당신의 의식적 정체성(자신감에 대해 다뤘던 앞 장에서 살펴봤던 '진정한 자아'에 대한 인식)이 결정자, 중재자, 그리고 조정자로서 중요한 역할을 담당하게 될 거라는 뜻이죠.

여기서도 비유가 필요하다면, 열정passion, 상상력imagination, 직관intuition, 이성Reason이 네 가지 힘을 당신의 성취를 이뤄내기 위해 뭉친 팀이라고 생각하세요. 네 명의 재능 있는 전문가들이 모여 각자 독특하고 가치 있는 의견을 내놓는다고 말이죠. 제 능력을 잘 발휘하기만 한다면 열정은 가장 강력하고 주축이 될 팀원입니다. 우리가 지금까지 살펴봤듯 인간의 기본적 욕구, 두려움, 욕망은 우리의 모든 실천에 추진력을 제공하며, 우리가 장기 프로젝트에 매달리게끔 만들고 결승선까지 밀어붙이는 특별한 역할을 담당하지요. 이성은 분석적이고 논리적인 기획력을 뒷받침하여 열정이 가리키는 목표를 수립하고 수행하게 만듭니다. 상상력과 직관은 창의력과 통합하는 재능을 제공하여 미래를 구상하고 새로운 해결책을 강구하며, 예상치 못한 문제가 발생했을 때 재빠른 대처가 가능하도록 도와줍니다.

직관에 대해 당신은 얼마나 알고 있는가

이성, 감정, 상상력은 우리의 일상에서 비교적 친근한 개념들입니다만, '직관'이란 정확하게 무엇을 말할까요?

말콤 글래드웰은 《블링크Blink》에서 직관을 가리켜 '생각하지 않고도 생각하는 힘'이라고 정의한 바 있습니다. 청중이 연설에 흥미를 잃고 있음을 발표자가 감지하게 해주고, 불타는 건물이 붕괴되기 직전에 소방관이 빠져나오도록 도와주며, 부모가 자녀의 거짓말을 눈치채게 해주고, 새로 부임한 상사가 골칫거리가 될 것임을 즉각 알아차리게 하는 역할을 하지요. 즉, 우리가 사람과 상황에 대해 '순간적인 판단'을 내리고 '본능적인 반응'을 취하게 해주는 겁니다. 직관과 상상력은 꿈, 백일몽, 공상과 같은 잠재의식의 세계에서 연합을 형성합니다.

그렇다면 직관은 어떻게 작동할까요? 노벨경제학상 수상자인 허버트 사이먼에 따르면, 어떤 즉각적인 경험과 우리의 장기 기억에 저장된 대상 간의 연결고리를 잠재의식이 탐색하는 과정에서 직관의 경험이 탄생한다고 합니다. 즉 '직관을 느낀다'는 것은 비록 설명하기는 어렵지만 과거가 현재와 연결되어 앞으로 어떤 일이 발생할지 '이해'될 때, 패턴을 인식하는 순간을 지칭하는 것이죠. 특정한 상황에 대한 경험이 더 강렬할수록 그에 대한 직관 또한 더욱 명료해집니다.

깨어서 활동하는 동안 원시적 생존 시스템의 일부인 우리의 오감五感은, 주변 환경에서 익숙한 것과 그렇지 않은 것에 대한 우리의 반응을 끊임없이 살핍니다. 직관은 그 모든 데이터들을 재빨리 통합하여 일상의 경험 속에서 위협과 기회를 인식하도록 도와주지요. 대개는 우리가 의식적으로 알아차리지 못하는 사이에 말이죠.

직관이 이렇듯 대부분 우리의 의식적 지각을 초월해 작동하기 때문에, 우리는 직관이 어떻게 그 통찰력을 규합하는지 역시 알 수가 없습니다. 그러니 우리는 자신의 '직감gut feeling'을 완전히 믿지 못하는 상태에서 판단을 내려야 할 때가 많죠. 여러 결정사항이 관련된, 때로는 마감일이 걸려 있는 중요하고 장기적인 프로젝트에 참여하고 있을 때 특히 더욱 그렇고요. 여기서 자신의 직관에 얼마나 무게를 둘 것인지 결정하는 데 도움이 될 두 가지 핵심 질문이 있습니다.

1. "정보가 얼마나 많아야 충분할까?"

직관의 처리 과정은 신속하게 작동하기 때문에 충분한 토대가 갖춰지기도 전에 통찰력이 남발되는 경우가 많죠. 따라서 직관은 결코 그 토대가 되는 정보의 질보다 뛰어날 수 없다는 점을 자신에게 끊임없이 인식시켜야 합니다. 이렇게 직관의 정신적 처리 과정에 존재하는 문제를 가리켜 사회과학에서는 '인지편향cognitive bias' 혹은 '판단편향decision bias'이라고 부릅니다. 이렇게 연구자들이 발견한 계통적 오류가 지금까지 40가지가 넘으며, 관련된 연구가 진행될수록 매년 더 늘어나고 있는 중입니다. 이 유형의 편향 중에 는 너무 적은 정보를 근거로 한 자신만만함, 명확하거나 기억하기 쉬운 정보에 대한 과도한 집착, 기존의 믿음에 부합하는 사실에만 쏠리는 선택적 관심, 여러 데이터 중에서 유독 첫 번째나 마지막에 휩쓸리는 경향, 정보가 자신에게 규정, 대조, 제시되는 방식에 따라 바뀌는 육감 등을 들 수 있지요.

이러한 편향들, 대개는 부정확한 결론을 너무 성급하게 내리는 문제와 관련된 편향들에 대해 상세하게 다룬 문헌을 어렵지 않게 찾아볼 수 있습니다. 예를 들면 크리스토퍼 차브리스Christopher Chabris와 대니얼 사이먼스Daniel Simons의 《보이지 않는 고릴라The Invisible Gorilla》, 댄 애리얼리의 《상식 밖의 경제학Predictably Irrational》, 조너선 배런Johathan Baron의 《사고와 결정Thinking and Deciding》, 맥스 베이저먼과 돈 무어의 《경영 의사 결정에서의 판단Judgment in Managerial Decision Making》 등이 있죠. 하지만 많은 데이터, 더 바람직한 데이터를 찾는 방법을 배우려면 이와 반대의 문제, 즉 직관에 따라 행동하기 전에 모든 불확실성과 위험을 제거하고자 하는 욕망 때문에 마음이 갈피를 잡지 못하고 방황할 수 있다는 점 또한 이해해야 합니다. 위험이 지나치게 높거나 고를 수 있는 선택지가 지나치게 많은 경우, 이른바 '분석 마비' 상태에 빠지기 쉽죠. 스워스모어대학의 심리학자 배리 슈워츠Barry Schwartz는 《선택의 심리학The Paradox of Choice》에서 일상적인 선택에 대한 정보가 과도하게 많을 경우 데이터를 조사하느라 지치게 된다는 주장을 펼쳤습니다.

미국의 고교생인 댄 시Dan Shi의 예를 들어보죠. 댄은 자신에게 완벽하게 어울리는 대학교를 찾기 위해 미국, 캐나다, 영국, 세 나라의 55개 대학교를 방문했고, 그중 24개 대학교에 지원하여 9개 대학교로부터 입학 허가를 받았습니다. 이를 위해 각기 다른 내용의 자기소개서 20편을 써야 했고, 지원 비용으로만 2,000달러가 넘게 들었을 뿐 아니라 대학 투어 과정에서 셀 수조차 없을 정도로 많은 숙박 시설에 묵어야 했죠.

결국에 댄 시가 등록한 학교는 미네소타주 세인트폴에 위치한 작은 도시형 대학 매컬러스터 칼리지였습니다. 과연 댄에게 잘 어울리는 곳이었을까요? 〈뉴욕타임스〉 기자에게는 자신의 선택이 매우 만족스럽다고 말했습니다. 그렇다면, 미국에서 댄 시가 다닐 수 있고 만족할 수 있는 유일한 도시형 대학이 매컬러스터 칼리지 한 곳뿐이었을까요? 분명 그렇지 않았을 겁니다. 아무래도 댄 시는 앞서 언급한 인지편향 중 하나인 '최신 효과recency effect'에 빠졌던 것으로 보입니다. 몇 주 혹은 몇 달이라는 긴 시간 동안 많은 양의 데이터를 다루면 우리의 마음은 가장 최근에 접한 데이터를 좀 더 쉽고 생생하게 떠올리게 되고, 결정 과정에서도 과도한 비중을 두게 되는 것이죠.

정보를 값싸고 손쉽게 활용할 수 있게 된 요즘은 '완벽한 선택'이 '충분히 좋은 결정'의 적이 되어버렸습니다. 슈워츠는 다음과 같이 정리했죠. "극대화의 대안은 만족하는 사람이 되는 것이다. 만족한다는 것은 충분히 좋은 대상으로 결정하고 더 나은 선택이 존재할 가능성을 걱정하지 않는 태도를 말한다."

여기서 얻을 수 있는 교훈은 이렇습니다. 직관을 위해 좀 더 많고 나은 정보를 탐색할 때는, 너무 많지도 적지도 않게 균형을 맞춰야 한다는 것이죠. 인텔의 전설적 CEO였던 앤디 그로브는 복잡한 정보를 근거로 결정을 내릴 때 "데이터를 깊이 탐구하되 자신의 직감을 믿으라"고 조언한 바 있습니다. 화성 탐사선 발사 프로젝트의 책임자도 아닌 우리가 모든 불확실성과 위험을 발본색원하기 위해 애쓸 필요까지는 없다는 얘기죠.

2. "패턴이란 게 정말 존재할까?"

직관과 관련된 문제들 중 특히 만연해 있는 것은 직관의 근본적 기능으로부터 파생되었습니다. 바로 '감각 경험의 혼돈 속에서 의미를 창출하기 위한 빛처럼 신속한 활동' 때문이죠. 패턴을 찾는 기계인 우리의 직관은 때로 아예 존재하지도 않는 패턴을 찾아내기도 합니다.

〈신경과학저널Journal of Neuroscience〉에 발표된 한 연구는 매우 예측 가능한 상황에서 직관이 어떻게 오류를 낳을 수 있는지에 대해 살펴봤습니다. 연구진이 실험한 것은 '사람들이 도박 중 무작위 데이터를 통해 인식한 가상의 단기 패턴에 기초해 결정을 내리는 빈도'에 대한 것이었죠. 안타깝게도 이 현상은 매우 보편적인 것으로 밝혀졌습니다. 연구진은 실험참가자에게 슬롯머신 네 대 중 하나를 골라 베팅할 기회를 주었는데, 사실 네 대 모두 무작위로 보상이 나오도록 프로그램되어 있었습니다. 복잡하고 예측하기 힘든 문제에 직면한 사람들은 재빨리 단순하고 직관적인 경험 법칙에 기대어 결정하기 시작했죠. 특정한 기계에서 나온 마지막 두 번의 결과를 근거로 베팅을 한 겁니다.

하지만 유독 한 집단만큼은 단기적인 보상이 아니라 모든 기계의 상금 평균치를 근거로 베팅하는 현명한 결정을 내렸지요! 그런데 이들은 놀랍게도 패턴 추구와 직관적 사고를 담당하는 전두엽 부분에 뇌손상을 입은 참가자들이었습니다. 즉, 뇌를 다쳐 직관을 상실한 덕분에 이들은 도박에서 더 '현명한' 결정을 내릴 수 있었던 것이죠.

〈월스트리트저널〉에 '현명한 투자자'라는 칼럼을 기고하는 주식시장 전문가 제이슨 츠바이크Jason Zweig는 방금 다룬 실험과 주식시장 투자 사이에 평행이론이 존재한다고 지적한 바 있습니다. 일반 실험참가자들이 무작위로 고른 슬롯머신에 베팅하는 것처럼 주식시장에서도 평균적인 개인 투자자들은 직관에 근거해 투자하는 실수를 종종 저지른다는 것이죠. 그래서 주식 가격이 상승하는 패턴을 감지하면 주식을 사고, 주식 가격이 하락하는 패턴을 감지했을 때 주식을 내다파는 모습을 보입니다. 물론 돈을 잃기에 최적화된 투자 형태죠. 현명한 투자자는 정확히 반대로 합니다. 상승장에서 팔고 주식 가격이 저렴해지는 하락장에서 사는 것이죠.

이런 문제를 극복하기 위해 츠바이크는 주식을 사고팔 시기를 알려주는 객관적 기준에 대한 체크리스트를 만들어, 이를 근거로 완벽히 이성적인 전략을 따르라고 조언합니다. 그는 또한 본인의 주식 매매 결과를 계속 추적하여 새롭게 투자한 자산의 결괏값과 비교할 수 있도록 하라는 제안도 내놓았죠.

정리하자면, 우리의 직관은 마음 그 자체는 아닙니다. 단지 마음이라는 하나의 팀을 구성하는 일원일 뿐이죠. 언제 직관에 귀를 기울이고 언제 이성에 더 무게를 두어야 할지, 충분한 자기 이해를 획득하는 것은 우리의 성공에 매우 중요한 부분을 차지합니다. 개인의 기본 가치와 신념에 일치되는 하나의 집중된 목표를 향해 열정, 상상력, 직관과 이성이 모두 조화를 이루며 작동할 때, 우리는 비로소 찰스 린드버그가 단발 엔진 비행기로 대서양을 무사히 횡단할 수 있었던 비결, 그 일관성의 힘을 경험할 수 있는 겁니다.

네 가지 마음의 힘을 휘하에 두고, 당신 자신을 통제할 수 있게 되었다면, 이제 비로소 성취 프로세스를 시작해 봅시다. 앞으로 보게 되겠지만, 성취 프로세스의 각 단계마다 네 가지 중 어느 하나의 힘에 특별히 더 주목해야 합니다.

성취 단계 1 : 열정을 살피고 가치 있는 장기 목표를 찾아라

성취의 첫 단계는 해결할 가치가 있는 특정한 장기적 문제를 식별해내는 것입니다. 때로는 누군가가 문제를 건네주면서 해결해 보라고 말하는 경우도 있죠. 하지만 진정한 성공을 원한다면, 결국에는 적극적으로 나서서 자신이 원하는 바에 따라 직접 선택한 중요한 목표를 발견하고 달성해야 합니다. 의미 있는 일에 관해 다룬 4장에서도 설명했듯이. 이 프로세스는 주로 자신의 인생 중 어떤 측면에 불만을 가지고 있음을 깨닫는 순간 시작됩니다. 자신의 인생을 좀 더 재미있고, 목적의식이 충만하고, 재미있고, 도전할 만한 삶으로 만들기 위해 당신은 무엇을 하고 싶은가요?

1926년 9월의 그 청명한 밤, 우편물 수송기를 몰고 시카고로 향하던 린드버그는 새롭게 도전할 만한 대상을 물색하고 있었습니다. 생각 한편에서는 마음의 힘들이 이런 질문을 계속해서 던지는 중이었죠. "항공 분야에서 내가 할 수 있는 새롭고 흥미진진한 일이 뭐가 있을까?" 자신이 비행에 열정을 품고 있다는 건 알고 있었지만, 상업 항공이 사업으로 인정받으려면 오랜 시간이 걸릴 것이란 생각 때문에 린드버그는 절망했습니다.

매달려야 할 장기 목표를 특정하는 일이 성취 프로세스에서 중요한 단계인 이유는, 네 가지 마음의 힘이 효율적으로 작동하기 위해서는 집중할 대상이 필요하기 때문입니다. 최초의 자동차 전기 점화장치를 발명한 찰스 케터링Charles Kettering에 따르면 "문제를 제대로 규정하면 이미 반은 해결한 것"이니까요.

목표는 너무 넓어서도, 너무 좁아서도 안 됩니다. 우리 마음은 주어진 문제와 그 문제를 해결하기 위해 검색한 데이터 간의 관계를 순식간에 연상하는 방식으로 작동합니다. 만약 문제의 범위를 너무 넓게 잡으면 정신적인 연상작용은 더 파편화되어 덜 유용해질 겁니다. 우리가 2장에서 살펴봤던 "어떻게 하면 행복할 수 있을까?"와 같은 질문은 흥미로운 철학적 논쟁을 유발할 수 있을지는 모릅니다. 하지만 너무 추상적이라서 실제로 행복의 정체에 관해 아는 데는 큰 도움이 되지 않지요.

반대로 "직장을 그만둬야 할까?"처럼 문제의 범위를 지나치게 좁게 잡으면 자신이 직면한 진정한 문제, 즉 "커리어를 발전시키기 위해 뭘 해야 할까?"를 해결할 수 있는 방법을 떠올리는 데 실패할 가능성이 높습니다. 그래서 우리는 자신이 불만족스러운 영역이 있을 때, 친구나 동료에게 구체적으로 어떤 목표를 삼는 게 좋겠냐고 물어보곤 하는 겁니다. 많은 성취 스토리가 이렇게 시작되는 거죠.

성취 단계 2 : 상상력과 직관을 동원하여 아이디어를 생산하라

다음에 어떤 커리어로 나아가야 할지 고민하는 과정에서, 연상 작용이 일어난 린드버그의 마음에서는 실험용 비행기의 조종술부터 오티그 상이 걸린 경주에 사용할 실험용 비행기의 종류까지 다양한 생각들이 꼬리를 물었습니다. 그리하여 마침내 자신이 직접 경주에 참가하면 커리어 문제까지 해결될 수 있다는 놀라운 통찰에까지 이르게 되었죠. 잠재의식이 내놓는 아이디어가 대개 그렇듯 무모한, 심지어 미친 게 아닌가 싶을 정도의 생각이었습니다.

이 이야기가 보여주듯이 우리의 직관은 의식적 이성이 구분해 놓은 것들을 결합하고, 이질적인 대상들을 활용해 새로운 아이디어를 창출해내는 데 탁월한 능력을 갖추고 있습니다. 이러한 잠재의식의 힘은 '합리성' 여부를 검토하는 과정이 없죠. 단지 상황을 살펴 무슨 일이 일어나는지 파악하고 목표를 세우는 데 필요한 원재료를 만들어낼 뿐입니다. 병원에서 사용되는 자율주행 배송 카트를 발명한 제품 디자이너 헨리 손Henry Thorne은 이렇게 정리한 바 있습니다. "성취하려는 목표를 충분할 정도로 명확히 정의하면 아이디어가 스스로 모습을 드러낼 것이다." 우리는 그저 인내심을 갖고 기다려야 하는 것이죠.

아이디어가 무작위로 떠오르는 것처럼 보일 수도 있지만, 대개는 마음의 의도적 영역이 완전히 차단될 때나 명백하게 이완된 상태에 놓였을 때 그 순간이 찾아옵니다. 린드버그가 지루한 한밤의 비행 도중 오티크 상을 타고 싶다는 생각을 하게 된 건 결코 우연이 아니란 얘기죠. 상상력과 직관이 새로운 아이디어를 제시할 수 있을 법한 다른 상황들도 있습니다.

수면은 그런 상황 중 하나죠. 고대 철학자 헤라클레이토스는 "잠에 빠진 영혼조차도 열심히 일하고 있다"고 주장했던 바 있습니다. 구글의 공동창립자인 래리 페이지는 미시건대학교 강연에서 무의식의 힘이 구글의 검색 엔진 아이디어를 생각해내는 데 어떻게 기여했는지 털어놓았죠. 당시 스물세 살의 스탠퍼드대학교 대학원생이었던 페이지는 박사학위 논문 주제를 찾는 중이었습니다. 한밤중 잠에서 깼는데 꿈속에서 떠올랐던 생각이 생생하게 기억나는 것이었죠. "이런 생각을 하고 있었어요. '웹 전체를 다운로드하고 링크를 걸 수 있다면 어떨까?' 잠에서 깨어 펜을 잡고는 막 적기 시작했죠. … 세부사항을 적느라 그날 밤을 다 보내면서 실행 가능하겠다는 확신이 들었어요." 다음날 그는 자신의 지도교수인 테리

위노그라드Terry Winograd에게 이 아이디어를 가져갔고, 격려의 말을 들었습니다. 그리하여 결국 동료 세르게이 브린과 함께 꿈에서 생각했던 웹페이지 정렬 방법을 고안해 냈고 그렇게 구글 검색 엔진이 탄생했죠. 페이지는 다음과 같은 조언으로 강연을 마쳤습니다. "정말 멋진 꿈이 나타나면, 꼭 움켜잡아요!"

하버드의과대학 디어드리 배릿Deirdre Barrett 교수가 꿈과 창의성을 주제로 쓴 《꿈은 알고 있다The Committee of Sleep》에는 비틀즈 멤버인 폴 매카트니가 시대를 초월한 명곡 '예스터데이'를 꿈에서 영감을 얻어 작곡한 이야기가 실려 있습니다. 비틀즈 멤버들 전부가 영화 〈헬프!〉를 찍는 동안 스물두 살의 매카트니는 런던의 어머니 집에 머무르고 있었죠. 그런데 어느 날 아침 깨어난 그의 머릿속에 현악 앙상블의 선율이 멈추지 않는 겁니다. 그는 곧장 침실에 놓인 피아노에 앉아 꿈결에 들었던 노래의 코드를 따라 쳐 보았죠. 매카트니는 후에 이렇게 말했습니다. "그 멜로디가 너무 좋았지만, 꿈에서 들은 노래라서 과연 내가 작곡한 게 맞는지 믿기지가 않았어요." 그래서 그 곡이 다른 어딘가에서 들은 게 아니라 본인이 작곡한 게 맞는지 확인하는 데만 몇 달이 걸렸습니다. 그는 이 선율을 '스크램블 에그'라고 부르면서 기억하기 쉽게 "스크램블 에그, 오, 내 사랑, 당신의 다리가 정말 좋아…" 이런 가사를 붙였죠. 가사를 많이 손 본 후에 이 노래가 '예스터데이'로 탄생하게 된 겁니다.

꿈이 위대한 과학적 발견을 가능하게 해준 사례도 있습니다. 드미트리 멘델레예프Dmitri Mendeleev는 화학원소 주기율표의 발견이 꿈 덕택이었다고 밝혔고, 화학자 프리드리히 아우구스트 케쿨레

Friedrich August Kekule는 뱀이 꼬리를 물고 있는 꿈을 꾼 후 유기화합물 벤젠의 고리 모양 형태를 포착해냈죠.

관련 연구는 이런 사례들이 의미하는 바를 확인시켜 줍니다. 수면은 '오프라인' 상태의 위안 및 잠재의식에 의한 학습의 확실한 원천이 된다는 것이죠. 〈심리과학Psychological Science〉지에 발표된 연구결과에 따르면, 목표를 부여받은 후 '하룻밤 자면서 그 목표에 대해 생각해 보라'고 요청받은 사람들이, 똑같은 목표를 부여받고 그날 바로 목표를 실천하라고 요청받은 사람들에 비해 목표를 기억하는 것은 물론 실천하는 데에도 더 뛰어난 결과를 보였다고 합니다. 이에 연구진은 다음과 같은 결론을 내렸습니다. "수면 시간 동안 진행된 위안 과정의 활성화가 목표를 자발적으로 검색하고 실행할 가능성을 높인다." 〈미국국립과학원회보Proceedings of the National Academy of Sciences〉에 발표된 다른 연구에서는, 눈과 손 간의 새로운 협응 기술을 가르치는 실험을 진행했습니다. 이때 두 번의 훈련 과정 사이에 깨어있는 채로 휴식 시간을 받은 쪽보다, 훈련 과정 사이에 같은 시간의 수면을 취한 쪽이 훨씬 가파르게 발전하는 모습을 보였지요. 이 연구의 결론은 이랬습니다. "훈련 이후의 수면이 성과의 속도와 정확성 모두를 향상시킨다."

잠을 자면서도 마음을 작동시키고 싶다면, 먼저 현재 다루고 있는 문제를 자기 직전에 간단하고 명료하게 정리해야 합니다. 그런 다음 잠에 빠져들기 전에 문제에 집중하여 상상력과 직관의 몫으로 넘긴다고 상상하는 것이죠. 그다음엔 한밤중이나 아침에 깨어 떠오르는 생각을 기록할 도구를 침대 곁에 준비해 두면 됩니다.

편안한 분위기 또한 상상력과 직관의 활동에 도움이 됩니다. 잠에서 깨어났을 때 외에도, 백일몽(린드버그처럼)이나 명상, 목욕, 산책, 운전 등은 직관적인 통찰력이 번뜩일 수 있는 순간이죠.

예를 들어 그래픽 디자이너 밀턴 글레이저Milton Glaser가 뉴욕시 홍보 캠페인에 그래픽 디자인 업무를 담당했던 일화를 떠올려 볼 수 있겠습니다. 당시(1970년대 중반) 뉴욕시는 급증하는 범죄로 몸살을 앓고 있었던 데다가 거의 파산 직전인 상태여서 쉽지 않은 작업이었죠. 광고 문구는 사전에 "아이 러브 뉴욕"으로 정해져 있는 상태였고요. 글레이저의 임무는 해당 문구를 뭔가 상징적인 이미지로 만들어 내는 것이었습니다. 몇 주간의 작업 끝에 그는 흰색 바탕에 우아한 활자체를 사용한 디자인을 내놓았고 열광적인 반응을 얻었죠.

하지만 글레이저는 이 프로젝트가 아직 마무리되지 않았다는 생각을 떨쳐낼 수 없었습니다. 최종 디자인을 제출한 다음 일주일 가량 지났을 무렵, 교통체증 때문에 꽉 막힌 도로 위 택시에 타고 있는데 그의 직관에 번개가 내리쳤죠. 뭔가 다른 일을 생각하고 있다가 갑자기 '유레카!'의 순간, 가운데 빨간색 하트 모양이 박힌 완전히 새로운 디자인이 떠오른 겁니다. 이렇게 택시 뒷좌석에서 20세기의 가장 기억에 남는 디자인 중 하나인 "I ♥ NY"이 탄생했지요.

정리하면 이렇습니다. 자신이 가진 잠재의식의 힘을 활용하려면 우선 좋은 문제를 포착하고, 그와 관련된 데이터를 모은 후, 직관을 신뢰하면서 아이디어를 떠올려야 합니다. 또한 늘 기록할 준비를 하고 있어야 하죠. 좋은 아이디어와 좋은 꿈은 곧바로 적어놓지 않으면 잊어버리기 쉬우니까요.

성취 단계 3 : 구체적이고 도전할 만한 계획을 세워라

린드버그의 성취 프로세스 제3단계는 상상력과 이성 두 가지를 모두 필요로 합니다. 2만 5,000달러 상금이 걸린 오티그 상에 도전하겠다고 마음먹은 린드버그는 그 목표를 달성할 구체적인 계획을 즉시 세우기 시작했습니다. 대서양을 횡단할 수 있는 여러 선택지를 상상해 본 다음 비판적인 분석에 착수한 것이죠.

시카고에 우편물 수송기를 착륙시킨 후 그는 침대에 누운 채 머릿속으로 도전에 나섰던 다른 조종사들이 실패한 원인을 되짚어 보기 시작했습니다. 주된 실패 요인은 불필요한 무게였죠. 가장 최근에 추락한 엔진 세 개짜리 복엽기複葉機는 무게가 약 12톤에 달했고, 빨간 가죽 장식, 침대, 통신장비 여러 대를 갖췄을 뿐 아니라 조종사 2명, 항법사, 통신사까지 탑승했었습니다.

여기까지 생각해본 린드버그의 마음은 다시 예전에 공상했던 실험용 비행기로 되돌아갔죠. 특히 그중에서도 효율성 좋은 신형 단발 엔진 비행기인 라이트-벨란카Wright-Bellanca를 떠올렸습니다. 그날 밤 린드버그는 생각해봤죠. "벨란카가 있다면 단독 비행이 가능해. 그러면 다른 승무원을 고를 필요도, 말다툼할 일도 없지. … 비행 중 먹을 음식과 약간의 농축식량이면 충분해. 비상용 고무보트와 약간의 물도 실어야지."

단발 엔진 비행기로 뉴욕에서 파리까지 단독 비행에 나섰던 사람은 그때까지 아무도 없었습니다. 하지만 그런 도전에 나선다는 생각이 린드버그를 흥분시켰고, 다음 날 아침 깨어나자 힘이 솟구치는 것 같았죠. 나중에 그가 적은 대로, "바다 건너 유럽까지 날아갈 새로운 인생의 날"이 밝아온 것이었습니다! 그는 단발 엔진 비행기를 단독으로 모는 편이 엔진과 승무원을 여럿 갖춘 비행기를 모는 것보다 실제로는 더 안전하다고 확신했죠. 만약 바다 위를 비행하는 도중에 세 개 엔진 중 하나라도 고장 난다면 승무원은 무조건 탈출해야 하니까요. 뭐든 많다고 더 안전한 건 아니었습니다. 이렇듯 린드버그의 계획은 기술적인 복잡성, 비행기의 무게, 승무원 간의 잠재적인 의사소통 실수 등의 위험성을 극적으로 감소시켰지요.

목표를 정한 다음 구체적인 행동 계획을 수립하고자 할 때는 여러 기업에서 사용하는 SMART 기준을 활용해보기 바랍니다. 즉, 구체성Specific, 측정가능성Measurable, 실천가능성Actionable, 관련성Relevant, 시의성Timely에 맞게 계획을 짜라는 뜻입니다. 더불어 목표에 더욱 전념할 수 있는 방법을 고민해야 합니다. 일반적으로는 목표를 글로 적거나, 다른 사람에게 목표에 대해 말하거나, 공개적으로 선언하거나, 반드시 완수하겠다는 책임감을 고취시키는 등의 방법을 사용하죠. 목표에 더 전념할수록 달성 가능성이 더 높아진다는 연구결과도 있습니다.

저의 펜실베이니아대학 동료 교수인 앤절라 더크워스는 장기 목표에 집중하는 법을 깊이 연구해 왔죠. 그녀의 연구진이 고안한 성취 관련 평가법인 그릿GRIT 테스트는 장기 목표를 수행하는 능력을 평가합니다. 그릿 점수는 어떤 아이가 전국 철자 대회에서 우승할지, 어떤 사관생도가 웨스트포인트의 고된 여름 훈련 과정을 이겨낼지, 어떤 학생이 거친 도회지 고등학교에서 뛰어난 성적을 올릴 가능성이 높은지 예측하는 데 뛰어난 성과를 보였죠.

더크워스의 그릿 개념에는 '끈기'와 '열정'이 결합되어 있습니다. 성격에 끈기가 충분한 사람이라면 자신의 핵심 동기에 잘 어울리는 장기 목표를 선택함으로써 그릿 점수를 높일 수 있죠. 내향적인 편이었던 린드버그가 단독 비행을 계획했던 것처럼 말입니다. 만약 사교적 성향의 소유자라면, 다른 사람들과 관련된 프로젝트를 맡을 때 그릿 점수가 오를 겁니다. 지적인 성향이 강한 사람은 뛰어난 아이디어가 중요한 프로젝트를, 감정적 성향이 강한 사람은 감정 표현, 예술, 혹은 공연과 연관된 프로젝트를 찾는 편이 좋죠.

스마트SMART에 그릿GRIT을 더하면 그야말로 계획과 실행의 최강 조합을 완성하는 셈입니다. 1960년대 초반 존 F. 케네디 대통령은 린드버그와는 다른 종류의 경쟁에 직면해, 현대 역사에서 그릿이 가장 필요한 SMART 목표를 세우게 됩니다. 이 경쟁은 미국과 그 지정학적 라이벌인 소비에트 연방 간에 첨단기술의 주도권을 다투는 것이었죠. 1961년 4월 소련은 지구 궤도에 처음으로 사람을 올려놓는 데 성공하여 세계를 충격에 빠뜨립니다. 당시 미국은 소련의 상대가 되지 못했죠. 우주 경쟁에서 한참 뒤처져 있던 미국의 케네디 대통령은 1961년 5월 상하원 합동회의가 열리기 전, 극적인 선언문을 발표해 게임의 판세를 뒤집었습니다.

이 연설을 통해 그는 1960년대 말 이전에 "사람을 달에 보내고 지구로 무사 귀환시키는 계획"을 달성해야 한다는 임무를 미국에 부과하였습니다. 뿐만 아니라 이후 몇 달에 걸쳐 그 임무가 제기한 도전 과제들을 강조하면서 목표를 더욱 확장해 나갔습니다. 그중에는 천체 탐사와 관련해 아직 밝혀지지 않은 문제를 해결하기 위해 새로운 과학 지식을 발견해내야 한다는 과제도 포함돼 있었죠. 케네디가 제시한 목표는 기술적으로 어려운 과제였지만 구체적이고 측정 가능하며 실천 가능한 것이었습니다. 또한 미국이 직면한 지정학적 상황과 관련성이 높았고 명확한 실행 기한도 정해져 있었죠. 무엇보다 케네디의 목표와 린드버그의 목표(단발 엔진 비행기로 단독 비행) 사이에는 중요한 공통점이 있습니다. 정서적인 생동감과 감정을 고무시키는 측면을 가졌다는 점이죠. 이것이 실행 프로세스가 진행되면서 창의성을 자극하는 핵심 요인으로 작용했습니다.

케네디의 목표는 이후 수년간 수많은 사람들의 의욕을 고취시켰고, 마침내 1969년 7월 20일 아폴로 11호가 미국인 두 명을 달에 착륙시켰다가 4일 후에 승무원 셋 모두 지구로 무사히 귀환시키는 데 성공함으로써 절정에 이르렀습니다. 그런데 1969년 7월 16일 존 F. 케네디 우주센터에 모여 아폴로 11호의 발사 장면을 지켜보던 수천 명의 사람들 속에는, 당시 67세였던 전직 우편물 수송기 조종사도 포함돼 있었죠. 바로 43년 전, 케네디와 마찬가지로 그릿이 가득한 SMART 목표를 스스로 세우고 달성했던 찰스 린드버그 본인이었습니다.

성취 단계 4 : 계획은 작은 단계들로 쪼개고 나눠라

거대한 목표는 의욕을 끌어올리는 측면은 있지만 쉽게 엄두가 나지 않게 만들기도 합니다. 이번 성취 단계에서는 거대한 계획을 작고 실행 가능한 덩어리들로 나눌 겁니다. 고대 로마의 장군이었던 퀸투스 세르토리우스는 이런 말을 남겼죠. "뭉쳤을 때는 공략 불가능했을지라도 조금씩 나눠 공격하면 대부분 스스로 무릎을 꿇을 것이다."

린드버그는 처음 아이디어를 떠올렸던 순간부터 실용적인 자세로 "계획을 세운 후 크든 작든 상관없이 오직 단계별로 실천"하는 데만 집중했지요. 대서양 단독 횡단 비행을 결심한 지 며칠 후 그는 종이 한 장을 꺼내 그 위에 '세인트루이스-뉴욕-파리'라고 적고는, 자신의 꿈을 실현하는 데 필요한 품목 34가지를 써 내려갔습니다. 이 목록에는 후원자와 비행기부터 지도, 농축식량, 그리고 뉴욕 어느 비행장에서 이륙할지까지 모든 사항이 다뤄져 있었죠.

이후 몇 달간 린드버그는 개선해야 할 필요를 느낀 몇 가지 기술적 문제들(장거리 항법술 등)을 해결하기 시작했고 자신의 아이디어를 홍보할 방법을 완성해 나갔습니다. 세인트루이스를 항공 산업 중심지로 만들 방법에 대해 설명하는 법을 익혔고, 2만 5,000달러의 오티그 상 상금을 받으면 후원자들이 부담할 투자 비용 이상을 되돌려받을 수 있을 거라고 주장했죠. 본인 회사와 세인트루이스 공항의 인맥을 활용하여 후원자를 물색하기도 했습니다. 그러다 세인트루이스 상공회의소 소장이자 지역 은행가인 해럴드 빅스비가 린드버그의 프로젝트에 관심을 보이면서 자금을 대겠다고 약속했죠. 린드버그는 후에 이렇게 적었습니다. "운항이 가능한 비행기를 갖고 있다는 점을 제외하면 내가 가진 최대의 자산은 세인트루이스에 있는 후원자들의 인품이다."

후원자들을 갖춘 그는 이제 다음 단계로 나섭니다. 완주할 수 있는 비행기를 구하는 일이었죠.

린드버그 이야기는 여기서 잠시 멈추고, 단계별 계획 수립이 목표 성취에서 갖는 중요성에 대한 연구를 살펴봅시다. 미리 말하자면, 연구결과는 이보다 더 간명할 수 없을 정도입니다. 좋은 계획이 없는 목표는 연료통이 텅 빈 새 자동차와 같다는 것이죠. 겉으로는 멀쩡해 보일지 몰라도 아무 데도 가지 못합니다.

학업 성취에 관한 매우 유명한 연구에서, 연구진은 성적 문제로 골머리를 앓고 있는 대학생들을 무작위로 선별하여 이들의 일상에 간단한 개입을 시도했습니다. 실험참가자 중 절반에게는 두 시간 동안 인터넷을 통해 목표 설정에 관한 교육을 실시했습니다. 이들은 5단계에 걸쳐 본인의 미래와 관련된 구체적인 개인적 목표를 고민하고 적었고, 이렇게 적은 목표를 어떻게 달성할지 3단계에 걸쳐 상세한 전략을 수립하는 법에 대한 교육이 이어졌죠.

반면 대조군의 학생들은 두 시간 동안 인터넷을 통해 개인의 성격 특징과 커리어 적성을 측정하는 자기평가를 치렀습니다. 이후 평가 결과가 담긴 보고서를 받았을 뿐, 목표를 설정하고 실행하는 법에 대한 교육은 따로 없었고요.

이어진 학기가 끝날 무렵, 연구진은 두 집단의 학업 성취도를 점검했습니다. 연구를 시작했던 시점에 전체 학생들의 평균 학점은 2.2점(4.0 만점), 대략 C학점으로 동일했죠. 하지만 4개월이 지난 후 목표 설정과 실행 방법을 교육받은 집단의 학점은 평균 2.2점에서 2.9점으로 크게 오른 반면, 대조군의 평균 학점은 단지 2.3점까지 오르는 데 그쳤습니다. 나아가 목표 관련 교육을 받은 집단은 수강 과목을 늘렸고 자기 자신과 본인의 학업 성취에 대한 긍정도 역시 상승했지요. 간단히 말해, 단순한 개입만으로 해당 학생들이 새롭고 보다 긍정적인 태도로 제때 졸업할 수 있는 가능성을 매우 높일 수 있었다는 겁니다.

목표에 대해 단계별로 실행 계획을 수립하는 데는 성취와 관련하여 몇 가지 중대한 이점이 있습니다. 첫 번째이자 가장 명확한 이점은, 따를 수 있는 로드맵을 제시하여 목적지를 향해 효과적으로 이동할 수 있도록 해준다는 점이죠. 매 단계마다 멈춰서 전체 프로젝트를 점검하느라 시간을 낭비하지 않아도 된다는 뜻입니다. 두 번째, 유혹 때문에 주의력이 흐트러질 때 목표에서 벗어나지 않도록 도와주는 역할을 합니다. 린드버그의 계획이 완성 단계에 다가서면서 영화사와 강연 회사로부터 수십만 달러짜리 제안이 쏟아지기 시작했습니다. 하지만 그는 단번에 그 제안들을 거절했죠. 그렇게 유혹적이고 유리한 제안은 파리까지 무사히 착륙하는 데 필요한 35가지 목록에 존재하지 않았거든요.

여러분이 앞으로 자신의 성취 프로세스를 실행시키게 된다면,

린드버그의 예를 따르기 바랍니다. 종이 한 장을 꺼내 수행해야 할 일들의 목록을 적어보세요. 그리고 그 항목들에 하나씩 줄을 그으면서 사전 계획을 구상하면 됩니다.

성취 단계 5 : 즉흥적으로 조정하여 실현시켜라

앞서 중단시켰던 이야기를 다시 시작해 봅시다. 린드버그는 후원자를 찾았지만 아직 비행기를 얻지 못했죠. 이 부분을 따로 남겨 둔 이유는, 융통성의 필요성을 부각시켜 줄 뿐 아니라 목표에 다가서는 과정에서 네 가지 마음의 힘(열정, 이성, 상상력, 직관)이 어떤 역할을 하는지 잘 보여주기 때문입니다.

얘기했듯이 원래 린드버그는 오티그 상을 향한 도전을 위해 라이트-벨란카라는 실험용 비행기를 타려고 계획했었죠. 하지만 그 비행기의 소유주들은, 자칫 바다에 추락해 비행기와 조종사 모두의 평판을 떨어뜨릴 수 있는 대서양 횡단 비행이라는 위험을 감수하려고 들지 않았습니다. 그래서 린드버그는 자신을 위해 실험용 비행기를 제작해줄 회사를 물색하는 데 나섰죠. 그런데 시간이 흘러 린드버그의 아이디어에 쏠렸던 흥분이 가라앉자, 라이트-벨란카의 소유주들은 마음을 바꿨습니다. 그들은 1만 5,000달러라는 가격을 제시하면서 린드버그에게 수표를 가지고 뉴욕으로 오라고 요구했죠.

하지만 뉴욕에 도착한 린드버그를 맞이한 것은 찰스 레빈Charles A. Levine이라는 이름의, 처음 만나는 사업가였습니다. 알고 보니 레빈은 이미 벨란카를 소유하고 있으면서 동시에 자신이 팀을 꾸려 직접 대서양 횡단에 도전하고 싶었던 겁니다. 그러면서도 재정적인 위험은 세인트루이스의 도전자들에게 떠넘기려고 했던 것이죠. 그는 린드버그와 린드버그의 후원자들에게 린드버그가 너무 젊고 경험도 미숙하니, 역사적 비행을 담당할 조종사는 자신이 정해야 한다는 조건을 수락해야만 비행기를 팔겠다고 선언했습니다.

린드버그는 이 모욕적인 제의를 거절했지만, 너무 낙담한 나머지 도전을 그냥 포기하겠다고 후원자들에게 얘기했죠. 하지만 그의 팀은 린드버그에게 직접 비행기를 제작하려던 계획을 계속하라면서 다시금 열정과 동기를 불어넣어 주었습니다. 사실 린드버그는 캘리포니아주 샌디에이고의 라이언 에어라인이라는 무명無名 항공기 제작사를 이미 접촉한 적이 있었죠. 당시 라이언 에어라인은 엔진을 제외한 제작 비용으로 6,000달러를 주면 3개월 내에 비행기를 제작해 줄 수 있다고 약속했습니다. 그래서 린드버그는 다시 그 회사에 연락을 취해 주문을 확정하고 샌디에이고로 옮겨 갔습니다.

라이언 에어라인에서 최고 수준의 항공기 디자이너와 함께 손발을 맞출 수 있게 된 린드버그는 본인이 쌓은 경험을 비행기 구조에 직접 적용하겠다고 마음먹었죠. 그리하여 탄생한 '세인트루이스의 정신'(현재 워싱턴 D.C 스미스소니언 미국국립항공우주박물관 전시 중)은 한 명의 조종사가 탑승할 자리와 연료 탱크가 실린 날개, 그리고 단발 엔진만으로 만들어졌습니다. 전면 유리는 물론 낙하산도, 야간비행 장비도, 구명보트도, 통신장비도, 심지어 각도와

거리를 측정하여 현재 위치를 파악하는 데 필요한 항법 육분의六分儀조차 실리지 않았죠. 비행기의 무게가 무거워질까 봐 너무 우려한 린드버그는 아예 이륙 후에 착륙 기어가 떨어져 나가게 설계하여, 파리에 도착해서는 동체 착륙을 감수하려고까지 할 정도였습니다. 다만 그의 안전을 염려한 후원자들의 반대로 취소됐지만요.

최종 비행기 제작 비용은 1만 달러를 약간 넘겼고, 라이트-벨란카와 똑같은 월윈드 사의 고효율 엔진까지 장착했죠. 때로 일어나는 일이지만, 린드버그의 앞을 가로막은 역경이 오히려 축복이었던 셈입니다. 늘 원해왔던 최고의 엔진뿐 아니라, 맞춤 정장처럼 자신의 입맛에 맞게 제작한 비행기까지 얻게 됐으니 말이죠. 그는 이 비행기로 미국 대륙 횡단에 나서서 샌디에이고에서 뉴욕 루즈벨트 필드까지 속도 신기록을 세웠습니다. 그런 후 며칠 뒤에는 린드버그와 그의 경쟁자들(찰스 레빈의 라이트-벨란카 팀을 포함한)이 파리를 향해 이륙을 준비하는 모습을 지켜보기 위해 3만 명 넘는 인파가 비행장으로 모여들었죠.

그렇게 경주가 막 시작될 참이었습니다. 대서양을 덮친 5월 말의 악천후가 물러나기만 기다리면서.

의식 너머에 최종 결정의 순간이 있다

성취에 관한 이야기에는 늘 누군가가 중대한 결정을 내리는 순간이 도래하기 마련입니다. 그리고 바로 그 시점에 네 가지 마음의 힘들 모두가 서로 전면에 나서려고 바쁘게 움직이죠. 이성은 위험을 줄이기 위해 애쓰고, 열정은 영광과 보상을 추구하며, 상상력은 미래를 탐색하고, 직관은 여기저기 찔러댑니다.

1927년 5월 19일, 드디어 날씨가 갤 거라는 심야 보도가 나왔습니다. 이 소식에 린드버그는 늦게야 잠자리에 들었고 잠을 설쳤죠. 그런데 다음날 아침 일찍 비행장에 도착해 보니, 놀랍게도 경쟁자들이 이륙할 준비를 하지 않고 있었습니다! 또 찰스 레빈의 팀은 누가 벨란카를 조종할지를 두고 다툼을 벌이는 중이었죠.

이렇게 하여 린드버그에게 경쟁자들이 채 정비를 마치기 전에 먼저 파리를 향해 출발할 수 있는 기회가 찾아온 것이었습니다. 하지만 그의 마음속에는 각종 걱정거리가 피어오르기 시작했죠. 가득 채운 연료 때문에 착륙 기어를 지지하는 버팀대가 약해지거나 부러지지는 않을까? 습기가 엔진 성능을 저하시키면 어떡하지? 축축하게 젖은 활주로 때문에 속력이 안 나면? 일기예보가 과연 들어맞을까? 린드버그는 중대한 결정의 기로에 섰죠. 갈 것인가, 기다릴 것인가?

모든 요소들을 살펴본 그는 이성에 기대어서는 무엇을 할지 결정할 수 없다는 사실을 깨달았습니다. 그는 나중에 '세인트루이스의 정신'에 타고 있던 자신의 심정을 다음과 같이 묘사했죠.

논리는 이미 한계에 이르렀다. 이제는 비행의 경험, 본능, 직관 같은 무형의 요소에 따라 마지막 판단을 내리고 어디에 더 비중을 둘지 결정해야 한다. 최종 국면에서, 드러난 모든 요소를 숙고한 다음, 방정식의 마지막 값이 도출된 후에는, 눈으로 상황을 가늠하면서 의식적 마음 너머의 답을 찾는 것이다.

이렇듯 직관이 활동을 개시한 가운데, 린드버그는 또한 앞날을 내다보는 상상력까지 동원하여 이 독특한 상황에 비행기가 어떻게 반응할지 점검해 보았습니다. "내 몸 내부에 있던 뭔가가 나로부터 분리되어 공중을 떠돌면서 대신 테스트를 치르고 있었다. 가만히 보고 있어도 비행기가 이륙하는 모습이 느껴졌다."

일순간 망설임이 확신으로 바뀌는 듯한 기분이 들었습니다. 가도 된다는 신호가 떨어진 거죠.

린드버그는 동료들에게 고개를 끄덕여 보인 후, 엔진에 시동을 걸고 짧은 활주로를 덜컹거리며 질주했고, 비행기는 잠시 공중으로 떠올랐다가 날개에 실린 연료 무게 때문에 다시 몇 차례 바닥을 쿵쿵 찍었죠. 그렇게 활주로의 끝을 향해 달리다가 마침내 위로 떠올라 비행하기 시작했습니다!

조종석에 앉은 린드버그는 안도감에 사로잡혔죠. 오랜 준비가 마침내 결실을 맺었고, 이번 도전에서 가장 위험한 순간을 무사히 넘기고 매우 특별한 비행기에 올라 하늘을 날고 있었으니까요. "비행기가 마치 내 몸의 일부인 듯, 마음 가는 대로 내 바람을 들어주려는 것만 같았다."

33시간 30분 후, 비행기가 아일랜드와 영국 상공을 통과할 때 라디오를 통해 소식을 접한 수만 명 인파의 환영을 받으며 린드버그는 파리에 도착했습니다. 소형의 단발 엔진 비행기는 뉴욕에서 파리까지 무착륙 비행에 성공했고, 세계 최초의 진정한 글로벌 미디어 유명인사는 이렇게 탄생하게 되었죠.

기다리고 조정하고 최적화하라

집중하여 수립한 계획이 효과를 거두려면 조정과 즉흥적 개선을 통한 최적화가 필요합니다. 나폴레옹은 군사 전략가로서의 천재성을 다음과 같은 문장으로 요약해낸 바 있죠. "교전을 시작한 다음에는 기다리면서 지켜보라." 행동 계획이 복잡하고 상호적이고 길어질수록 목표에 도달하기 위해서는 즉흥적인 개선이 요구됩니다. 단계별로 차근차근 계획을 세우는 것도 물론 중요하지만, 너무 계획에만 집착하면 기회를 놓치게 될 수 있기 때문이죠.

린드버그는 원했던 비행기를 얻지 못하게 되자 아예 도전을 포기하려고 했습니다. 그런데 그때 후원자들이 당시에는 아직 존재조차 하지 않던 더 좋은 비행기의 입수 가능성을 린드버그에게 일깨워 주었죠. 그러기 위해 필요한 일은 기대치를 조정하고 즉흥적으로 개선하여 계속 밀어붙이는 것이었습니다.

지금까지 이 책에서 우리가 다뤄온 모든 이야기에서 알 수 있듯, 인생이 계획한 대로 흘러가는 일은 매우 드뭅니다. 성공한 사람들은 삶에서 우연과 기회가 얼마나 중요한 역할을 담당하는지 잘 이해하고 있죠. 따라서 그들은 늘 바삐 움직이면서 혹시 찾아올지 모르는 모든 기회에 촉각을 곤두세웁니다.

완전히는 아니더라도 어느 정도 열린 마음으로 기본적인 문제에 정신을 집중하면, 우리의 상상력과 직관은 장애물을 극복할 다양한 해결책을 분주히 찾아내려 합니다. 만약 탑승하려던 비행편이 취소된다면 우리는 목적지로 향할 다른 방법을 찾는 일에 즉시 착수하겠죠. 여행뿐 아니라 인생에서도 마찬가지입니다. 원래의 계획에 차질이 생겼다면, 잠시 뒤로 물러나, 목적지를 떠올리면서 다른 길을 모색해 보세요.

집중하는 연습 : 자신의 성취 프로세스를 점검해 보라

이 장을 마무리 짓기 전에, 예전에 장기 목표를 아주 훌륭하게 달성해냈던 기억을 떠올려 보기 바랍니다. 학창 시절의 일이었을 수도 있고, 직업적 성공이나 가족, 혹은 지역사회와 연관된 일이었을 수도 있겠죠. 최종 결과를 얻기 위해 사용했던 성취 프로세스를 정리해 보세요. 그 과정에서 목표 완수를 위해 자신의 열정, 상상력, 직관과 이성을 어떻게 배열하고 결합했는지 떠올려 보는 겁니다. 이번 연습을 통해 다음에 착수하려던 도전 과제를 어떻게 풀어나가야 할지 일말의 교훈을 얻을 수 있기 바랍니다.

1. 과거에 거둔 훌륭한 성취는 어떤 일이었나요?

_____

_____

_____

2. 어떤 욕구, 열정, 감정이 그 일을 추진하게 만들었나요? 그 일에 뛰어들게 된 동기는요? 누군가가 맡긴 일이었나요, 아니면 본인이 적극적으로 찾아 낸 일이었나요?

_____

_____

_____

3. 그 성취에 단계적인 계획이 어떤 역할을 담당했나요? 계획을 구상하면서 다른 사람들과 상의했습니까?

_____

_____

_____

4. 목표 완수를 위해 전술을 즉흥적으로 개선하고 계획을 조정해야 했나요? 그랬다면 어떤 과정을 거쳤습니까?

_____

_____

_____

5. 네 가지 마음의 힘, 열정, 상상력, 직관, 이성 중에서 그 성취 프로세스를 이행하는 데 무엇에 가장 크게 의존했습니까? 각각의 힘을 어떻게 활용했 는지 구체적으로 예를 들어 설명해 봅시다.

열정 : _____

_____

_____

상상력 : _____

_____

_____

직관 : _____

_____

_____

이성 : _____

_____

_____

성취를 향한 여정에서 놓치기 쉬운 것들

린드버그의 이야기가 감동적인 이유는 장기 목표에 집중해 인생
에 목적의식과 에너지를 불어넣는 모습을 보여줬기 때문이죠. 하
지만 목표 달성만이 성공의 유일한 척도는 아닙니다. 린드버그가
대서양 횡단 비행으로 역사에 이름을 남긴 건 분명한 사실이지만,

성공학 수업 시간에는 과연 그가 진정 성공한 사람이었는지를 두고 자주 논쟁이 벌어지곤 하지요. 그의 일생 전체를 살펴보면 슬픔과 논란으로 점철돼 있음을 쉽게 알 수 있기 때문입니다. 자녀 한 명은 유괴 후 살해당했습니다. 여러 나라에서 몰래 가정을 꾸렸고, 진주만 공격을 받기 전까지 히틀러와의 전쟁에 미국이 참전하지 않도록 미국우선위원회America First Committee를 주도했죠. 반유대주의자라는 이유로 여러 사람으로부터 비난을 받기도 했습니다. 말년 대부분은 자신을 잘 드러내지 않고 전 세계의 멸종 위기 동물과 토착민을 보호하는 운동에 헌신했죠.

인생의 마지막 순간이 가까이 다가왔을 무렵, 린드버그는 뉴욕에서 파리까지의 비행이 중요했던 이유가 항공 산업에 대한 대중의 관심을 불러일으켰기 때문이지, 자신의 영웅적인 공적 때문은 아니었다고 술회했습니다. "인류가 달성한 모든 성취는 오직 삶의 질을 유지하고 개선할 때만 가치가 있는 겁니다."

이를 달리 표현하자면 성공의 외적 측면과 내적 측면 간의 균형을 맞추는 게 중요하다는 뜻이겠죠. 비틀즈의 존 레논은 '뷰티풀 보이Beautiful Boy (Darling Boy)'라는 곡을 통해 목표 성취라는 덫의 위험성에 대해 경고한 바 있습니다. "우리가 다른 계획들을 세우느라 분주"한 동안 주변에서 일어나는 일들이 바로 우리의 삶이라고요. 그러다가는 별로 중요하지 않으면서도 서둘러야만 하는 목표를 처리하느라 정말 중요한 가치를 놓치기 십상이라는 거죠. 나중에 회의에 늦지 않으려고 빨간 신호등을 무시한 채 자동차를 몰고 싶은 유혹을 느낄 때(그래서 자칫 본인뿐 아니라 타인의 생명까지 위험하게 만들 수 있는 위기에 처했을 때) 지금 전한 말을 꼭 기억하기 바랍니다. 두더지 잡기 게임에서처럼 매일의 일상에서 툭툭 튀어 오르는 사소한 목표들을 일일이 달성하는 데 급급하다 보면, 우리 인생에서 가장 진정한 성공의 척도는 '무엇을 성취하느냐'가 아니라 '어떻게 사느냐'라는 점을 잊기 쉬우니까요.

프린스턴 신학교에서 이뤄진 연구에서 심리학자들은 학생들에게 '선한 사마리아인(고난에 처한 강도 피해자를 도와준 성경 속 인물)' 일화에 대해 설교하라는 과제를 냈습니다. 그리고 각 학생에게 설교할 정확한 시간을 알려준 후 일부러 그 시간에 늦게 만들고는, 실험 무대를 꾸몄죠. 설교할 예배당까지 이동하는 길에 분명 도움이 필요해 보이는 남자를 쓰러뜨려 놓고는, 그 남자를 뛰어넘어야만 지나갈 수 있게 만들었던 겁니다. 그리고 제시간에 설교장에 도착해야 한다는 긴급한 목표에 쫓긴 학생들 중 단 10퍼센트만이 발길을 멈추고 곤란에 처한 남자에게 도움의 손길을 내밀었습니다.

그러니 장기 목표를 세울 때는 인생에서 가장 중요한 것들을 잊지 말아야 합니다. 가족, 건강, 타인에 대한 배려와 보살핌 말이지요.

마지막으로, 성공 산업은 우리가 성취를 위해 활용하는 마음의 힘을 신비롭게 포장하길 좋아하죠. 성공학 책들에서는 오직 진심으로 믿는 자만이 우리가 원하는 미래를 열어줄 그 마법의 힘을 얻을 수 있다고 얘기합니다. 하지만 프로마술사 팬 앤드 텔러Penn & Teller의 텔러가 말했듯, "특별한 비결은 전혀 없고, 마술은 우리 마음에서 나오는 것"이지요. 인간이 어떻게 생각을 형성하고 감정을 경험하고 미래를 상상하는지에 대해 과학이 정확하게 밝혀내지는 못하더라도, 이미 아이들은 전부 그 일들을 해내고 있잖아요? 린드버그의 이야기에서 알 수 있듯, 성공에 별다른 '비밀'은 없습니다. 단지 분명한 목적, 고된 노력, 집중력과 끈기가 필요할 뿐이죠. 그리고 이 마음의 힘들은 행운이 제 역할을 펼칠 수 있도록 무대를 만들어 주고요.

이제 다음 장으로 이동할 차례가 왔군요. 우리는 가치 있는 목표를 정했고 그 목표를 수행할 계획도 마련했습니다. 하지만 그 목표를 성취하는 데 충분할 만큼의 동기를 어떻게 유지할 수 있을까요? 페이지를 넘겨 봅시다. 이번 장은 단발 엔진 비행기로 시작했었죠? 다음 장은 누군가가 어린 시절부터 꿔 왔던 꿈 이야기로 시작할 예정입니다.

마음의 힘들을 장기 목표의 성취에 집중시켜라

세상에는 우리 마음이 가진 비밀스러운 힘에 대해 말하기 좋아하는 수많은 성공학 대가들이 존재한다. 하지만 그런 비밀 따위는 없다. 단지 누구에게나 열정, 상상력, 직관, 이성이 있을 뿐이다. 성공하려면 이 네 가지 능력을 지속적이고 창의적인 방식으로 활용하게 만들 장기 목표를 찾아야 한다.

그 네 가지 힘들을 최대로 활용할 수 있는 성취 프로세스는 다음과 같다.

- 열정을 살피고 가치 있는 장기 목표를 찾아라
- 상상력과 직관을 동원하여 아이디어를 생산하라
- 구체적이고 도전할 만한 계획을 세워라
- 계획은 작은 단계들로 쪼개고 나눠라
- 즉흥적으로 조정하여 실현시켜라

에너지와 열정을 소환하라
지속 가능한 동기를 발견하는 법에 관하여

성공은 자연 발화의 결과물이 아니다.
처음에는 반드시 직접 불을 붙여야 한다.

프레드 셰로Fred Shero, 프로 아이스하키 코치

프린스턴대학 교수를 지냈고 현재는 옥스퍼드대학 교수로 재직 중인 수학자 앤드류 와일즈Andrew Wiles는 열 살이 된 무렵, 1637년에 등장하여 수학 역사상 가장 풀기 어려운 문제로 알려진 '페르마의 마지막 정리'를 풀기 시작했습니다. 그렇다고 그때부터 펜과 종이로 증명과정을 써 내려가기 시작했다는 건 아닙니다. 다만 지역공공도서관에서 그 문제를 처음 보자마자, 그는 여기에 자신이 평생의 열정을 바치게 되리라는 사실을 직감했던 것이죠.

와일즈는 이렇게 회고했다. "매우 단순해 보였지만 역사에 기록된 위대한 수학자들조차 풀지 못했던 문제였어요. 마주한 그 순간부터 절대 그냥 흘려보내지 않게 되리란 걸 깨달았죠." 20년 뒤 프린스턴대학의 교수로 재직하고 있던 와일즈는 수학 이론의 발달로 인해 페르마의 정리에 관한 연구가 '꽤 존중받을 만한' 학문적 과제가 되었다는 점을 포착했습니다. "마치 전기에 감전된 듯했죠. 제 인생의 방향이 바뀌는 순간이었어요."

1986년부터 와일즈는 다른 연구는 모두 미뤄둔 채 오직 어린 시절의 꿈을 실현시키는 데에만 몰두하기 시작했습니다. 우선 전 세계적으로 유명한 문제를 푸는 사람에게 따라올 대중의 관심과 그로 인한 산만함을 피하기 위해 철저히 비밀리에 연구를 진행하기로 결심했죠. 또한 자신이 문제를 해결할 경우 그 공로를 확실하게 인정받고 싶어 했습니다. 스포츠나 사업과 마찬가지로 학계 역시 경쟁이 치열한 세계이고, 자기 분야에서 최고의 자리에 오르고자 애쓰는 사람들이 대개 그렇듯, 와일즈 또한 영광을 향한 갈망이 컸던 것이죠. 만약 문제 해결 단계마다 성과를 발표한다면 누군가 마지막 순간에 끼어들어 최종 증명에 먼저 성공해버릴지도 모르는 일이었습니다. 그래서 와일즈가 페르마의 정리를 푸는 데 매달리고 있다는 사실을 아는 사람은 오직 그의 아내뿐이었고, 심지어 프린스턴대학교에서 가장 가까운 동료조차도 까맣게 모르고 있었죠.

그다음으로 취한 조치는 타인들의 관심을 다른 곳으로 돌리기 위해 문제 해결 과정에서 얻은 수학 이론의 작은 연구 성과를 발표하기로 한 것이었습니다. 이로써 학문적인 평판을 유지하면서 한편으로는 온전히 페르마의 정리 해결에 몰두할 수 있었죠.

특이한 점은 와일즈가 컴퓨터를 전혀 사용하지 않았다는 겁니다. 덕분에 8년이라는 길고 힘겨웠던 세월이 지나자 그의 책상은 휘갈긴 낙서들로 뒤덮였죠. 그는 후에 이것이 잠재의식으로 하여금 복잡한 문제를 해결하게 만드는 자신만의 방식이었다고 털어놨습니다. 하지만 시간이 흘러도 문제를 해결하겠다는 그의 동기는 흔들리지 않았지요. "아침에 일어나자마자 맨 먼저 하는 일이 페르마의 정리 작업이었어요. 그리고 종일 그것에만 매달렸죠. 잠자리에 들 때도 그 생각뿐이었습니다."

탐구 2년차에 재난에 가까운 위기가 찾아왔습니다. 어느 일본인 수학자가 페르마의 정리를 풀었다는 뉴스가 터졌던 것이죠. 학계가 그 증명을 세세하게 검토하는 동안 와일즈는 숨조차 쉬지 못하다가, 실패라고 판명된 뒤에야 안도의 한숨을 내쉬었습니다. 그리고 다시 사냥은 계속됐죠.

5년째 되던 해 와일즈에게 행운이 찾아왔습니다. 친구이자 박사과정 지도교수였던 존 코츠John Coates를 학술회의에서 우연히 만나 문제 해결의 실마리가 되는 특별한 방정식에 관한 새로운 연구에 대한 정보를 접할 수 있었죠. 연구 7년차에 마침내 와일즈는 수백 장에 달하는 증명 자료를 가지고 감격적인 공공 강연을 통해 자신의 발견을 세상에 알렸습니다. 그리고 동료 학자들이 제기한 다양한 기술적 문제들을 해결하는 데 또 1년이 걸렸죠. 이렇게 하여 1994년, 문제 해결에 착수한 지 8년째 되는 해에 와일즈는 드디어 페르마의 마지막 정리를 풀었다는 공식적인 인정을 받았고, 그는 수학 명예의 전당에 영구적으로 이름을 올렸으며, 〈피플〉지는 와일즈를 다이애나 왕세자비, 오프라 윈프리와 함께 '올해의 가장 흥미로운 인물'로 선정했습니다.

이처럼 한 사람으로 하여금 추상적이고 수준이 높은 수학 이론 해결이라는, 오랜 세월 집중해야 하는 이 외로운 작업에 매달리도록 동기를 부여한 요소는 대체 무엇이었을까요? 와일즈는 그 요소가 십자말풀이나 암 치료처럼 문제 해결을 즐기는 사람의 추진력과 다를 바 없다고 설명했습니다. 마치 방이 여러 개이고 불이 꺼진 채 미스터리를 간직한 저택을 탐험하는 것과 같다는 거죠. "첫 번째 방에 들어서면 아무것도 보이지 않죠. 칠흑 같은 어둠 속이니까요." 그러다가 여러 물건들에 부딪히면서 점차 "어떤 가구가 어디에 놓여 있는지 알게 됩니다." 마침내 전등 스위치를 찾아내 불을 켜면 정확한 자신의 위치와 다른 사물들의 배치를 파악할 수 있게 되죠. "그리고 다시 다음 방으로 옮겨가서"는, 똑같은 과정을 반복하고요. 통찰과 깨달음의 순간은 불현듯 찾아옵니다. 그때까지의 작업은 느리게 진행되고, 꼼꼼해야 하며, 고통을 수반하지만, 마침내 해결책을 발견했을 때의 감동은 더없이 만족스럽죠.

와일즈를 계속 집중하게 만들었던 내면의 불길은 강렬한 호기심, 전문가로서의 자부심, 경쟁적인 추진력이 완벽하게 조합된 결과였죠. 그는 자신의 직업을 사랑했기에 열심히 매달렸고, 수학 역사에 이름을 남기고 싶었기에 비밀스러운 연구를 참아냈던 겁니다.

내적 만족이냐, 외적 보상이냐

와일즈의 이야기는 성공의 두 가지 핵심 동기부여 요소를 보여주고 있습니다. 첫째, 와일즈가 복잡한 문제의 답을 알아내고 싶어 했던 것처럼 내적 만족에 기반한 동기가 서서히 불타올라야 합니다. 장기적인 목표에 한 발짝 더 가까워지게끔 만드는 매일의 노력을 즐길 때 비로소 우리는 내적 성공이 불러오는 행복을 더 많이 맛보게 되는 것이죠.

둘째, 자원, 보상, 인정을 얻으려는 경쟁에 뛰어들게 만드는 좀 더 긴급하고 강렬한 에너지도 있죠. 이런 형태의 에너지는 동기부여가 필요한 순간 우리의 성과를 북돋아 주고, 아드레날린을 공급하며, 기운을 보충해줍니다.

그런데 근래 자기계발서 저자들 중에는 보상 중심의 동기부여를 경시하는 경우가 많습니다. 이들은 에이브러햄 매슬로가 말한 '자아실현의 욕구'를 언급하면서 성공에는 자신이 사랑하는 일을 할 때 자연스레 따라오는 만족 기반의 에너지만 있으면 충분하다는 식으로 얘기하죠.《당신이 사랑하는 삶을 살아라》,《좋아하는 일을 하면 돈은 자연히 따라온다》같은 제목에 그런 의도가 고스란히 담겨 있습니다. 하지만 저는 이런 이분법적 사고가 대단히 잘못됐다고 생각합니다.

그건 아마도 제가 법과 비즈니스를 연구하는 학자이기 때문에 스포츠, 사업, 과학과 우주 탐사에 이르기까지 모든 영역에서 경쟁이 불러오는 힘을 잘 인지하고 있기 때문일 겁니다. 오랫동안 관심을 유지하고 활동을 계속하려면 만족 기반의 동기부여는 물론 매우 중요하죠. 하지만 보상에 근거한 추진력이 없다면 최고의 결과를 내는 데 충분한 에너지를 이끌어 내지 못할 수 있는 겁니다. 실제로 제 동료인 펜실베이니아대학 심리학과의 앤절라 더크워스 교수는 외적 보상이 주어진다는 약속을 통해 심지어 지능지수 점수까지도 올릴 수 있다는 점을 입증한 바 있죠. 단순히 지능검사 결과가 좋으면 보상해 주겠다는 제안을 한 것만으로도 지능지수 점수가 15점이나 올랐습니다. 앤드류 와일즈의 사례는 물론 수많은 스포츠 및 학계의 경쟁 사례에서 확인할 수 있듯이, 최상위 수준의 성과는 결국 만족과 보상, 두 가지 동기부여 모두에 기반하여 나오는 결과물이죠.

이처럼 흥미와 경쟁 두 가지 에너지의 힘을 효과적으로 활용하여 혁신을 이뤄낸 사례를 살펴보도록 하겠습니다. IBM이 제작한 '왓슨'이란 슈퍼컴퓨터가 미국 ABC 방송국의 퀴즈쇼 〈제퍼디!〉에서 역대 챔피언들을 물리치며 우승했던 일을 기억하실 겁니다. 인간과 컴퓨터 간에 벌어졌던 역사적인 대결이었죠. 당시 왓슨을 제작한 팀을 이끌었던 건 데이비드 페루치David Ferrucci라는 인물이었습니다.

세계에서 가장 똑똑하다고 정평 난 〈제퍼디!〉의 역대 챔피언들을 이길 수 있는 인공지능 체계를 만들기 위해, 페루치는 25명의 자원자들로 이뤄진 특별한 팀을 꾸렸죠. 이들은 모두 재능이 뛰어난 컴퓨터 과학자들로 평소 같으면 본인들 각자의 이름을 내세운 개별 프로젝트를 이끌 만한 인재들이었습니다. 하지만 페루치의 프로젝트로 단결한 이들은 각 개인으로서 서로 경쟁한 것이 아니라 하나의 팀으로 함께 경쟁하는 데 참여했습니다.

맨 처음에 왓슨은 〈제퍼디!〉식의 질문에 엉뚱한 답을 내놓았지요. 컴퓨터가 구어체의 질문에 제대로 응답하도록 프로그래밍하느라 대부분의 팀원들이 협력하여 수년이라는 시간을 보내면서 시간과 노력, 인내심을 투자해야 했습니다. 페루치는 이렇게 말했죠. "우리 팀의 집단 지능이 개인의 에고에 잠식당하지 않고 절망에 좌우되지 않도록 노력해야 했습니다." 페루치의 열정과 전국적으로 방송될 대결에서 승리하겠다는 그의 의지는 점차 팀 전체에 공유되기 시작했죠.

이렇게 팀에 보급된 경쟁적 에너지가 그들을 승리로 이끈 건 맞습니다. 하지만 이후에도 만족 기반의 차분한 에너지는 페루치와 일부 팀원들이 연구를 계속해 나가도록 독려하는 역할을 했죠. 〈제퍼디!〉우승 이후에도 이들은 자신들이 창조해낸 기술을 이용해 공공보건을 포함한 여러 중요 분야에서 인간과 컴퓨터가 더욱 긴밀히 협력하도록 돕고 있습니다. 왓슨 프로젝트는 미래 세대에 중대한 가치를 창출하는 혁신을 이뤄낸 것이지요.

동기에 왜 균형이 중요한 걸까

지난 수십 년간 연구자들은 인간의 동기가 가진 특징과 기원에 대해 논쟁을 벌여왔습니다. 그 결과 뇌의 화학작용에서 비롯된다는 데 대부분 동의하게 됐죠. 뇌의 보상중추에서 도파민이 자연 생성되는 것과 마찬가지로 엔도르핀, 옥시토신, 아드레날린, 세로토닌 같은 신경화학물질의 공급과 균형에 따라 인간의 감정이 만들어진다는 겁니다. 아주 어린 시절부터 인간은 유쾌한 정신적 상태를 유발하는 경험을 추구하며 고통, 수치심, 좌절을 야기하는 경험은 최소화하려 노력하죠.

그리고 인간의 진화가 진행되면서 이런 신경화학물질이 주는 보상은 상대적으로 적은 인간적 욕구와 연결되어 왔습니다. 어떤 욕구가 가장 '기본적'이냐에 대해서는 학자마다 견해가 다릅니다만, 다음 여섯 가지부터 살펴보면 될 겁니다. 정도의 차이는 있지만, 대부분의 사람은 다음과 같은 욕구들에 의해 자연적인 동기를 얻습니다.

- 음식, 주거지, 의복과 번식을 위한 원초적 욕구 충족
- 감각적 쾌락의 경험
- 타인과의 협력을 통한 소속감 성취
- 자율적인 행동이 가능하다는 느낌(유능함에 대한 자각)
- 사회에서 존경받는 위치를 얻는 것과 연관된 지위, 권력, 부富. 자원의 획득과 통제
- 불확실한 삶 속에서 의미와 질서를 제공하는 방어적 신념의 발견

앞서 5장에서 우리가 다뤘던 SAME 성격 분석은 자신에게 가장 큰 동기부여 효과가 있는 욕구를 찾아내는 데 유용합니다. 연구결

과에 의하면 뇌에서 분비되는 신경화학물질의 보상이 클수록, 이를 획득하기 위해 우리가 기울이는 노력 또한 커지기 때문이죠. 이른바 '크레스피 효과Crespi effect'는 1940년대에 이 현상을 처음 포착한 학자의 이름을 따서 지어진 심리학 용어죠. L. P. 크레스피 교수는 미로의 끝에 두 배의 보상이 기다리고 있다고 생각하면 쥐의 속도가 두 배 빨라진다는 점을 입증했습니다.

동기부여의 심리학에 대한 연구가 시작된 지 100년이 넘었음에도 불구하고, 만족 기반과 보상 기반 중 어느 쪽 동기가 더 중요한지를 두고 여전히 논쟁이 진행 중입니다. 전통주의자들은 외적 보상이 더 지배적이라고 생각하죠. 20세기 전반기에 행동주의 과학자들은 강아지와 마찬가지로 사람도 행동에 따라 보상이나 처벌을 받는 조건화 과정을 통해 학습된다고 믿었습니다. 같은 시기에 등장한 주류 경제학 역시 인간 행동에 관해 비슷한 관점을 가졌죠. 비누를 더 많이 팔고 싶다면? 가격을 할인하면 됩니다. 자녀들에게 구구단을 가르치고 싶다면? 숙제를 해온 아이에게 별점을 줘야 하죠.

이렇듯 단순하고 명쾌했던 동기부여에 대한 인식은 잇따른 연구와 실험의 결과에 의해 복잡해집니다. 쥐와 원숭이는 바뀐 환경을 탐색하면서 어려움에 처한 동료를 도왔고, (원숭이의 경우) 간단한 퍼즐을 풀면서 즐거워했죠. 전통주의자들이 주장한 보상 기반이나 처벌 기반의 동기부여가 없이도 그런 일이 일어났던 겁니다. 실제 동물들은 때로 보상을 받을 수 있음에도 그걸 무시하고 만족 기반의 활동을 추구하기도 하죠.

이러한 통찰은 소위 내적 동기부여(만족 기반 동기부여)에 관한 연구로 이어졌고, 사람을 움직이게끔 만드는 동기에 관한 우리의 이해는 한층 깊이를 더할 수 있었습니다. 먹고 마시고 번식하고, 쾌락과 지위를 추구하는 기본적 욕구에, 사회 집단과 교류하려는 욕구, 자신의 삶에서 자신을 독립적이고 유능한 존재로서 경험하려는 욕구를 과학자들이 추가한 셈입니다. 만족 기반 동기부여에 관한 탁월한 저서 《드라이브》에서 다니엘 핑크는 만족 기반 동기가 '자유, 도전, 목적'을 추구하는 내적 욕구라고 주장했죠.

또한 내적 만족과 외적 보상의 추구 간에 때때로 발생하는 긴장과 균형을 탐색하는 연구도 이뤄졌습니다. 그 결과 보상 추구로 인해 내적 만족이 밀려나거나 망가질 수도 있다는 사실이 밝혀졌죠. 예를 들어 순수하게 그림 그리는 것을 좋아하던 아마추어 화가가 돈을 벌기 위해 대량으로 풍경화를 생산해내기 시작한다면, 그림을 그리며 누렸던 즐거움이 시들해져 버리겠지요. 그럼 그의 붓질은 더이상 소중한 노동이 아니라 잡일의 반복이 되어버릴 겁니다.

만약 보상 기반 동기부여가 완전한 지배권을 갖는다면 번아웃 상태가 쉽게 찾아오게 됩니다. 워싱턴 D.C의 심리치료사인 더글러스 라비에르Douglas LaBier는 《현대의 광기》라는 책에서 겉으로는 성공한 것처럼 보이는 기업 임원들의 내적 실패들을 나열했습니다. 이들은 비현실적인 목표를 위해 돌진하면서 가족과의 관계를 위태로운 상태로 방치했고, 자신의 일이 윤리적 가치와 갈등을 빚으면 아예 자신의 관점을 정반대로 바꿔버렸지요. 결과는 어땠을까요? 우울증과 금단현상을 겪었고, 혼외정사 등 자기 파괴적 행동을 일삼았으며, 알코올 중독이나 약물 남용에 빠졌습니다. 아무리 많은 돈으로도 스트레스와 비참함을 견딜 수 없게 되면 우리는 불성실하게 일하고, 편법을 사용하고, 비용을 부풀리는 등 원칙을 무시하기 시작합니다. 더 나쁜 건, 일 이외의 순수한 만족(가족, 친구, 취미, 여가활동, 스포츠 등)을 추구할 수 있는 에너지조차 남지 않게 된다는 사실이죠. 따라서 만약 힘들기만 하고 전혀 만족스럽지 않은 현재의 일에서 얻을 수 있는 보상이 오직 '더 힘들게 일하는 것'뿐이라면, 변화가 필요한 순간이라는 뜻입니다.

계속 읽어나가기 전에 잠시 시간을 갖고 현재 여러분 인생에서 가장 큰 동기를 부여하는 것이 무엇인지 생각해 보세요. 그것이 지위, 명성, 부유함을 향한 뜨거운 추진력인가요? 이러한 보상 기반의 동기와 자율성, 성장, 목적을 향한 내적 욕구 사이의 균형감을 잘 찾을 수 있겠습니까? 어쩌면 여러분에게는 심장을 좀 더 빨리 뛰게 만들어줄 경쟁적 에너지가 더 필요한지도 모르지요. 어떤 답이 나왔든지, 이제는 여러분에게 필요한 새로운 에너지원을 찾아보도록 합시다.

성격이 만족 기반 동기부여에 미치는 영향

만족 기반 동기부여를 다루는 책들은 다니엘 핑크가 밝혀낸 세 가지, 즉 '자유, 도전, 목적'이 모든 사람에게 동등하게 동기를 부여한다고 주장하려는 경향이 있습니다. 하지만 그렇진 않습니다. 저의 와튼스쿨 동료인 애덤 그랜트 교수는 똑같은 일을 하더라도 성격 유형에 따라 동기부여 요소도 달라진다는 사실을 밝혀낸 바 있죠.

그는 콜센터를 비롯한 여러 작업 환경에서 연구를 수행한 끝에, 어떤 사람은 일을 제대로 끝마치는 데서 주로 동기를 부여받는 반면, 일부는 이면의 목적을 떠올림으로써 동기가 자극되는 경우도 있다는 점을 밝혀냈습니다. 연구 과정에서 그랜트는 콜센터 직원들 전부에게 그들이 하는 일로 인해 직접적인 혜택을 얻는 사람들을 직접 소개해 주었죠. 그러자 원래 성실하고 근면한 성격을 가진 직원들은 이런 목적 기반의 정보에 흥미를 보였으나 생산성에는 별다른 변화가 없었습니다. 반면 성실도가 낮았던 직원들의 경우에는 일의 목적에 대한 이해도가 높아지자 더 열심히 일하는 모습을 보였죠.

이런 점들을 주의 깊게 살펴보면, 내적 만족을 가져다주는 활동 중에서 특히 자신에게 더 잘 맞는 유형이 존재한다는 사실을 알 수 있습니다. 매우 외향적인 사람의 경우, 타인과 상호작용이 필요한 일을 할 때 더 높은 만족을 얻을 수 있죠. 실제로 이 방법은 그런 사람들에게 동기 에너지를 보충해 줍니다. 매우 지적인 유형의 사람은 추상적인 개념을 다루는 일에서 더 큰 만족을 얻습니다. 그러니 동기부여의 균형점을 찾고자 한다면 앞서 5장에서 작성한 SAME 성격 분석에서 중요한 정보를 얻을 수 있을 겁니다. 자신이 하는 일과 처한 사회적 환경이 자신의 성격과 잘 맞는다면 날개가 달린 듯이 동기부여가 될 수 있는 거죠. 자연스럽게 만족을 얻는 상황에 처해 있다는 것은 곧 번아웃의 위험은 적고 더 오랫동안 노력을 기울일 수 있다는 얘기니까요. 성격과 활동 간의 적합도는 4장의 주제인 의미 있는 일을 향한 탐색과도 연관돼 있습니다.

우리가 5장에서 SAME 프레임워크를 사용해 찾아냈던 자신의 주요 성격 특징을 되돌아봅시다. 그리고 자신의 성격에 맞는 활동을 찾아 그 일을 더 많이 하면 되는 겁니다. 예컨대 제가 운영했던 협상 워크숍에 참석한 네이비씰 대원들처럼 아드레날린이 솟구치는 흥분으로 가득한 삶을 추구하는 위험 감수형 모험가는 위험 그 자체에 이끌리고 그로부터 에너지를 공급받습니다. 네이비씰의 모토는 "편한 날은 이제 없다"고, 대원들은 가장 위험한 임무를 맡았을 때 최고의 동기부여를 받는다고 하죠. 그 장교 중 한 사람이 이런 말을 해준 적이 있었습니다. "제 부하들의 동기에 문제가 생기는 유일한 경우는 다음 임무를 받기 위해 대기할 때입니다. 그들은 가만히 기다리는 걸 결코 좋아하지 않죠. 그들을 기쁘게 해주려면 최대한 구를 수 있게 해줘야 합니다."

이 점을 설명하기 위해 앞으로 각각의 SAME 특징(사회적 유형, 행동지향, 마인드셋, 정서적 기질)별로 사례 연구를 제공하고자 합니다. 앞으로 보게 되겠지만, 성격에 맞는 활동을 하면 동기를 유지하기가 쉬워지지요. 그래도 추가적인 노력이 더 필요하다면 여기에 보상 기반 동기부여를 더해 에너지를 충전하면 됩니다. 다음의 사례들을 살펴보면서 어떤 종류의 과제가 자신에게 에너지를 불어넣을 수 있을지 스스로에게 물어보세요. 그리고 자신의 삶에 한층 에너지를 강화시켜줄 활동에 참여할 기회를 찾아보기 바랍니다.

사회적 유형 : 당신이 쾌활한 외향형이라면

제임스 헤어James Herr는 부모님과의 약속을 지키기 위해 펜실베이니아에 있는 가족 소유의 양계장에서 스물 한 살 때까지 일했습니다. 하지만 외로운 농장 생활은 그로 하여금 더 많은 것을 갈구하게 만들었지요. 헤어의 아들은 후에 "아버지는 바깥세상에 나가 사람들과 어울리게 해줄 일을 원했어요"라고 설명했습니다. 1946년, 헤어는 약혼자인 미리엄과 함께 설립된 지 얼마 되지 않은 감자칩 회사를 1,750달러에 인수하여 낮에는 감자칩을 만들고 저녁에는 집집마다 찾아다니며 팔기 시작했습니다. 수십 년이 지나 사업이 성장하여 현재는 직원이 1,000명이 넘고 연매출이 1억 달러에 달하는 헤어 식품Herr Foods이 되었죠.

제임스 헤어의 가장 큰 성공 요인은 그의 사교적 성격 덕분이었습니다. 뛰어난 영업자였던 그는 주요 고객은 물론 공장 직원들의 이름까지 전부 외웠죠. 이렇게 이름을 잘 기억하는 헤어의 재능은 직원들의 사기를 북돋웠고, 그 결과 직원들은 좋은 제품을 만들기 위해 세세한 작업 공정에까지 주의를 기울였습니다. 또한 헤어는 교회의 리더로서도 활발하게 활동했죠.

지역사회에서 헤어는 사업 수완뿐 아니라 돈독한 신앙심과 관대함으로 널리 이름을 알렸습니다. 많은 선행을 베풀면서도 비밀에 부쳤기 때문에 누구도 그가 자기 자신이나 회사를 위해 자선활동에 나선다고 생각하지 않았고요.

회사를 팔라는 제안을 여러 차례 받았지만 인수 제의를 매번 거절하면서 그는 오직 사업을 통해 자신의 가치를 실천하려 했습니다. 그의 모토는 단순했죠. "늘 타인에게 축복이 될 수 있도록 노력하라." 그리고 87세에 아내의 품 안에서 숨을 거뒀습니다. 이들 부부의 65주년 결혼기념일이었죠.

제임스 헤어는 쾌활한 외향인이었습니다. 낯선 이와 친구를 가리지 않고 늘 편하게 어울렸죠. 하지만 내향적인 사람이라고 해도 때로는 사람들과 어울리면서 올바른 사회적 상호작용을 통해 동기 에너지를 충전할 수 있습니다. 그리고 우리들 대부분은 도움이 필요한 사람에게 손을 내밀면서 삶의 활력을 얻기도 하죠. 스스로에게 물어보세요. 당신의 삶은 누군가에게 축복이 되고 있습니까?

행동지향 : 당신이 모험을 즐기는 위험 감수형이라면

로라 데커Laura Dekker는 인생에 도전과 모험이 없다면 금방 지루함을 느끼는 네덜란드 여성입니다. 내향적인 성격이라서 홀로 시간을 보내는 것을 중요시하고 즐기는 편이죠. 이런 자신의 성격에 맞는 동기부여 방법을 찾던 그녀는 보트 항해라는 스포츠와 만나게 되었습니다.

그녀는 열여섯 살 때 12미터 길이에 두 개의 돛대를 단 범선 '구피'를 타고 1년간 기록 경신을 위한 세계일주에 나섰죠. 항해 도중 여러 항구에 정박해 인터넷으로 학교 숙제를 제출하고 부모 및 후원자들에게 연락했습니다. 실제로 배를 몬 것은 본인 혼자였으므로 최연소 단독 세계일주 항해 신기록을 세웠습니다. 데커의 가장 최근 여정은 남아프리카공화국 케이프타운을 출발해 대서양을 가로질러 카리브해의 세인트마틴섬까지 5,600해리에 이르는 무정박 항해였죠.

부모님이 7년간의 크루즈 세계여행을 하는 중에 뉴질랜드에 정박했을 때 보트에서 태어났기 때문에 데커는 인생의 첫 몇 년을 바다 위에서 보내야 했지요. 네덜란드의 집으로 가족이 돌아오고 난 후, 그녀는 겨우 여섯 살에 소형 보트인 '옵티미스트'를 타고 집 근처의 호수를 건너면서 첫 단독 항해에 성공했습니다. 그리고 열세 살부터 세계일주 항해를 계획하기 시작한 것이죠.

어린 10대의 나이로 네덜란드에서 영국으로 단독 항해에 나서자 한바탕 소동이 벌어지기도 했습니다. 영국 당국에서 그녀의 아버지가 와야만 집으로 돌려보내겠다고 했던 겁니다. 마침내 데커가 세계일주 계획을 발표하자 네덜란드 당국은 그런 위험한 항해에 나서기엔 너무 어리다는 이유로 출항을 금지하는 법원 명령서를 받아내기까지 했습니다.

하지만 데커는 뜻을 굽히지 않았고, 부모의 도움으로 결국엔 법원 명령을 철회시키는 데 성공합니다. 그리고 2011년 1월 20일 세인트마틴섬을 출발한 데커는, 지구를 한 바퀴 돌고는 2012년 1월 21일 다시 출발점으로 되돌아왔죠. 기네스 세계기록은 아동을 위험에 빠뜨릴 수 있는 무모한 시도를 용인하지 않겠다는 이유로 2009년부터 청소년의 항해 기록을 인정하지 않기로 결정했기에 데커의 기록은 기네스북에 오르지는 못했습니다. 하지만 데커는 기록을 세웠다는 사실 자체만으로도 기뻐했죠. 데커가 블로그에

올리는 항해 관련 포스팅만 보아도 그녀의 행동지향적 성격이 강력한 학습 욕구와 잘 어울린다는 사실이 드러납니다. "항해는 제게 저 자신과 세계에 대해 많은 걸 배우고 평생의 꿈을 이룰 수 있는 독특한 기회를 제공해 주었어요."

마인드셋 : 당신이 지적인 혁명가형이라면

"호기심은 고양이를 죽이지만, 만족감은 고양이를 되살린다"는 속담이 있습니다. 뭔가를 이해하려는 인간의 욕구는 그것이 충족되었을 때 커다란 만족을 안겨줄 수 있는 기본 원동력임을 암시하는 말이죠. 마이클 셔머Michael Shermer가 《믿음의 탄생The Believing Brain》에서 주장했듯이 인간은 '패턴을 추구하는 동물'입니다. 우리는 세상이 작동되는 방식을 설명해 주는 통찰로부터 확신을 얻고, 그럼으로써 인생의 불확실성을 줄이고 무질서한 우주에서 안정감을 높이고자 하지요.

스티븐 호킹이 루게릭병 진단을 받은 것은 케임브리지대학교에 재학 중이던 21세 때였습니다. 루게릭병은 뇌와 척수에 발병하는 신경퇴행성 질환으로, 환자는 결국에는 자기 몸을 전혀 통제할 수 없게 되고 보통 2~3년 내에 사망합니다. 증상이 악화되면서 호킹의 신체 기능은 점점 더 제한되어 갔습니다. 28세에는 몸이 완전히 마비되어 휠체어에 의지해야 했고, 43세부터는 24시간 타인의 간호를 받아야만 했죠. 결국 컴퓨터와 맞춤형 음성합성장치를 통해 눈동자를 움직여 글자를 선택하는 방식으로 의사소통을 할 수

밖에 없게 되었습니다. 이후에는 적외선 센서로 뺨의 움직임을 포착하여 컴퓨터 화면에 뜨는 단어를 선택하는 방식으로 소통할 수 있었죠. 이런 방식으로 하나의 완전한 문장을 완성하는 데 10분이 걸리기도 했습니다.

이러한 장애에도 불구하고 호킹은 놀라운 지적 통찰력을 발휘하여 우주의 생성 원리를 밝히는 블랙홀과 빅뱅 이론을 발표함으로써 천체물리학의 역사를 바꿔놓았습니다. 1988년에 펴낸《시간의 역사》는 1,000만 부가 넘게 팔렸으며, 호킹은 학계에서 그에게 줄 수 있는 거의 모든 상을 수상했죠. 자신이 가장 좋아하는 두 개의 TV 프로그램〈스타트렉〉과〈심슨 가족〉에 게스트로 직접, 또는 합성 음성을 통해 출연하기도 했습니다.

호킹의 이러한 놀라운 스토리에는 사실 수많은 동기부여의 형태가 모두 작동하고 있긴 합니다. 하지만 그중에서도 주변 세계의 숨겨진 패턴을 밝혀내려는 기념비적인 추진력이야말로 그의 삶을 한층 두드러지게 만든 주역이라 할 수 있을 겁니다. 호킹은 그야말로 지적인 혁명가였던 거죠. 그는 이렇게 설명한 바 있습니다. "제 목적은 간단합니다. 우주가 왜 지금의 상태에 도달했는지, 왜 존재하는지를 포함해 우주를 완전하게 이해하는 것입니다."

정서적 기질 : 당신이 열정적이고 감정발산형인 예술가라면

정서적인 표현력이 강한 사람들에게는 감정을 분출할 수단이 필요합니다. 그리고 이들 중 대부분에게 어떤 식으로든 예술과 관련된 열정적인 삶을 사는 것은 그들의 동기를 불러일으키는 완벽한 방법이죠. 20세기 초반의 가장 유명한 지식인 집단 중 하나인 블룸즈버리 그룹은 런던에 거주하는 영국인 예술가, 철학자, 작가들의 모임으로서 소설가 버지니아 울프와 경제학자 존 메이너드 케인스 등이 포함돼 있었습니다. 두 여성 작가인 비타 새크빌 웨스트와 바이올렛 케펠 사이의 유명한 연애 사건이 이 모임에서 비롯되기도 했지요.

그들의 열정적이고 비인습적인 관계는 버지니아 울프의《올랜도》를 포함해 당시 적어도 세 권 이상의 책에 배경이 되어주었고, 이후로도 수십 년간 수많은 책에 영향을 끼쳤습니다. 어느 에세이스트는 둘의 관계를 다음과 같이 묘사했죠. "바이올렛이 비타를 사랑한 방식은 사회가 허용하는 수준을 넘어서는 것이었다. 그리고 사랑에 강박적이고 거칠게 빠진 여성들 대부분과 마찬가지로 미친 사람 취급을 받았다." 연인 비타에게 보내는 편지에 바이올렛은 이렇게 적었습니다. "고지식함, 성실함, 신의, 우쭐함 같은 번지르르하고 형편없는 미덕을 멀리하도록 하늘이 우리를 보호해주고 있어요." 바이올렛 케펠의 선명하고 자의식이 강한 내적인 삶은 그녀의 예술과 시, 수많은 작문의 토대가 되어주었죠. 열정적이고 감정발산형의 예술가였던 그녀는 보헤미안 스타일의 전형을 세웠다고 할 수 있겠습니다.

감정적인 성격을 가진 사람에게 자기표현은 해야 하는 일이 아니라 필수요소입니다. 특별히 친밀한 관계가 아니라도, 또는 어떤 예술적 표현이 아니라도 별 노력이나 어려움 없이 자기표현을 할 수 있다는 뜻이기도 합니다.

자신의 성격을 살펴봤을 때 어떤 방식의 동기부여가 가장 자연스럽다고 생각되나요? 폭넓은 사회생활, 집요한 성취, 지적 추구를 향한 지속적 관심, 정서적 표현 활동 중 무엇이 당신에게 가장 큰 에너지를 부여합니까? 당신은 지금 자신의 동기를 가장 생산적인 곳에 사용하고 있나요? 자신의 성격에 기반한 동기를 가장 중요한 장기적 목표에 일치시켰을 때 성공 확률을 극대화할 수 있습니다.

동기를 재충전해는 다섯 가지 리추얼

자신의 동기를 샘솟게 하는 원천이 무엇이든, 우리는 모두 하루하루를 살면서 다양한 과제를 처리해야 하고 여러 수준의 노력을 기울여야 하므로 그 원천을 새로고침해야 할 필요가 있습니다. 성공학 수업을 하면서 저는 학생들에게 각자 에너지를 유지하기 위해 개인적으로 사용하는 리추얼과 방법을 적어내라는 숙제를 내줍니다. 그리고 얼마나 다양한 대답이 나오는지, 매번 놀라곤 하죠. 그중에는 따뜻한 물로 샤워하기나 산책하기와 같은 단순한 것부터, 본인 목소리로 녹음한 말을 모닝콜로 활용하거나 중요한 시험 전에 동기를 끌어올리기 위한 다단계 의식 행하기 등이 포함돼 있습니다.

여러분은 어떻게 동기 에너지를 재충전하나요? 이제 성공과 실패를 가를 수도 있는 다섯 가지 기술을 소개하려 합니다. 이 다섯 가지를 여러분의 삶에서 실험해 보고, 의욕을 유지하는 데 도움이 되는지 직접 확인해 보세요. 그리고 자신에게 특히 효과가 있는 동기 재충전 리추얼이 무엇인지 목록을 작성해 보기 바랍니다.

1. 스스로에게 책임 부여하기 : 무리를 지어라

사회적 책임감은 아주 커다란 동기를 만들어 낼 수 있습니다. 그러니 스스로 동기부여에 이르는 데 어려움을 겪고 있다면, 모든 사람들의 에너지를 강화시켜 주는 지원 그룹을 만들어보는 쪽을 생각해 보세요. 데버라 바이얼Deborah Bial이라는 여성은 똑똑하지만 실제 성적은 좋지 못한 도심지 학생들을 대학에 진학시키는 프로그램을 만들어 성공적으로 운영 중입니다. 이 프로그램을 통해 여덟 개 도시의 학생 600명이 40개 대학에 재학 중이죠. 그리고 이 학생들은 잘해나가고 있습니다. 지금까지 전체 중 90%가 졸업에 성공했고, 그중 절반은 우등생 명단에 올랐고 25%는 성적우수상을 받았습니다.

바이얼이 파시 재단Posse Foundation을 설립하게 된 데는 그녀의 통찰력이 큰 몫을 했죠. 10대들이 주로 또래집단을 중심으로 생활한다는 점을 파악한 바이얼은 같은 도시의 저소득층 학생들을 면밀히 점검하는 프로그램을 만들었습니다. 모두 똑똑하지만 SAT 점수와 고등학교 성적이 낮아서 일류대학에는 들어가지 못한 학생들로, 같은 학교에 다니는 아이들끼리 하나의 그룹으로 묶었죠. 그런 다음 고등학교 시절부터 사회적 유대 경험을 쌓게 하고 대학에 진학한 후에도 유지하게 만들었습니다. 이들 그룹은 각각의 구성원들에게 책임감을 심어주면서, 모두가 숙제를 해오게 만들고 집단 정체성에 자부심을 갖도록 동기를 부여해줬죠. 파시 재단에서 장학금을 받아 브랜다이스대학교를 졸업한 후 현재는 사업을 운영하고 있는 어느 사람은 "학교에선 파시 아이들이 멋지고 똑똑하다는 소문이 돌았어요"라고 말했습니다. 10대 아이들에게 서로 지원하는 또래집단을 만들어줌으로써 바이얼은 학생들의 성공을 돕는 보상과 자부심 기반의 강력한 인센티브를 제공한 셈이었죠.

이와 같은 또래집단 원칙은 거의 모든 팀 스포츠에서 성공의 숨은 비결로 작용합니다. 그리고 위대한 코치는 대개 선수들에게 '팀'이 없이는 '나'도 없다는 인식을 심어주는 데 능숙한 사람이죠. 스포츠 동기부여 이야기 중 제가 가장 좋아하는 것은 제 고향인 필라델피아의 프로 아이스하키팀을 무대로 하고 있습니다.

1974년 필라델피아 플라이어스Philadelphia Flyers는 팀 최초의 스탠리컵(프로 아이스하키의 월드시리즈 우승컵) 획득에 단 1승만을 남겨두고 있었습니다. 보통의 코치라면 이런 상황에서 팀의 사기를 높이기 위해 열변을 토하겠지만, 플라이어스의 조용하고 내성적인 코치 프레드 셰로Fred Shero의 방식은 그와는 달랐죠. 평소에도 연습하는 중간 자신만의 생각에 골똘히 빠져드는 경향이 있어 '안개'라는 별명이 붙은 그는, 경기 전 라커룸 칠판에 사기를 북돋아 주기 위해 엉뚱한 격언을 곧잘 적어놓곤 했습니다. 셰로가 가장 좋아한 격언 중 하나는 이런 것이었죠. "아침에 베이컨과 달걀을 먹었다면 닭은 기부한 것이고 돼지는 헌신한 것이다."

스탠리컵 결승전이 벌어지던 날 오후에도 라커룸에 모인 선수들은 셰로 코치가 적어놓은 글귀를 읽게 되었습니다. "오늘 우승하면, 우리는 영원히 함께한다." 팀은 가진 전부를 경기에 쏟아부었고, 1 대 0의 짜릿한 승리를 거뒀습니다. 그리고 필라델피아 스포츠 역사상 최대 규모의 축하 행사가 벌어졌죠. 다음날에는 200만 명이 넘는 인파가 거리로 나와 사랑스러운 팀의 퍼레이드를 축하했습니다. 최근에 제가 플라이어스 경기장에 가 보니, 특별 부스가 설치돼 있고 1974년 우승 멤버들 여럿이 열성 팬들을 위해 사인을 해주고 있더군요. 셰로 코치가 약속했던 것처럼 40년이 넘게 지난 후에도 그들은 여전히 '함께'하고 있었습니다.

2. 롤 모델 찾기 : 나에게 영감을 주는 사람을 만나라

동기를 끌어올리는 또 하나의 흔한 방법은 자신에게 영감을 불어넣는 롤 모델을 찾아 그 사람과 연결되는 것입니다. 이 방법의 응용편으로 우리가 존경하거나 의욕을 고취시켜주는 메시지를 효과적으로 전달하는 사람의 목소리를 담은 슬로건, 책, 음성이나 영상을 접할 수도 있죠.

동기부여 연구를 위해 언젠가 사우스필라델피아의 거대 실내경기장에서 열리는 동기부여 세미나에 방문한 적이 있었습니다. 지역신문에는 청중을 모으기 위한 후원기업들의 전면 광고가 게재되었고, 5달러만 지불하면 월드시리즈 우승 감독인 필라델피아 필리스의 찰리 매뉴얼, 전직 뉴욕시장 루디 줄리아니, 전 국무부 장관 콜린 파월 등 유명 연사들의 강연을 들을 수 있는 세미나였습니다.

하지만 저 개인으로서는 저의 롤 모델이자 당시 82세의 동기부여 강사였던 지그 지글러를 만날 수 있다는 점이 무엇보다 뜻깊었죠. 평소에 늘 남을 가르치는 교사로서의 능력을 더 키우고 싶었던 저는 말의 힘을 통해 수많은 청중의 관심을 붙들 수 있는 사람에게 매력을 느껴왔습니다. 이미 수십 년 전부터 지그 지글러를 알아왔고 그의 강연 테이프를 들은 적도 있었죠. 그가 청중을 부리는 마술을 직접 지켜볼 수 있기를 학수고대해 오던 터였습니다.

지글러는 1970년대 기독교 복음을 전달하는 직업 연설가로 경력을 시작했다가 세일즈 동기부여와 성공 분야로 활동 무대를 옮겼습니다. 여타의 동기부여 강사들처럼 그 역시 책과 테이프를 엄청나게 팔았지만, 제가 그를 존경하는 이유는 너무 무게를 잡지도 않았고, 일부 성공학 대가들처럼 자신이 교황이나 넬슨 만델라 같은 유명인을 가르쳤다는 식으로 젠체하지도 않았기 때문이었죠. 지글러의 테이프를 듣고 있자면, 마치 저의 버지니아주 고향 시골에 있는 자동차 판매상이 말하는 걸 듣는 듯했습니다. 지글러의 목소리를 들으면 그가 파는 건 무엇이든 사고 싶어졌다고 밖에는 표현할 길이 없군요.

행사가 시작되자 찰리 매뉴얼은 겸손하고 부드럽게 팀워크야말로 우승의 비결이었다고 고백했습니다. 강렬한 인상의 줄리아니는 예기치 못한 상황을 대비하기 위한 '철저한 준비'의 필요성을 역설했고, 팡파르와 함께 소개된 콜린 파월은 리더십의 진정한 의미에 대해 강연했지요.

그리고 드디어 다음으로 지그 지글러의 순서가 찾아왔습니다.

지글러는 과연 저를 실망시키지 않았습니다. 나이가 무색하게도 그는 경기장 중앙에 설치된 단상으로 뛰어올라가 곧바로 강연을 시작했죠. 무대 양 끝을 왔다 갔다 하다가 이내 무릎을 꿇기도 하고 두 팔을 허공에 던졌다가는, 아내인 진과의 60년 넘는 결혼생활에 관한 농담을 던질 때는 목소리를 낮추더니, 이내 손가락으로 휘저으며 청중들에게 하루하루를 강렬한 의도를 갖고 살아가라고 촉구했습니다. 아마도 수천 번은 더 얘기했을 메시지였지만 지글러는 마치 이제 막 생각난 듯이 글자 하나하나를 생생히 전달했죠.

그는 성공이란 결국 비즈니스를 아끼는 것이라면서 처음부터 실용적인 주장을 펼쳤습니다. 돈이 없다고 창피해할 필요는 없다고 했죠. "돈은 인생에서 가장 중요한 건 아닙니다만, 꼭 있어야 하는 산소와 비슷하지요." 어휘 사전에서 '실패'라는 단어를 추방하라고 요청할 때 그의 부드러운 말투에서는 소박함이 느껴졌고요. "실패에서 배울 수 있다면 당신은 사실 패배한 게 아닙니다!" 그리고 마지막에는 자신의 길고 성공적인 인생 비결을 한 문장으로 요약해 주었지요. "남들이 원하는 것을 얻도록 충분히 돕는다면 당신 또한 인생에서 원하는 것을 무엇이든 가질 수 있습니다!"

지그 지글러는 이 말과 함께 우레와 같은 박수갈채 속에서 무대를 내려갔죠.

그날 저는 타인을 고무시키는 사람들이 가진 힘에 경탄하지 않을 수 없었습니다. 어떤 일을 하다가 길을 잃었다는 느낌이 들거나 자신이 쓸모없다는 생각에 사로잡힐 때, 당신을 다시 제자리로 되돌려 놓을 만큼 진정 가치 있는 일을 해온 사람과 만나는 것만큼 훌륭한 선택은 없죠. 그리고 에너지가 가득한 훌륭한 조언을 듣는 것 역시 도움이 됩니다. 지글러는 우리에게 앞서나가기 위한 모든 방법을 정확히 일러주었습니다. 사람들에게 원하는 것을 주면 보답할 것이다. 실패가 자신을 좌절시키게 놔두지 말라. 그리고 지금 나이가 몇 살이든지, 하고 있는 일에서 재미를 찾아라.

3. 동기부여 리추얼 만들기 : 습관으로 만들어라

분명 여러분에게는 최고의 퍼포먼스를 내야 하는 순간, 또는 지루하거나 반복적인 일을 하면서 힘을 내야 할 때를 위한 자신만의 동기부여 리추얼이 있을 겁니다. 예를 들어 정서적 에너지를 끌어올리기 위해서는 음악만한 것이 없죠. 헬스클럽에 가 보면 운동하는 동안 이어폰을 꽂고 기운을 북돋아 주는 음악을 들으며 힘을 내는 사람들을 쉽게 찾아볼 수 있습니다. 또 스포츠 팀들은 경기 시작 전에 같이 음악을 듣는 의식을 치르기도 하지요. 다음은 동기부여 요소로서 음악의 역할을 연구하던 일군의 운동 심리학자들이 어느 고교 미식축구 선수로부터 들은 말을 기록한 내용입니다.

경기에 출전하기 전에 우리가 하는 가장 중요한 일은 필 콜린스의 노래 '오늘 밤에는 공기가 달라I can feel it in the air tonight'를 듣는 거예요. 불을 다 꺼놓고요. 박자가 느린 노래지만 절정 부분에 이르면 모두들 소리를 지르며 라커를 두드리죠. 그리고는 버스에 올라 경기장으로 출발해요.

인간의 마음은 연상작용에 반응합니다. 초콜릿 과자 냄새를 맡으면 별로 배가 고프지 않아도 입에 군침이 돌기 시작하죠. 동기부여에서도 마찬가지 원리가 작동합니다. 음악은 그중에서도 가장 강력한 연상작용의 엔진 역할을 하는 것이고요. 일단 동기를 북돋는 음악을 켜기만 하면 아무리 어려운 일이라도 시작하기가 한결 수월해집니다.

4. 자기 자신과 경쟁하기 : 스스로에게 보상하라

우리는 회사에서 일하는 대가로 월급을 받고, 운이 좋아 성과를 내면 칭찬을 받을 때도 있죠. 하지만 우리를 자극하는 경쟁이 반드시 외부에서 비롯돼야 하는 건 아닙니다. 자신이 하는 일에서 본인 내면으로부터 경쟁, 보상, 벌, 과제를 만들어냄으로써 에너지를 공급하는 사람들이 많습니다. 메리 케이 코스메틱의 설립자 메리 케이 애쉬Mary Kay Ash는 이렇게 표현한 적 있죠. "경쟁은 매우 강력한 동기가 될 수 있다. 하지만 내가 깨달은 바에 의하면, 자기 자신과 경쟁할 때야말로 가장 강력해진다."

자신과의 경쟁을 치르는 방법 중 하나는 운동, 다이어트, 공부, 업무 등의 완수와 관련해 자체적인 보상 및 처벌 계획을 만드는 것입니다. 50권이 넘는 장편소설과 수많은 단편집, 여덟 권의 시집을 발표한 조이스 캐럴 오츠는 기자와의 인터뷰에서 생산성을 높이기 위해 사용하는 동기부여 비결에 대해 언급한 적이 있었죠. 오츠는 거의 강박에 가까울 정도로 집을 청소하고 정돈하는 걸 즐긴다고 했습니다. "진공청소기를 돌리고 있을 때 정말 행복해요." 그래서 그녀는 자신이 계속 글을 쓰게 만들기 위한 미끼로 청소를 활용했죠. "청소는 일을 끝마쳤을 때 저 자신에게 주는 보상인 거죠."

5. 상대방이 틀렸음을 입증하기 : 당신이 가진 것을 보여줘라

누군가로부터 "너는 절대 이 일을 해내지 못할 거야. 차라리 지금 포기하는 게 어때?"라는 가시 돋친 말을 들어본 적 있나요? 단지 동기부여를 위해서라면 이런 말을 굳이 실제로 들어야 할 필요는 없습니다. 저와 제 학생들이 '내가 가진 걸 보여주기'라고 명명한 기술을 쓴다면 말이죠.

이 동기부여 기술은 타인의 기대를 기준으로 자신을 평가하는 방법이라서 한계가 있긴 합니다만, 사실 커리어라는 건 이 방법을 토대로 쌓아 올려지는 겁니다. 작가 조지 플림톤George Plimpton은 본인이 직접 여러 분야에 뛰어들었던 경험을 바탕으로《종이 사자 Paper Lion》(프로 미식축구), 《리그를 떠나며Out of My League》(메이저리그 투수), 단편소설 〈나는 아폴로에서 공연했다〉(할렘가 아폴로 극장에서의 공연)을 썼고 상도 받았죠. 후에 동기부여 계기를 회고하면서 그는 자기가 평생 해온 일은 모두 플림톤을 두고 장차 실패하리라 여겼던 고등학교 시절 교사들에 대한 일종의 복수였다고 털어놨습니다. "나의 멘토들에게 그들이 베푼 최고 수준의 다양한 훈육을 내가 어떻게든 극복해냈다는 걸 보여주고자" 노력했다는 것이죠. 이와 비슷하게 어느 비영리 단체 임원은 〈뉴욕타임스〉와의 인터뷰에서 수십 년 전 대학교수가 자신에게 여름 학기 인턴십 과정을 허락하지 않았던 일에서 여전히 에너지를 얻곤 한다고 밝힌 바 있습니다. "저의 삶에 대해 그 사람이 잘못 판단했다는 걸 입증하기 위해 노력해 왔어요."

죽음에 대한 생각이 동기부여에 미치는 영향

동기motivation는 우리가 크고 작은 장애물을 극복하고 장기 목표를 향해 전진할 수 있는 힘을 계속해서 부여해주는 에너지원입니다. 동기가 있어야 우리의 능력이 비로소 발휘될 수 있죠. 만족 기반의 동기는 내적 성공과 연관된 행복을 얻게 해주고, 보상 기반의 동기는 외적 성공과 관련된 성취를 이뤄내도록 우리를 자극하지요.

반드시 기억해야 할 것이 있습니다. 이번 장에서 우리가 다뤄온 모든 이야기의 기저에 깔려 있는, 우리가 드러내놓고 얘기하진 않았지만 우리의 동기 전반에 영향을 끼치는 필연적인 사실은, 우리가 평생의 목표를 이루기 위해 살아 있을 수 있는 시간은 제한돼 있다는 점입니다. 성공학 강좌가 학기 중간쯤에 이르면 저는 학생들이 강의실에 들어오기 전 칠판에 32,850이라는 숫자를 적어놓고, 학생들에게 수업이 끝날 때까지 저 숫자들이 무엇을 의미하는

지 생각해 보라는 과제를 내줍니다.

만약 누구도 정답을 말하지 못하면 저는 수업을 마치면서 이렇게 얘기하죠. "저 숫자는 여러분이 운이 좋아서 90세까지 산다고 가정할 때, 여러분이 누릴 수 있는 '하루'의 수를 뜻합니다." 하루가 지날 때마다 저 숫자는 점점 줄어드는 거죠.

누군가에게는 그저 우울함만 더해줄 수 있을 테니, 우리에게 남은 날이 한정돼 있다는 사실을 굳이 강조할 생각은 없습니다. 굳이 죽음을 떠올릴 필요는 없을 테니까요. 하지만 이 사실을 직시한다면 모든 게 달라질 겁니다. 삶 그 자체만큼 강력한 동기부여는 없으니까요. 예를 들어 프롤로그에도 인용했던 2005년 스탠퍼드대 졸업식 연설에서 스티브 잡스는 죽음에 대한 인식이 어떻게 자신에게 동기를 부여했는지 밝히고 있죠.

> 열일곱 살 때 이런 격언을 읽었습니다. "하루하루를 인생의 마지막 날처럼 산다면 언젠가 분명 올바른 삶을 살고 있을 것이다." 이 말에 깊은 감명을 받은 저는 이후 33년 동안 매일 아침마다 거울을 들여다보면서 "만약 오늘이 내 인생의 마지막 날이라면, 과연 오늘 내가 하려는 일을 나는 정말 하고 싶은가?"라고 물어봅니다. 이 질문에 대한 답이 며칠간 계속해서 "아니다"로 나오면 저는 변화가 필요한 순간이 찾아왔음을 깨닫죠. 내가 곧 죽게 된다는 사실을 상기하는 일은 인생의 중대사를 선택하는 데 도움을 주는 가장 중요한 도구입니다. 왜냐하면 죽음 앞에서는 외부의 기대, 자존심, 당황하고 실패했을 때

느낄 두려움 등이 모두 사라지고 오직 진정으로 중요한 것만이 남게 되기 때문이죠. … 여러분은 이미 벌거벗었습니다. 그러니 심장이 이끄는 대로 따르지 않을 이유가 없는 겁니다.

우리 자신에게 동기부여의 불을 붙여야 하는 이유는 바로 이것입니다. 어차피 한 번밖에 살 수 없는 삶인데 목적과 에너지를 불태워야 하지 않나요? 기념할 만한 인생을 살아야 하지 않겠습니까? 그렇게 해서 잃을 게 뭐란 말입니까?

동기부여 에너지를 충전했다면, 이제 성공 퍼즐의 마지막 조각, 진정한 관계를 구축하고 유지하는 일만 남았군요. 앞서도 말했지만 우리는 자기 혼자의 힘만으로는, 어떤 목표도 성취할 수 없습니다. 더구나 성공적인 삶처럼 달성하기 힘든 목표야 두말할 필요가 없고요. 인간은 사회적 동물이므로 사회적 본능과 대인관계 능력은 성공을 향한 여정의 매 단계마다 중대한 역할을 담당하게 될 것입니다.

다음 장에서 알게 되겠지만, 사교력과 성공의 상관관계에 관한 잘못된 미신들이 수없이 많습니다. 관습적인 통념에 따르면, '친구를 얻고 사람들에게 영향력을 끼치기 위해서는' 막힘없이 말 잘하는 외향적 인간이 되어야 하죠. 하지만 현실은 꽤 다릅니다. 사람들은 저마다 성격의 가장 내밀한 측면과 연결되어 있는 각자의 독특한 방식으로 타인과 관계를 맺지요. 따라서 어떤 특정한 하나의 사교 스타일이 늘 만능일 수가 없는 겁니다. 여러분의 가장 중요한 인간관계는 사실, 달변에 자기확신이 강한 사람보다는 순수하고 인간미가 있는 사람이 되고자 하는 자신의 의지에 기반해 있을 수 있습니다. 또 성취의 측면에서 보자면, 남들이 여러분을 단지 호감 가는 사람이 아니라 신뢰할 만한 사람으로 여겨야 업무 파트너로 더 선호하게 되겠죠.

이제 페이지를 넘겨 봅시다. 이번 장은 도서관의 어린 소년 이야기로 출발했는데, 다음 장에서는 난파선을 만날 예정입니다.

만족과 보상의 동기부여를 결합해 에너지를 확보하라

동기를 부여하는 에너지에는 빨리 소모되는 보상과 인센티브, 그리고 천천히 연소하는 내적 만족, 두 가지 종류가 있다. 성공을 위해서는 이 두 가지 에너지원을 결합시켜 올바르게 활용해야 한다.

보상에만 의존한다면 번아웃되기 쉽고, 내적 만족에만 매달리면 필요한 순간 강렬한 힘을 내기 어렵다. 에너지를 확보하려면 자신의 SAME 성격 강점에 어울리는 장기 목표를 찾아야 한다.

언제나 동기부여가 유지되는 사람은 없다. 따라서 늘 재충전이 필요하다. 다음과 같은 방법을 사용하라.

- 무리를 지어라
- 영감을 주는 사람을 만나라
- 습관으로 만들어라
- 스스로에게 보상하라
- 당신이 가진 것을 보여줘라

9

타인에게 영향력을 발휘하라
관계, 신용, 상호작용에 관하여

항상 올바르게 행동하라.
일부는 만족할 것이고 나머지는 깜짝 놀랄 것이다.

마크 트웨인

1927년 5월 25일, 매사추세츠주 케이프코드 남쪽의 낸터킷섬 인근의 짙은 안개 속에서, 당시 미국에서 제조된 상선商船 중 최대 크기였던 말로로호SS Malolo는 전속력으로 돌진해오던 노르웨이 화물선에 측면을 부딪혔습니다. 그리고 그 충격으로 인해 말로로호의 엔진과 보일러실이 위치한 선체 부위에 가로 약 60센티미터, 세로 약 4.5미터의 틈이 생겼죠. 훗날의 기록에 따르면, 1,000명이 넘는 사망자를 냈던 1914년 영국의 원양선 아일랜드황후호Empress of Ireland 침몰과 똑같은 유형의 충돌이었습니다. 그 충돌로 인한 선체 파괴는 1912년 북대서양에서 빙산과 충돌했던 타이태닉호와 마찬가지로 말로로호의 구조적 완전성을 무너뜨렸죠. 5월의 안개 자욱한 아침에 7,000톤에 이르는 바닷물이 엔진실로 밀려들면서 말로로호는 침몰 직전의 상황까지 갔습니다.

아니, 만약 사고 당시 마침 말로로호에 승선 중이던 이 상선의 설계자 프랜시스 '윌리' 깁스Francis 'Willy' Gibbs가 선박의 안전에 관해 그토록 강박적인 완벽주의자가 아니었더라면 그렇게 됐겠지요. 하지만 깁스의 혁신적인 선체 디자인 덕에 그런 일은 발생하지 않았습니다. 충돌 후에도 말로로호는 5도 이상 기울어지지 않은 상태로 뉴욕항까지 무사히 견인되었고 곧장 수리를 받은 후, 이후로도 50년간 당당히 바다를 누볐죠.

이로 인해 윌리 깁스의 선체 디자인은 업계의 표준이 되었으며 그는 당대 일류 선박 설계자로 자리 잡게 됩니다. 그가 세운 회사 깁스&콕스Gibbs & Cox는 직원 1,000명 규모로 성장했고, 2,000톤 이상 상선 중 63퍼센트와 제2차 세계대전에 동원됐던 해군 군함 중 74퍼센트를 설계하기에 이르렀죠. 미국이 태평양의 과달카날섬의 지배권을 두고 일본과 전쟁을 벌이고 히틀러의 나치 군대가 스탈린그라드를 공격하던 당시의 전쟁에 그가 너무도 중요한 역할을 담당했기에, 〈타임〉지는 윌리 깁스를 1942년 9월 28일자 표지 모델로 쓰면서 그를 다룬 기사의 제목을 다음과 같이 정했습니다. "선박 설계자 깁스 : 미국인이 다시 배를 바다로 보내는 전문가가 되다."

전쟁이 끝난 후에 깁스는 자신의 평생 꿈이었던 배를 직접 설계하고 제조 과정을 감독합니다. 바로 그때껏 미국에서 만들어진 배 중 가장 빠르고 안전하며 거대한 호화 여객선으로 1952년 진수進水한 유나이티드스테이츠호ss United States였죠. 깁스가 소유하고 동생과 함께 운영한 회사는 번창을 거듭해 오늘날에도 가장 성공한 독립 조선 기업으로 남아 있습니다.

역사가 스티븐 우지푸사Steven Ujifusa가《한 남자와 그의 배A Man and His Ship》에 기록했듯이, 조선업계에서 깁스만큼 완벽한 성공을 거둔 사람은 찾아보기 힘듭니다. 그의 비결은 과연 무엇이었을까요? 다음 세 가지를 얘기할 수 있습니다.

첫 번째, 지금까지 이 책에서 우리가 만나본 많은 사람처럼, 깁스 역시 자신을 매료시킨 대상에 평생을 바쳤죠. 여덟 살 때 필라델피아 조선소에서 원양여객선 세인트루이스호의 화려한 진수 행사를 처음 목격한 이래 조선업은 그의 상상력을 온통 사로잡아 왔습니다. 깁스는 후에 이렇게 말했죠. "그날부터 내내 저는 온 삶을 배에 바쳤죠."

두 번째, 20대 중반까지 부모에게 순종했지만, 그렇다고 부모의 기대 때문에 자신이 간절히 바라는 일을 그만두지는 않았습니다. 그의 아버지는 깁스에게 변호사가 되라고 주문했고 그 목표를 이루기 위해 깁스는 하버드대에 진학했지만, 재정 문제로 아버지 사업이 파산하자 대학을 중퇴했다가 결국엔 컬럼비아대학교와 컬럼비아법학대학원을 마치게 됩니다. 후에 말하길, 그는 경제적 궁핍 덕택에 노동의 가치를 깨닫게 되는 고마운 경험이었다고 했죠. 하지만 깁스는 법학대학원 졸업 후 단 1년간만 법조계에서 일했을 뿐이었습니다.

사실 그는 학교에 다니든 말든 언제나 방에 틀어박혀 선박 설계에만 몰두했죠. 법학대학원을 다닐 때조차 선박 건조의 꿈을 이루기 위해 밤마다 혼자 힘으로 공학을 공부했습니다. "독학이야말로 진정한 공부의 길이죠." 원치 않았던 법조계 일을 그만두고 나서야 깁스의 진정한 인생이 시작됐습니다. 일류 선박 설계자의 견습생으로 들어간 그는 이후 쭉 한 길만 걸었죠.

우리가 이번 장에서 던질 특별한 질문과 연관되어 있기도 한 깁스의 세 번째 성공 비결은, 성공의 사회적 측면을 다룬 그가 다룬 방식에 있습니다. 그는 타인과의 관계에서 자신을 있는 그대로 보여줬죠. 깁스는 업계에서 가장 비호감이고 괴팍한 성격으로 유명했고, 당대 가장 인기 있는 성공학 서적이었던 데일 카네기 《인간관계론》이 제안하는 규칙을 거의 모두 어길 정도였습니다. 거의 웃지도 않았고, 남의 이름을 애써 외우지도 않았으며, 아첨 따위는 혐오했죠. "인기를 얻고 남들이 자신을 좋아하게 만드는 일은 새들에게나 어울리는 짓이지." 〈포춘〉지와의 인터뷰에서 깁스는 이렇게 말했습니다. "그나마 내가 지금보다 더 지독한 사람이 아니라는 걸 사람들은 신에게 감사해야 할 거요."

분명 그는 친절하고 멋진 사람은 아니었죠. 하지만 솔직했기에 성공할 수 있었습니다. 그런 성격 덕분에 조선업이라는 거칠고 난폭한 세계에서 전문가로서 신용을 얻을 수 있었던 겁니다.

깁스는 심지어 여성에게 구애할 때조차도 본인의 성격을 있는 그대로 밀어붙였습니다. 늦은 나이에 결혼한 이유도 아마 여기에 있었으리라 봅니다. 깁스가 마흔한 살에 만난 베라 크라바스는 뉴욕에서 잘나가는 변호사의 딸로, 사교계에서 인기를 끌고 있었죠. 둘은 서로 절대 어울릴 것 같지 않은 한 쌍이었지만, 겉만 번지르르하고 깊이가 없는 뉴욕 남자들에게 질려 있는 상태로 최근 이혼을 겪은 서른한 살의 크라바스는 깁스의 대쪽같은 성격에 오히려 관심이 갔습니다. 1927년의 어느 저녁 만찬 파티에서 깁스를 처음 만났을 때를 크라바스는 이렇게 회상한 바 있습니다. "좀 이상한 사람이라고 생각했지만 매력을 느꼈어요. 진부한 얘기처럼 들리겠지만 그는 자신의 삶을 어떻게 살아야 할지 아는 사람이었죠. 배를 만들고 싶어 했어요."

이후 두 사람은 한 달간 사랑의 도피를 떠나 친구와 가족 들을 놀라게 만들기도 했죠. 크라바스는 깁스가 1967년 사망할 때까지 헌신적인 배우자 겸 최고의 팬으로서 그의 곁을 지켰습니다. 남편과 마찬가지로 그녀 또한 자신의 관심사에 열정적인 인물이었죠. 어머니가 오페라 가수였고 본인 또한 오페라를 평생 사랑해 왔기에 뉴욕 메트로폴리탄 오페라 길드의 초대 회장을 맡기도 했습니다.

앞으로 확인하게 되겠지만, 깁스는 사교적이지 못한 성격 때문에 자신의 인생 중 매우 중요한 한 영역에서 실패를 겪습니다. 반면 탄탄한 신용은 그에게 엄청난 성공을 안겨줬지요. 깁스의 스토리는 자신의 부족한 사교술이 꿈을 이루는 데 장애가 된다고 생각하는 모든 이들에게 희망을 줍니다.

이번 장에서는 성공을 위해 필요한 능력 중 사교적인 측면을 보다 깊숙이 탐색하게 됩니다. 모든 성공학 서적 중에서 제가 가장 좋아하는 데일 카네기의 《인간관계론》의 틀을 주로 따를 예정이죠. 대인관계에서 성공하는 원천으로서 우정과 영향력, 신용을 살펴볼 겁니다.

이 장에서 다루는 주제에 관해 저는 이미 두 권의 책, 《협상의 전략Bargaining for Advantage》과 《구애의 기술The Art of Woo》을 펴낸 바 있습니다. 비록 여기서 구체적인 협상이나 설득의 기술을 다루지 않겠지만, 만약 이 주제에 더 관심이 있는 독자라면 이 두 권을 참조하길 바랍니다.

친구를 얻고 남에게 영향력을 행사하는 법

정신과 의사이자 〈뉴욕타임스〉에 칼럼을 기고하는 폴 스타인버그는 이렇게 주장한 바 있죠. "인간이 사회적 동물이라는 점을 감안하면, 대인지능interpersonal intelligence은 우리가 타고난 능력 중에서 가장 중요할지 모른다. 언어적 지능과 논리-수리적 지능만큼이나, 아니 어쩌면 그보다 더 중요할 수도 있다." 즉, 이번 장에서 던질 질문에는 이미 명확한 답이 존재한다는 뜻입니다.

친구를 얻고 남에게 영향력을 행사하는 것이 성공을 위한 필수 조건일까요?

네!

하지만 그 방식은 저마다 다르지요. 성공을 위해 친구가 얼마나 많이 필요한지, 얼마나 강력한 영향력을 가져야 할지도 추구하는 성공의 경로에 따라 다른 겁니다. 깁스의 이야기는 사람과 성격이 다양한 만큼이나 인생의 사교적 측면을 탐색하는 방법 또한 다양하다는 점을 가르쳐 주지요. 깁스처럼 친구가 많지 않더라도 영향력을 구축할 수도 있고, 그의 아내 크라바스처럼 폭넓은 인맥을 통해 목표를 달성할 수도 있습니다.

하지만 성공의 사교적 측면을 더 깊이 파고들기 전에, 먼저 '친구'와 '영향력'이라는 핵심 단어의 의미를 정확히 이해해야 합니다. 우선 '영향력'은 상대적으로 좀 더 정의하기가 쉽죠. 영향력이란 뇌물, 위협, 폭력을 사용하지 않고도 타인의 행동에 영향을 끼칠 수 있는 능력을 말합니다.

영향력은 권위를 통해 얻을 수도 있고, 때로는 전문적 지식이나 특정 과업을 달성하는 검증된 능력을 통해 얻기도 합니다. 대개의 경우 타인으로부터 영향을 스스로 받아들이는지 여부는 그 사람에 대한 신뢰와 연관돼 있죠.

윌리 깁스는 커리어를 발전시켜 나가는 과정에서 이러한 요소들을 모두 사용하여 영향력을 확보했습니다. 조선업에 대한 지식을 익혀 설계 능력을 서서히 발전시킨 다음, 몇몇 대형 프로젝트를 성공적으로 완수하여 능력을 입증했고, 이후 회사를 차려 권위를 얻은 후에는 깔끔하게 거래하고 믿을 만하다는 업계의 평판을 얻음으로써 신용을 쌓은 것이죠. 이런 요소들이 수십 년에 걸쳐 축적되면서 타인의 행동에 강력한 영향력을 행사할 수 있는 사람이 된 겁니다. 하지만 사실 개인적으로 그를 좋아하는 사람은 매우 적었죠.

이에 비하면 '친구'는 훨씬 더 수수께끼 같은 단어입니다. 게다가 소셜미디어의 등장으로 인해 사회적 관계에는 새로운 층위가 추가되기까지 했죠. 한 번도 만나본 적은 없지만 인터넷에서 본인 블로그를 열심히 팔로우하는 사람을, 여러분은 친구라고 말할 수 있나요? 또 누군가와 친구 상태를 유지하려면 대체 그 사람 소셜미디어에 얼마나 자주 '좋아요'를 누르고 댓글을 달아줘야 할까요?

사회적 삶에 관한 고대의 권위자였던 아리스토텔레스는, 우정의 종류를 '즐거움', '유용성', '미덕'이라는 세 가지 범주로 나눈 바 있습니다. 제 수업을 듣는 학생들도 가끔 이 범주에 따라 자신의 친구를 분류해 보기도 합니다.

'즐거운 친구'란 여가활동을 함께 즐기는 파트너입니다. 스포츠 경기 관람, 독서나 영화 감상, 술집 순례 등을 함께하죠. '유용한 친구'는 주로 직장에서 임무를 완수하기 위해 당신이 교류하는 사람을 일컫습니다.

아리스토텔레스는, 가장 깊고 흥미로운 관계는 '미덕을 나누는 친구'라고 봤습니다. 이들은 오랜 시간에 걸쳐 마음속 생각과 감정을 공유하고, 만날 때마다 인생, 가족, 목적, 아이디어, 열정 등에 관한 이야기를 이어갈 수 있는 사람들이죠. 비록 이 장에서 우리가 다루는 건 대부분 유용한 친구에 관한 내용이지만, 마지막에는 여러분이 자신의 삶을 되짚어보면서, 내면의 '미덕'을 나누는 사회적 관계에 포함시킬 만한 사람을 골라내고 그 목록을 관리하는 법을 살펴볼 수 있는 기회를 제공할 예정입니다.

한 가지 확실한 것이 있습니다. 어떻게 정의하더라도 진정한 우정이란, 사교술이나 인스턴트 메시지보다는 한 사람으로서 갖는 진정성에 좌우된다는 점이지요. 하지만 현실적으로 친구의 어쩔수 없는 결점까지 받아들인다는 것은 말처럼 쉽지 않습니다. 그러려면 타인을 신뢰하는 능력은 물론, 앞서 7장에서 살펴봤던 확고한 자신감도 갖추고 있어야 하죠.

윌리 깁스의 몇 안 되는 친구들은 그의 괴팍함을 불쾌해하지 않고 받아들였습니다. 그 성격은 깁스의 내향적인 자아가 쓸데없는 잡담과 공허한 사회적 의식儀式으로부터 자신을 보호하기 위한 방편이라고 생각했던 것이죠. 이 친구들은 깁스를 잘 알았기에 그의 행동을 이해해 주었고, 그가 지나치게 짜증을 부릴 때면 그냥 혼자 있도록 내버려 두었습니다. 함께 있어도 깁스가 편안해할 수 있는 소수의 사람에 속했던 영화배우 캐서린 코넬은, 깁스가 사람들로부터 고립된 건 그의 완벽주의 성향 탓이라고 말했죠. "그는 친구가 매우 적었어요. 하지만 마음에 드는 사람이 있으면 그 사람이 관심을 기울이는 일은 무엇이든 도우려 했고 늘 친절하게 대했지요."

그럼에도, 유용한 친구의 대부분을 차지하는 일로 엮인 관계를 대하는 데에는 어느 정도 사교적인 역할 놀이가 필요합니다. 나중에 알게 되겠지만, 심지어 윌리 깁스조차 반드시 그래야만 할 때는 짧은 기간이나마 자신의 사회적 매력을 발산했으니까요.

유용성을 목적으로 사람을 사귀는 일에 관하여

다른 사람을 다루는 일에서 성공의 대부분은, 상호 간에 언제나 협력할 준비가 되어 있다는 신호를 발신하는 자동적이며 반의식적인 인간의 반사작용을 이해하는 데 달려 있다고 해도 과언이 아닙니다. 통상적인 예절과 정중함이 기초가 되지요. 보통은 타인에게 자기 소개를 부탁하는 일을 의미합니다. 〈월스트리트저널〉의 보도에 따르면 하버드대학교 신경과학자들은 사람들이 자기 자신에 대해, 자신의 필요와 세계관에 대해 얘기할 때 '자기 소개'라는 행위는 "뇌가 음식이나 돈에서 얻는 것과 동일한 감각적 쾌락을 촉발한다"는 점을 발견했습니다. 당시 연구진이었던 다이애나 타미르Diana Tamir는 이렇게 말했죠. "사람들은 자신에 대해 이야기하기 위해서라면 돈마저도 포기할 수 있어요." 페이스북이나 트위터처럼 자기 노출에 기반한 소셜미디어가 왜 그리 인기를 끄는지 이유가 궁금했다면, 이런 뇌 연구로부터 답을 찾을 수 있을 겁니다. 소셜미디어에 자신의 반려동물에 관한 포스팅을 올리는 순간 우리는 마치 길을 가다 돈을 줍거나 입 안에서 사탕이 탁 터질 때와 같은 쾌락을 느낄 수 있죠.

여기에는 타인으로부터 얻은 정보와 함께, 유사성, 호감, 상호주의, 그리고 궁극적으로는 신뢰라는 심리적 기제들이 작동하기 시작합니다. 이제부터 우리는 친밀함을 형성하는 자동적 사교 프로세스에 담긴 과학적 원리를 살펴볼 예정입니다.

하지만 이 프로세스를 이해할 때 주의해야 할 점이 있습니다. 어떤 것이든 개인적 목표를 달성하기 위해 사교술을 펼칠 때 따라오는 모순이지요. 자신의 사교 스타일을 특정한 목적에 맞도록 조정하는 노력을 너무 게을리하면, 눈치 없거나 사교적이지 못하거나 거만한 사람으로 낙인찍힐 위험이 있습니다. 이런 경우 윌리 깁스나 스티브 잡스처럼 강력한 추진력이나 신용을 갖췄다면 그나마 다행이지요. 반대로 너무 많고 다양한 사람들에게 맞추느라 사교 전략을 조정하면서 지나치게 자신을 바꾸려 하면, 자칫 타인의 존중과 신뢰를 잃을 수도 있습니다. 전반적인 성공의 측면에서 보자면 너무나 큰 대가를 치르는 셈이지요.

당신의 웃음은 얼마짜리인가

윌리 깁스의 몇 안 되는 진정한 친구 중에는 연극계 사람들도 있었습니다(깁스는 현재도 뉴욕에서 성업 중인 아메리칸 플레이스 극장 설립에 기여했지요). 이들은 깁스가 타인에게 비치는 자신의 이미지를 관리하기 위해 사용한 준※ 연극적인 기술을 높이 평가했죠. 영화배우 캐서린 코넬은 이렇게 말한 적이 있습니다. "깁스의 시무룩해 보이는 표정은 일종의 포즈와도 같았어요. 그게 수줍음 때문인지는 모르겠지만 분명 경탄스러울 정도였죠. 깁스가 미소라도 짓는 날이면 사람들이 넋을 잃었으니까요." 깁스는 아주 내향적이고 개인적 성향이 강했지만, 적절한 타이밍에 짓는 웃음의 가치가 대단하다는 사실을 알기에는 충분할 만큼의 사회적 지능을 갖춘 인물이었던 겁니다.

미소가 중요한 이유는 협력적인 상호관계를 구축할 준비가 되었다는 사실을 암시하기 때문입니다. 우리의 일상에는 수많은 잠재적 장애물과 위협이 존재하죠. 따라서 아주 사소한 사회적 교류 속에서도 일이 잘 풀리리라는 느낌을 받으면 위안을 얻을 수 있습니다. 더구나 구직 면접, 첫 번째 데이트, 대형 거래처럼 사교적 만남이 정말 중대한 순간에 미소 띤 얼굴을 만날 수 없다면, 그건 뭔가 잘못됐음을 의미하는 것이죠.

예일대학교 심리학과 교수 마리안느 라프랑스Marianne LaFrance는 미소에 관해 연구한 결과를 《립 서비스Lip Service》라는 저서에 정리했습니다. 그녀는 사회적 상호작용에서 진짜 감정을 내비치거나 숨기는 데 미소가 어떻게 활용되는지 설명하면서, 미소를 지으면 타인에게도 기분이 좋아지는 미소를 유발할 수 있다고 주장했죠. 뿐만 아니라 부상이나 보톡스 시술로 인해 미소를 짓거나 얼굴을 찡그리는 능력을 잃으면 타인에게 공감하는 능력까지 위협받을 수 있습니다. 타인의 얼굴에서 드러나는 표현을 모방하려는 인간의 무의식적 성향은 우리가 타인의 감정을 상상할 수 있도록 도와주지요. 따라서 모방하는 능력을 잃는다면 이런 통찰력을 주는 원천을 잃게 되는 셈인 겁니다.

감정 노동에 필요한 두 가지 메커니즘

깁스가 미소를 자주 지을 필요가 없었던 이유 중 하나는, 그가 종사했던 조선업이라는 분야가 심리학에서 말하는 '감정 노동

emotional labor'을 많이 요구하지 않기 때문입니다. 공학, 기술, 저술, 회계나 금융 등 기술이나 지식 기반 분야들은 대개 마찬가지지요.

하지만 패스트푸드 음식점 및 부동산 세일즈부터 호텔업과 컨설팅에 이르기까지 방대한 서비스 기반 분야의 일은 수억 명의 사람들에게 고객을 안심시키는 긍정적인 감정을 매일 내보일 것을 요구하고 있습니다. 뉴욕의 TV 뉴스 진행자 팻 키어넌Pat Keiernan은 감정 노동에 대해 다음과 같이 정리했죠. "제가 하는 일에는 연기acting가 많이 필요해요. 감정이 어떻든 매일 한결같은 사람이어야만 하니까요." 어떤 사람은 이런 종류의 일에 몹시 지치기도 하지만, 아예 특별히 노력할 필요가 없는 사람도 있습니다.

심리학자들은 감정 노동 종사자가 사용하는 두 가지 서로 다른 메커니즘을 각각 '표면연기surface acting'와 '심층연기deep acting'로 구분합니다. 연구자들은 서비스 제공자가 서비스의 일환으로 진실된 긍정적 감정을 더 많이 내비칠수록 고객들이 그 서비스에 대해 더 큰 금액을 지불하고 팁도 더 많이 낸다는 사실을 입증했습니다. 사교적이고 외향적인 사람은 '표면연기'만으로 위와 같은 고객의 기대를 더 쉽게 충족시킬 수 있는 반면, 내향적이고 사교성이 떨어지는 사람은 '심층연기'를 해내야만 그런 결과를 얻을 수 있죠.

자, 지금 바로 책에서 눈을 떼고 손을 내밀면서 미소를 지어보세요. 표면연기를 할 때의 느낌을 겪을 수 있을 겁니다. 마음에서 진짜 우러나는 감정 없이, 단순히 안면 근육을 조작하는 것뿐이지요. 고등학교나 대학교 졸업 앨범, 파티나 결혼식장에서 찍은 사진에는 이런 미소가 가득합니다. 패스트푸드 음식점이 점원이 당신에게 미소를 지어주었다면 아마도 표면연기를 접했을 가능성이 높은 겁니다.

반면에 심층연기로 인한 미소는 근원이 완전히 다릅니다. 미소를 짓게 만드는 진실한 감정을 실제로 느껴야만 하죠. 19세기 중반에 활동한 프랑스 의사 기욤 뒤셴Guillaume Duchenne은 미소 간의 차이점을 연구한 최초의 과학자였습니다. 그는 사람이 진짜 미소를 지을 때는 눈 주위의 불수의근不隨意筋과 입 주위의 수의근隨意筋이 둘 다 움직인다는 사실을 발견했죠. 이제는 그런 유형의 미소를 '뒤셴 미소'라고 부릅니다.

혹시 앞서 5장에서 소개했던 SAME 성격 유형에서, 자신을 외향적인 사람이라고 정의했나요? 그렇다면 낯선 사람을 만나는 일을 좋아할 테니 뒤셴 스타일의 감정 노동을 처리하는 데 유리합니다. 내향적인 사람은 서비스 직종에서 외향적인 사람보다 돈은 더 잘 벌지 못하면서도 미소를 짓기 위해 더 많은 노력을 기울여야 하죠.

저의 학생들 중에서 좀 더 내향적인 성격이 강한 학생들이 음식점에서 접객 아르바이트를 하는 경우도 있는데, 그들에 따르면 감정 노동과 연관된 개인적 서비스를 제공했을 때 팁을 더 많이 받는다고 합니다. 그럼 내향적인 성격에도 불구하고 어떻게 그렇게 하는 걸까요? 손님을 자신의 친척 중 한 명이라고 상상하면서 대한다는 학생도 있었고, 일하러 가기 전에 학비를 벌거나 다른 중요한 목표를 위해 팁을 후하게 받아야 할 이유를 조용히 떠올려본다는 학생도 있었습니다. 이 학생들은 일이 요구하는 정서적 노력을 발휘할 준비를 갖춘 다음, 고객과의 상호작용에 필요한 감정을 끌

어울릴 강력한 동기부여 수단에 의지한 거죠. 물론 고객이 불쾌하거나 무례하게 행동할 경우, 내향적인 사람은 감정이 상할 수 있습니다. 내향적인 사람이 사교적인 의무를 부과하는 직업에 종사하다가 때로 쉽게 탈진해버리는 건 결코 놀라운 일이 아닌 겁니다.

저는 세계적인 호텔 체인인 포시즌Four Seasons에서 몇 년간 컨설턴트로 일한 적이 있습니다. CEO부터 데스크 직원까지 여러 곳에서 만난 이 회사의 모든 사람들로부터 금방 포착할 수 있었던 한 가지는, 사람을 대할 때 보이는 차분하면서도 분명 따뜻한 그들의 태도였지요. 이 점에 대해 문의하자 돌아온 대답은, 포시즌이 고객 응대와 관련된 자리에 직원을 채용할 때 매우 세심하게 주의를 기울인다는 것이었습니다. 호텔 직원은 본질적으론 연기자입니다. 따라서 채용 과정은 면접인 동시에 오디션이기도 한 것이죠. 호텔 운영을 책임지는 수석 부사장은 고급 호텔의 운영에 대해 저에게 이렇게 설명해 주었습니다. "이 일은 마치 브로드웨이 공연을 제작하는 것과 같아요. 수백 명의 출연진이 1년 내내 완벽한 공연을 펼쳐야 하죠. 저마다 각자의 역할을 담당하며 우리는 그들이 학습하고 연습할 수 있도록 도와줍니다. 매일 아침 막이 오르고 매일 밤 자정이 한참 지나서야 막이 내려가죠. 이런 공연을 지속하려면 특별한 사람이 필요합니다."

표면연기는 포시즌에서 환영받지 못합니다. 직원들은 자신의 내면 깊숙한 곳에서 긍정적 감정을 끌어내는 일로써 보수를 받으며, 그렇게 큰 보상을 받은 사람들이 많죠. 직원들과 처음 컨설팅 업무를 시작하던 날, 저는 아시아의 리조트에서 자산 관리자로 일하는 한 직원과 만났습니다. 그는 포시즌 수영장에서 수건을 나눠주는 일부터 시작했다고 말했죠. 그의 미소와 그 뒤에 숨은 고객 서비스에 대한 열정이 이제까지 그와 그의 가족에게 수십만 달러에 달하는 대가를 지급해준 셈이죠.

유사성과 호감을 바탕으로 한 관계에 관하여

사회적 삶에는 집단적 성격이 있습니다. 우리는 자신과 뭔가 공통점이 있는 사람을 더 좋아하죠.

연구결과에 의하면 어떤 종류든 공통된 경험은 자동적인 공감 반응을 일으킬 수 있습니다. 낯선 나라를 여행하다가 모국어를 쓰는 사람을 만나게 된다면 즉시 그 사람에게 유대감을 느끼게 될 겁니다. 전 세계 어느 술집에 가더라도 같은 스포츠 팀을 응원하는 사람끼리는 (일시적으로는) 한 종족이 되어 함께 응원의 함성을 보내곤 하죠.

한 연구에서는 서로 처음 보는 참가자들에게 두 사람씩 팀을 이루게 하고는 음악을 들려주며 그 리듬에 맞춰 센서를 두드리라고 주문했습니다. 그리고는 실험을 조작하여, 그들 중 일부 팀들은 조화롭게 리듬을 맞추도록 만들고, 나머지 팀들은 센서를 두드리는 리듬이 서로 맞지 않게 만들었죠. 그런 다음 각 팀마다 한 명에게 실험에서 속임수를 썼다는 가짜 누명을 씌우고는 풀기 어려운 과제를 내주면서 다른 한 명의 팀원에게 도움을 요청할 수 있는 기회도 부여했습니다. 그 결과, 앞선 실험에서 리듬을 잘 맞춘 팀들이 그렇지 않은 팀에 비해 서로를 돕는 경우가 현저히 높았음은 물론, 도와주는 시간도 훨씬 더 길었습니다(리듬을 맞춘 팀은 7분, 그렇지 않은 팀은 1분). 이와 유사한 실험에서도, 생일, 전공, 음식 취향같이 아무리 사소할지라도 공통점을 공유하는 경우에 팀을 이뤄 진행하는 프로젝트에 참여하려는 동기가 증가하는 경향이 나타났지요.

대부분의 사회적 접촉에서 서로 미소를 보여준 후 진행되는 몇 단계는, 심리학에서 말하는 '유사성similarity'을 찾아내기 위한 초기 탐색 과정이라고 볼 수 있습니다. 상호 간에 '호감liking' 효과가 발생하기를 기대하는 거죠. 여러분도 사회적 교류를 시작할 때는, 아무리 서로 꽤 잘 아는 사이라고 할지라도, 대화를 시작하기에 적당한 최근의 공통된 경험들을 이리저리 찾아보곤 하지 않나요? 영화, 직업, 사회적 배경, 최근 이슈나 여행에 관한 잡담들 말이지요. 윌리 깁스가 그토록 싫어했고 아내 크라바스는 너무나 즐겼던 이 잡담은 잘 알지 못하는 사람과 친밀감을 쌓는 데 아주 중요한 역할을 담당합니다.

내향적인 사람에게는 이러한 사회적 교류 의식이 특히 어려울 수 있습니다. 자신이 잘 아는 소규모의 사람들과의 상호작용을 즐기는 사람에게 사교 파티, 동창회 모임, 결혼식 피로연 같은 자리에서 사적으로 사람들과 얼굴을 맞대는 일은 스트레스의 원인이 되기 쉽죠. 그렇지만 그런 모임을 무조건 피하기만 하다가는 자칫 그 자리의 명분이나 행사를 주선한 사람을 무시한다는 잘못된 신호를 보낼 위험이 있고요.

과연 어떻게 대처하는 게 좋을까요? 《내성적인 사람이 성공한다 The Introvert Advantage》라는 책을 쓴 마티 올슨 래니는 사교 모임에서 너무 빨리 진이 빠지지 않게 해줄 몇 가지 구체적인 전략을 다음과 같이 제안합니다.

- 준비 과정으로, 스트레스를 받을 것으로 예상되는 행사에 참석하기 전에는 자신이 취할 수 있는 사교 전략들을 점검해 보라.

- 큰 모임 내에서 좀 더 작은 그룹을 만들어라. 자신과 공통점이 있는 몇몇 사람들(아마도 같은 내향인 동료들)과 둘러앉을 수 있는 구석의 조용한 자리를 찾아보라.

- 대화를 이끌 수 있는 이야깃거리 세 가지를 미리 준비해둬라.

- 말하기를 즐기는 사람 쪽을 주시하며 경청의 기술을 활용해 그들이 계속 대화를 주도하도록 만드는 동시에 당신의 그룹이 끌어들인 더 조용한 사람과의 상호작용을 추구하라.

- 핑곗거리 몇 가지를 미리 준비하여("죄송합니다만 급히 확인할 게 있어서 집에 전화를 좀 걸어야 해서요") 도저히 답이 없는 대화에서 빠져나올 대비책을 마련해둬라. 완전히 진이 빠지기 전 그 탈출법을 사용하라.

- 음식을 나눠주거나 음악을 틀거나 아이를 돌보거나 손님을 맞는 등 명확한 역할을 맡아라.

겨우 사교 모임에 참석하기 위해 너무 과도한 신경을 쓰는 게 아닌가 하는 의문이 든다면, 외향적 사회생활의 공적 측면이 얼마나 중요한 전략이 될 수 있는지 한번 생각해 보기 바랍니다. 예를 들어 보죠. 미국 대학에 산재해 있는 여학생 사교클럽만큼 유사성을 평가하고 전달하는 기술에 체계적인 주의를 기울이는 곳은 아마 없을 겁니다. 실제로 한 보도에 따르면 젊은 여자 대학생들에게 "10분 동안 완벽해지는 법"에 대해 자문을 제공하는 컨설팅 회사가 등장했을 정도죠.

무엇에 완벽해지기 위한 걸까요? 사교클럽 입회 후보자들이 유사성 측면에서는 클럽에 잘 어울리면서, 동시에 사회적 가치 측면에서는 각기 흥미로운 차별성을 갖추도록 얼굴 표정, 신체 언어, 의복, 대화술을 다듬는 겁니다. 뉴욕에서 여학생 사교클럽 입회 컨설턴트로 일하는 서맨사 본 스펄링Samantha von Sperling은 기업의 고위 임원들에게도 맞춤형 코칭을 제공하고 있습니다. 그녀가 사교클럽 입회 컨설팅 업무를 맡게 된 건 사교클럽 가입 문제로 고민하는 딸을 둔 월스트리트 고객들의 요청 때문이었죠. "기본적으로는 월스트리트에서와 같은 종류의 코칭을 제공합니다." 그녀가 진행하는 사교클럽 입회를 위한 이틀짜리 집중 워크숍 참가 비용은 8,000달러에 달하지요.

이렇게 '완벽하지만 남들과는 다른 사람'이 되는 연습은 구직에도 도움이 될 수 있습니다. 대형 컨설팅 기업은 신입직원을 채용할 때 이와 같은 사교적 자질을 갖춘 사람을 종종 찾곤 하니까요. 일부 기업에서는 이른바 '공항 테스트'를 활용합니다. 면접관이 지원자의 이력서를 살펴보고 면접을 진행하면서 스스로에게 이런 질문을 던져 보는 거죠. "비행기가 연착되어 이 사람과 공항에서 하루 종일을 함께 보낼 수 있을까?" 만약 이 질문에 대한 답이 '그렇다'라면, 그 지원자는 아마도 고객 및 동료 들과도 잘 지낼 수 있는 사교술을 갖춘 사람이겠죠.

여학생 사교클럽 입회를 위해 그런 준비까지 해야 한다니, 그쪽에 관심이 없는 사람에게는 쓸데없는 짓으로 여겨질 수도 있을 겁니다. 하지만 새로운 그룹에 가입하거나 새로운 관계를 발전시켜야 할 중요한 이유가 있는 상황에서는, 대부분 그만큼 그에 대비하기 위한 주의를 기울이지요. 사회적 관계를 부드럽게 만들 수 있는 '호감 반응'을 불러일으키기 위해 '유사성'을 형성할 수 있는 방법을 모색하는 겁니다.

남을 만족시키느라 너무 애쓰다가 생기는 일

유사성을 형성하기 위한 시도를 하다가 상대방이 내가 너무 애쓰고 있다고 인식하게 되면 오히려 역효과를 낳게 됩니다. 미디어와 커뮤니케이션 연구자인 제프 풀리Jeff Pooley 교수는 "자기를 알리는 최고의 방법은 자기를 알리는 것처럼 보이지 않는 것"이라고 말한 바 있죠. 고용 환경에 관한 연구에 따르면 대인관계에 지나치게 신경 쓰는 사람, 즉 남을 만족시키기 위해 자기에게 중대한 변화를 가하는 사람의 경우 동료들의 존중을 잃게 된다고 합니다. 실제로 한 연구에서 직원들은 마치 카멜레온처럼 자신을 바꾸는 데 능숙한 동료와 사회적 교류를 줄이게 된다고 보고한 바 있죠. 그런 사람은 알면 알게 될수록 신뢰감이 떨어지고 피하게 된다는 겁니다.

타인을 만족시키려는 과도한 노력이 유발할 수 있는 잠재적 피해는 또 있습니다. 17세기 철학자 라 로슈푸코La Rochefoucauld 는 이미 수백 년 전에 이 점에 대해 설명했죠. "우리는 남들로부터 자신을 위장하는 데 너무 익숙해진 나머지 결국에는 우리 자기 자신으로부터도 스스로를 위장하게 된다."

예를 하나 들어보죠. 제 성공학 수업을 들었던 학생 중 유난히 쾌활했던 빌이 바로 이런 유형에 해당하는 사람이었습니다. 언제나 웃음 띤 얼굴로 말했고, 자기 의견을 얘기하려다가도 다른 학생이 말을 끊으려 하면 매번 양보하곤 했거든요. 그랬기에 빌이 캠퍼스에서 가장 유명한 남학생 사교클럽에 소속돼 있으며 그 클럽을 중심으로 자신의 학교 생활을 꾸려나간다는 얘기를 들었을 때 저는 전혀 놀라지 않았습니다.

하지만 학기가 진행되면서 빌은 제게 자신의 사회적 정체성에 대해 심각한 갈등을 겪고 있다고 털어놓았지요. 최근에 자신이 동성애자라는 사실을 깨닫게 되었는데, 이는 분명 빌의 자각에 중대한 영향을 끼치는 요인이었지만 갈등의 직접적인 요인은 그 때문이 아니었습니다. 그를 괴롭혔던 문제, 그리고 저에게 조언을 구하게 된 이유는 동성애 혐오 문화가 만연한 사교클럽에 자신이 동성애자라는 사실을 밝히지 못했다는 점 때문이었던 거죠. 과연 빌은 사교클럽 회원들에게 사실대로 털어놔야 할까요, 아니면 훗날에 후회하더라도 사실을 감추고 그냥 졸업하는 게 나을까요?

빌이 성공학 수업 마지막 과제로 제출한 리포트에는 "나는 당신이 아니다"라는 제목이 붙어 있었습니다. 그리고 친한 친구들의 조언과 지지를 얻은 그가 대학생으로서 마지막으로 취한 행동은 사교클럽의 연말 졸업생 만찬 자리에서 (미리 몇몇 사교클럽 동료들이 귀띔을 해놓은 가운데) 커밍아웃을 하는 것이었죠. 떨리는 목소리로 빌은 사교클럽이 동성애자를 대하는 태도에 변화를 호소했습니다. 빌이 평소 인기 있는 학생이었다는 사실 자체가 동성애자에 대한 편견이 잘못됐다는 완벽한 반증이기도 했죠. 빌은 동료 회원들에게 "저 같은 사람"에 대해 함부로 말하는 것을 멈춰달라고 부탁했습니다. 그의 연설 뒤에 잠시 정적이 흘렀지만, 이내 친구들은 빌에게 응원을 보내기 시작했고 결국엔 모두가 기립박수를 쳐 주었죠.

그 순간은 바로 빌의 어른으로서의 삶이 시작되는 중대한 시점이었습니다. 남들의 기준에 맞추려 과도하게 노력하는 습관을 버리고 결국엔 진정한 자신을 드러내는 데 성공했으니까요.

사회적 삶을 산다는 것은 개인의 진실된 특성과 집단에 소속돼야 할 필요성 사이에서 끊임없는 균형을 잡는 일이라고 할 수 있습니다. 다양한 상황과 사람을 마주하면서 어디에 균형점을 두어야 할지 결정할 수 있는 사람은 오직 자기 자신뿐이죠. 하지만 전반적인 성공은 극단을 피하는 데 달려 있습니다. 정도를 벗어나 극단적인 진정성에만 매달린다면 외로운 삶을 살 수밖에 없겠죠. 반면 자신이 믿지도 않는 사회적 규범에 지나치게 끌려다닌다면, 연말 만찬 이전까지 빌이 그랬듯 가면증후군에 시달릴 수 있는 겁니다.

인간관계에서 신용의 쓸모에 관하여

사회생활을 구성하는 요소들로 정서적 신호, 유사성, 호감 등을 들수 있는데, 그중 비즈니스 영역에서 가장 결정적인 요인은 바로 '신용'이라고 할 수 있습니다. 지금까지 우리가 다룬 측면은 주로 사회생활 와중에 반자동적으로 벌어지는 것들이죠. 하지만 타인에게 어떤 중요한 생각을 심어주려면 단순한 친밀감 이상의 무언가가 필요하게 마련입니다. 즉 남의 신용을 얻기 위해서는 자신에게 뭔가 실체가 필요하다는 얘기죠. 앞서 언급했듯이, 신용은 다음 네가지에 대한 타인의 인식에서 발생합니다.

- 공식적, 비공식적 권위
- 지식
- 능력에 대한 평판
- 신뢰성

신용이란 위의 네 가지 다리가 받쳐주고 있는 의자와도 같습니다. 네 개의 지지대가 우리의 신용을 더 든든하게 받쳐줄수록, 타인들이 중요한 문제에 관해 우리 의견을 따를 가능성이 더 높아지는 것이죠. 만약 다리가 하나라도 부러진다면 우리의 신용 또한 비틀거리거나 아예 무너지게 될 겁니다. 사람들이 우리를 권위가 없거나, 해당 주제에 대해 잘 알지 못하거나, 유사한 문제를 다뤄본 경험이 없거나, 혹은 신뢰할 만한 사람이 아니라고 생각한다면, 우리의 말에 귀 기울이게 만들기란 정말 힘든 일이 되겠죠.

이 '신용'이 특별히 뛰어난 사람이 바로 윌리 깁스였습니다.

앞서 살펴봤듯 깁스는 자신을 위해 일하는 사람들을 잘 보살폈고, 그들의 복지에 자신이 신경 쓴다는 점을 나름대로 보여주었지요. 그로 인해 깁스의 조직 내에는 높은 수준의 상호신뢰가 형성되었고 목표의식이 공유되는 데도 도움이 됐습니다. 예를 들어 일본의 진주만 공격 다음 날인 1941년 12월 8일, 깁스는 직원들에게 보내는 편지에 이렇게 적었죠. "저는 항상 여러분이 자랑스러웠지만, 우리가 엄중한 책임을 마주하게 된 이 순간에는 더욱 그렇습니다. 여러분 각자가 최선을 다해주리라 믿습니다." 그리고 앞에 적었던 대로 깁스&콕스는 제2차 세계대전 동안 미국에서 건조된 선박 대부분을 설계했습니다.

제2차 세계대전 와중의 성공(그리고 1942년 〈타임〉 표지 등장) 이후, 윌리 깁스는 조선업계에서 엄청난 영향력을 행사하는 인물로 자리 잡았습니다. 그는 세계에서 가장 크고 성공한 조선회사의 CEO이자 선박 안전과 설계 분야에서 세계 최고의 전문가로 알려졌죠. 또한 깁스&콕스에는 터빈 디자인, 프로펠러, 선박 건조 등 조선업 전문 분야에 깁스만큼이나 유명한 직원들이 함께 일하고 있었습니다. 깁스의 능력은 1927년 그가 설계한 말로로호가 선박 충돌 사고로 타이태닉호만큼이나 큰 틈이 생겼는데도 침몰하지 않으면서 이미 정평이 나 있었지만, 이후로도 계속해서 좋은 평판을 유지했지요.

결정적으로 깁스의 정직성에는 의심의 여지조차 없었습니다. 기업의 수익성을 두고 나쁜 소문이 돌자 의회는 1944년 깁스&콕스 조사에 나섰습니다. 하지만 정부 고위층이 깁스&콕스가 "국가 차원의 전쟁 노력 전반에 중대한 역할을 담당했다"고 증언한 가운데 청문회는 깁스의 승리로 끝났고. 위원장은 깁스가 개인적으로 "국가에 뛰어난 공헌을 바쳤다"고 선언하기까지 했죠. 이런 일들로 인해 깁스에 대한 좋은 평판은 그가 살아 있는 내내 더욱 단단하게 유지될 수 있었습니다.

깁스가 누렸던 종류의 신용은 누구나 원하는 목표일 수 있지만, 우리들 대부분은 아마 절대 깁스만큼 유명해지거나 대우받기 어려울 겁니다. 그리고 사람들이 우리에 대해 잘 알지 못하기 때문에 신용에 좋은 점수를 줄 수 없다면 뭔가 조치가 필요하겠죠. 이럴 때 일반적으로 최선의 방법은, 우리의 제안을 사람들이 친숙하게 느끼도록 만드는 겁니다.

몇 년 전 영향력을 발휘해야 하는 문제 때문에 저를 찾아왔던 학생의 이야기를 예로 들어보겠습니다. 공학과 경영학을 전공 중인 학부생이었던 그 학생은 소프트웨어 개발회사를 창업하여, 온라인상에서 소비재를 구매하는 고객의 선호도를 추적하는 새로운 시스템을 테스트할 자금을 모금 중이라고 했습니다. 이미 지난 여름에 대형 소비재 기업에서 인턴으로 경험을 쌓았고, 현재는 그 기업에 자신의 스타트업에 투자하라고 권유할 방법을 찾기 위해 제조언을 구하러 찾아온 것이었고요. 이 매력적인 젊은이는 사무실 문을 여는 데 도움이 될 만한 관계를 이미 마련해 두었지만, 검증된 제품도 없이 인턴 경험뿐인 스무 살 청년에게 투자 약속을 받아내거나 제품을 팔 수 있을 만한 신용이 있을 리 없었죠. 그는 인턴 과정을 훌륭히 마쳤고 뛰어난 수재임을 증명했지만 거래처나 비즈니스 파트너로 진지하게 받아들여지기에는 너무 어렸습니다.

그와 대화를 나누면서 이 학생이 정말로 원하는 것은 돈이 아니라 자신의 소프트웨어를 완성시킬 시험 무대라는 점을 알 수 있었죠. 코드 작업 대부분을 본인이 직접 처리할 수 있었거든요. 그래서 저는 그에게 '위험 부담이 없는 실험'이라는 명분을 내세워 회사 측을 설득해 보라고 조언했습니다. 회사에서 그의 프로그램을 시험하고 수정하는 데 필요한 독점 정보와 몇몇 컴퓨팅 자원을 제공하면, 그 대가로 최종 소프트웨어 사용권에 대한 우선적 권리 혹은 이 학생이 설립할 기업에 투자할 기회를 제공하는 방식인 것이죠. 그리하여 그는 인턴 시절에 닦아놓은 인맥을 활용해 인터넷 상거래 부서에 자신의 프로젝트를 소개할 수 있었고, 본인의 한정된 신용이 감당할 수 있는 수준의 요구를 제안함으로써 결국 그 회사의 협력을 얻는 데 성공하였습니다. 나중에는 그 회사가 결국 제학생의 소프트웨어 시스템을 구입하였을 뿐 아니라 그를 정식 직원으로 채용하여 유지보수 업무까지 맡기게 되었죠,

신용은 만사의 디딤돌이다

앞서 말한 네 가지 차원에서 신용이 부족한 경우에는, 여러분에게 부족한 신용을 갖춘 사람의 소개나 지원을 이끌어 내어 자신의 신용을 강화하는 방법이 있습니다. 아버지와의 약속을 지키기 위해 변호사로 일하고 있던 스물아홉 살의 윌리 깁스는 어린 시절부터 꿈꿔왔던 3,000피트(약 9,000미터)짜리 최신 원양선을 제작하기 위해 자신보다 훨씬 더 영향력이 강한 은행가 J. P. 잭 모건으로부터 재정 지원을 받았죠. 무명無名의 윌리 깁스가 당대의 거물 은행가에게 어떻게 접근했는지 살펴보면, 아이디어는 뛰어나지만 실현할 자원이 부족한 젊은이가 뜻을 이루는 과정을 만날 수 있습니다.

우선 깁스는 대학 친구를 통해 제너럴일렉트릭GE의 책임 엔지니어 윌리엄 리로이 에밋을 소개받았습니다. 에밋의 팀은 거대한 전기 터빈을 제작했는데, GE는 이 터빈을 미 해군에 납품할 선박의 엔진에 장착시킬 방법을 찾고 있는 중이었죠. 선박 설계에 관한 깁스의 전문성은 곧장 에밋을 사로잡았습니다. 깁스의 전기 작가인 스티븐 우지푸사는 이렇게 적었죠. "오랫동안 해군 관료들만 상대하다가 마침내 선박 설계를 잘 이해할 뿐 아니라 정말 원대한 비전까지 갖춘 젊은이를 만나게 된 것이다."

에밋은 이후 깁스가 해군의 선박 설계와 건조를 책임지는 데이비드 W. 테일러 해군 소장을 만나도록 주선해 줍니다. 그리고 테일러 소장은 GE의 신형 엔진을 상선 설계와 결합시켜 최고의 유럽 선박들에 대항할 수 있는 배를 만들겠다는 깁스의 대담한 제안을 곧장 받아들이죠. 그에 더하여 워싱턴 해군 조선소에서 테스트를 위한 선박 축적 모형을 제작하는 데도 동의했습니다.

이제 마지막 퍼즐은 자금을 확보하는 일이었죠. 깁스는 먼저 롱아일랜드 철도회사의 사장인 랠프 피터스를 찾아갑니다. 미리 조사를 해본 결과 피터스 사장이 롱아일랜드 남쪽 해안에 있는 몬탁Montauk에 자사의 철도와 연결되는 선착장을 지을 방법을 찾고 있다는 점을 파악했기 때문이었죠. 깁스는 동생과 함께 피터스의 사무실을 찾아가 비서에게 "몬탁에서 영국으로 이어지는 뱃길에 대해 논의하러 왔다"고 말했죠. 비서로부터 웬 젊은이 둘이 찾아와 이런 얘기를 하더라는 보고를 받은 피터스는 이 초대받지 않은 손님들을 얼른 사무실로 모셨습니다. 그리고 깁스가 만든 정교한 계획을 검토하는 와중에 그들 뒤에 업계의 거물인 에밋과 테일러가 있다는 사실을 알게 되었죠. 피터스는 즉시 수화기를 들어 잭 모건에게 전화를 걸었습니다.

깁스와 모건의 만남은 아주 짧았습니다. 에밋과 테일러는 물론 피터스의 지원까지 얻은 데다가 워싱턴 해군 조선소에서 정교한 축적 모형의 테스트까지 마친 깁스는, 세심한 계획과 대담한 비전을 모건에게 명료하게 발표했죠. 3,000만 달러짜리 선박 두 정과 이를 수용할 1,500만 달러짜리 선착장을 몬탁에 건설하겠다는 내용이었습니다. 이는 모건에게 비극적인 운명을 맞은 타이태닉호를 후원했던 아버지의 과거를 청산하고, 망하기 일보 직전인 모건의 해운 기업 인터내셔널 머캔틸 마린International Mercantile Marine, Inc.을 회생시킬 기회를 주고 있는 셈이었죠.

깁스의 말을 다 듣고 난 뒤, 모건은 회의실을 나갔다가 20분 후에 다시 돌아왔습니다. 그리고 무뚝뚝한 잭 모건의 입에서, 깁스가 그때까지 들어봤던 중 가장 달콤한 말이 흘러나왔죠.

"아주 좋아요. 우리가 당신을 후원하겠소."

이처럼 중요한 영향력을 얻을 준비를 하기 위해서는 인맥과 신용 모두를 갖추고 있는 게 도움이 되며, 신용을 지탱하는 네 기둥 모두가 튼튼할수록 좋습니다. 신용과 영향력은 청중의 관심을 끌어다 줄 겁니다. 그런 다음에는 청중의 가슴과 마음에 파고들 방법을 찾을 차례입니다.

신용과 열정을 연결시키는 설득과 대화의 기술

건강한 인간관계와 신용이 둘 다 확립되었다면, 이제는 설득을 통해 타인과 더 깊은 수준으로 연결될 준비를 마친 상태가 되었다고 할 수 있죠. 설득이란 주장을 제시하고, 정당화하며, 청중이 빠져들 만한 유인책을 제시하는 일입니다. 변호사, 광고인, 정치가 등 설득을 직업으로 삼는 사람들은 기존 지위를 변호하는 전술적 기술을 스스로 익힙니다. 저 역시 과거에 변호사로 일한 적이 있기에 그런 기술의 장단점을 모두 알고 있죠. 상대적으로 공적인 환경, 즉 논리와 이성이 핵심을 전달하고 주장을 펼치는 데 적절한 수단으로 사용되는 곳에서는 수사적修辭的인 말솜씨가 가치 있는 도구의 역할을 합니다.

하지만 인생에서 정말 중요한 순간에 진정한 설득력을 발휘해야 하는 순간에는, 감정이 의사소통에서 가장 적절한 역할을 담당한다고 저는 믿습니다. 말하자면 신용을 열정에 연결시켜야 하는 것이죠.

기업교육 전문기관 바이탈스마트VitalSmarts, Inc.가 펴낸 베스트셀러《결정적 순간의 대화Crucial Conversations》는 상대와 진심으로 연결되고 싶다면, 설득을 어떤 생각과 행동을 하게 만드는 방법이 아니라 일종의 대화, 쌍방향 교환이라고 여기는 것이 최선이라고 지적합니다. 현실에서는 상대가 타당한 주장을 했다고 해서 중요한 문제에 관해 설득되는 일은 거의 일어나지 않지요. 프린스턴대학교의 에밀리 프로닌 교수Emily Pronin는 〈사이언스〉지에 발표한 논문 '우리는 자신과 타인을 각각 어떻게 바라보는가How We See Ourselves and How We See Others'에서, 사람들이 상대의 관점으로 세상을 바라보지 못하는 이유를 자세히 설명했습니다. 기본적으로는 인간의 조망수용perspective taking 능력에 내재된 한계가 문제인 겁니다.

우리의 내면 세계, 즉 자신의 생각과 감정은 매우 생생하지요. 우리는 자기 의도, 희망, 욕구를 직접적으로 경험합니다. 또 그에 대해 설명하고 표현할 수 있죠. 하지만 타인의 내면 세계에 대해서는 실제로 무엇을 알 수 있습니까? 오직 외부적으로 관찰할 수 있을 뿐이죠. 아무리 노력한다고 해도 남의 내면을 들여다볼 수는 없습니다. 그래서 어쩔 수 없이 타인의 행동과 말을 통해 생각, 감정, 의도, 동기를 추측해내야만 하죠. 그리고 타인의 입장에서도 이런 데이터가 우리로부터 얻어낼 수 있는 전부인 건 마찬가지입니다.

따라서 중대한 설득의 순간에 실제로 일어나는 일은, 상대를 탁월한 논쟁을 통해 이겨내는 것이 아닙니다. 타인이 우리의 생각을 받아들일 가치가 있다고 '스스로를 설득'하게 되는 것이죠. 즉 다음과 같은 3단계 프로세스를 거치게 됩니다.

- 우리가 제시하는 이유를 듣고 고민한다.
- 그 이유에 실린 우리의 감정의 무게를 평가한다.
- 우리의 생각을 그들이 받아들일 수 있는 이유로 재구성한다.

이렇기 때문에 우리 역시 위와 같은 과정을 거칠 수 있도록 상대의 관점에 늘 열린 태도를 지녀야 하는 것이죠. 《결정적 순간의 대화》의 저자들은 이 과정을 가리켜 '의미 공유의 공간'을 만드는 일이라고 불렀습니다. 양측이 해결책을 찾는 과정에서 상황에 대한 공통된 이해를 발전시키는 것이 이 일의 목표입니다. 개인 생활에서든 직업적으로든 진정한 성공 여부가 달려 있는 결정적인 순간에, 우리는 종종 무엇을 정말 중요시하는지 마음으로부터 우러난 진심을 말하도록 요청받곤 합니다. 이렇게 자신의 진심을 드러냄으로써 상대에게 우리가 얼마나 그 사람과 관계를 맺고 싶어 하는지 보여줄 수 있죠.

《성공하는 사람들의 7가지 습관》의 저자 스티븐 코비는 이러한 대화의 순간을 가리켜 "인생과 커리어에서 변화를 만들어 내는 결정적 순간"이며 "서로 전혀 다른 목적지로 이끄는 갈래길 중 하나로 우리를 이끄는 결정을 내리게 하는 대화"라고 표현했습니다. 이런 대화가 정확히 언제 벌어지게 될지는 누구도 절대 예측할 수 없습니다. 단지 반드시 그런 일이 일어날 것이며, 그때가 오면 현재에 충실하고 진실해야 한다는 점만을 알 수 있을 뿐이죠.

사회생활의 내밀한 미덕에 관하여

친구란 더 행복한 삶을 향해 나아가도록
서로를 꾸준히 격려해야 하는 여정의 동반자다.
피타고라스

이 장에서는 주로 아리스토텔레스가 말한 '유용한 친구'에 해당하는 사람들을 얻고 그들에게 영향력을 행사하는 법을 다뤘습니다. 이런 관계는 성공의 외적 측면을 달성하는 데 도움이 될 수 있죠. 하지만 사회적 상호작용은 가시적으로 보이는 외적 측면만큼이나 내적 측면에도 영향을 끼칠 수 있습니다. 그러므로 이번 장을 마무리하기 전에 저는 여러분이 가장 중요한 인간관계에서 더 깊고 더 의미 있는 측면을 음미하도록 돕고 싶군요.

앞에서 설명했듯 아리스토텔레스는 사회적 관계 중에서도 '미덕을 나누는 친구'를 특별한 위치에 두었습니다. 이들은 어떤 이유로든 우리가 가장 가깝게 여기고 언제든 '내 뒤를 봐줄 것'이라고 신뢰하는 소수의 사람들이죠. 《니코마코스 윤리학》에서 아리스토텔레스는 이들을 가리켜 '우리에게 좋은 일만 일어나길 바라는 사람(우리가 그들에게 좋은 일만 일어나길 바라는 것처럼)'이며, '어떤 다른 의도가 있어서가 아니라 오로지 서로를 지지해 주기 위해 관계를 맺는 사람'이라고 묘사한 바 있습니다. 이러한 우정은 즐거운 친구나 유용한 친구에 비해 숫자가 더 적죠. 반면에 그런 우정은 유지하고 회복시키는 데 더 많은 노력이 필요하며, 우리의 내적 인격과 관심사에 대해 많은 것을 말해주기도 합니다.

제가 보기에 미덕을 나누는 친구란, 우리의 단점을 보게 되더라도 우리가 가진 최상의 모습(혹은 가능성)을 보려고 노력해주는 사람입니다. 실제로 이들은 인간관계의 미덕을 통해 우리를 더 좋은 사람으로 만들어 주지요. 또한 위기의 순간에 우리가 의지할 수 있는, 우리를 위해 무엇이든 베풀어줄 그런 사람들이죠.

이런 이유로 성공의 사회적 측면을 다루는 이번 장을 마무리하면서, 저는 여러분에게 지금까지 살아오면서 사귄 가장 참된 친구들에 대해 깊이 생각해 볼 기회를 제공하고자 합니다. 피타고라스가 말했듯, 이들은 여러분의 여정에 꾸준한 동반자 역할을 해줄 소수의 사람들이죠. 이들과 함께라면 좋은 시간을 보내는 것도, 과업을 달성하는 것도 언제나 그 이상의 의미를 지니게 됩니다.

이제 잠시 시간을 두고 이 목록에 적을 몇몇 사람들을 떠올리면서 왜 이 이름을 여기에 적게 되었는지 생각해 봅시다. 그리고 만약 이들에게 최근에 연락을 하지 않았다면, 그들에게 안부를 물으며 '당신이 제 삶에 얼마나 중요한 존재인지' 얘기해주도록 하세요.

미덕을 나누는 친구는 누구인가? 이들이 내 삶에 기여한 바는 무엇인가?

1) _____

2) _____

3) _____

4) _____

5) _____

진정 성공한 삶에는 어떤 관계가 필요할까

이 장에서는 성공의 사회적 측면을 고찰하는 시간을 가졌습니다. 우리는 첫인상과 친밀한 관계에 관한 과학을 짚어보고, 인간관계가 어떻게 타인에게 영향력을 미치는 통로가 될 수 있는지 살펴보았죠. 인식된 권위, 지식, 능력, 신뢰감에 기초한 신용은 우리의 말에 무게를 실어줄 수 있습니다. 신용에 기반한 확신에 설득의 기술까지 갖춘다면 관계에 변화를 가져오는 것도 가능하며, 그럼으로써 여러분과 상대방 모두 각자일 때에 비해 더욱 성공적인 위치를 차지할 수 있죠.

다만 아직까지 우리가 다루지 않은 인간관계의 형태가 하나 남아 있습니다. 앞서 저는 윌리 깁스가 사회생활에서 몇 가지를 제외하고는 비호감인 성격에도 불구하고 성공했다고 표현했죠. 그래도 그에게는 헌신적인 아내, 성공적인 커리어, 그리고 몇몇에 지나지 않지만 가까운 친구들이 있었습니다.

하지만 두 사람과의 관계만큼은 정말 엉망이었습니다. 바로 그의 두 아들, 프랭크와 크리스토퍼였죠.

대개의 성공 스토리에는 늘 상대적으로 어두운 구석이 있게 마련이고 깁스도 예외는 아닙니다. 깁스와 결혼했을 때 베라 크라바스에게는 이미 아들이 하나 있었는데, 이 부부는 결혼 후에 아들 둘을 더 낳았죠. 깁스가 선박 설계자로서는 성공했을지 몰라도 두 아들의 아버지로서는 낙제점이었습니다. 세월이 지나면서 가족은 찢어져 지내기 시작했습니다. 성인이 된 두 아들은 심지어 자신의 자녀들에게조차 아버지에 대해 말을 꺼내지 않았지요. 둘째 아들 크리스토퍼는 1967년에 있었던 깁스의 장례식에도 참석하지 않았습니다.

만약 화목한 가정생활이 성공을 가늠하는 기준이라면, 깁스의 삶에 생겨난 틈은 1927년 말로로호에 났던 구멍만큼이나 커다랗게 벌어져 있었다고 할 수 있습니다.

대체 무엇이 잘못되었던 걸까요?

아마도 잘 알려진 깁스의 신랄한 성격 탓이었겠죠. 하지만 깁스도 자신에게 정말 특별한 사람에게는 성격조차 바꿀 수 있었다는 점이 증거로서도 입증된 바 있죠. 그렇기에 저는 다른 이유가 있었을 것이라고 생각합니다. 저는 유년 시절 제대로 된 부성父性을 경험해보지 못한 깁스가 우리가 이번 장에서 다뤘던 유형의 대화들을 두 아들과 나눌 기회를 놓쳤을 것이라고 추측해 봅니다. 열린 마음으로 자녀를 동등하게 대하지 못하고, 자신이 아버지에게서 대우받은 것처럼 본인의 장대한 인생 스토리 중의 일부 부록처럼 대했던 게 아닌가 싶은 거죠.

이 책에서 지금까지 살펴봤듯이 성공의 외적 측면에 지나치게 사로잡힌 사람들은 종종 내적 차원에서 호된 대가를 치르곤 합니다. 윌리 깁스 역시 3장에서 다뤘던 '굶주린 유령'이었을지도 모릅니다. 세간의 찬사를 받는 데 집착한 나머지 아들들의 존중과 사랑을 얻을 기회를 놓친 것일지도요.

이렇게 해서 이 책의 2부까지 다 마치게 되었군요. 1부에서 저는 여러분에게 스스로 성공을 정의해 보라고 요구했고, 2부에서는 그 성공을 어떻게 성취할 것인지 물었습니다. 그에 대한 답으로 다음 다섯 단계를 제시했죠.

- 자신이 가진 고유의 능력을 파악하여 남들보다 더 잘할 수 있는 일을 발견하라.
- 도전과 실수를 통해 자신감을 획득하고 실패를 통해 배워라.
- 열정, 상상력, 직관, 이성의 네 가지 마음의 힘을 원하는 목표에 집중시켜라.
- 만족 기반 동기부여와 보상 기반 동기부여를 결합하여 자기 자신에게 불을 붙여라.
- 신용을 쌓고 진실한 대화를 통해 남들에게 영향력을 행사하라.

이 성공의 도구들이 날카롭게 벼려져 있고, 자신만의 진정한 성공관이 준비돼 있다면, 이제 남은 것은 실천뿐입니다.

여러분 앞에 놓인 길은 열려 있습니다.

남을 끌어들이고 영향력을 행사하라

성공은 혼자서 이룰 수 있는 게 아니다. 일을 이뤄내려면 언젠가는 타인에게 영향력을 발휘해야 할 순간이 찾아온다. 그럴 때 가장 중요한 도구는 타인을 진심 어린 대화에 참여시키기 위한 신용과 능력이다.

신용이란 매일 획득하고 회복해야 하는 대상이다. 남들이 당신을 신뢰할 수 있는 사람, 권위, 지식, 능력을 가진 사람으로 여기게 되면 당신과 협력하려는 마음이 더 많이 생길 것이다. 신용을 쌓는 데는 평생이 걸릴 수도 있지만 무너지는 건 한순간이다. 절대 신용을 타협의 대상으로 삼아서는 안 된다.

인간관계란 외적 성공뿐 아니라 내적 성공의 토대임을 기억하라. 당신의 진정한 '미덕을 나누는 친구'를 보물로 여겨라.

지금, 누가 당신의 인생을 쓰고 있는가

성공을 가늠하는 단 하나의 진정한 척도는,
우리가 해냈거나 가졌을 수도 있는 것과
현재 실제로 우리 자신을 구성하고 있는 것 사이의 비율이다
H. G. 웰스

제 성공학 수업의 종강일에는 언제나 기쁨과 아쉬움이 교차합니다. 학생들은 각자가 생각하는 성공의 의미를 정리한 최종 과제를 저에게 제출하면서 작별인사를 건네지요. 수업을 마무리하면서 우리는 뭔가 특별한 일을 경험했다는 의식을 공유하게 됩니다. 학생들은 지금까지 소크라테스와 아리스토텔레스는 물론 기업 대표들, 종교인들, 인생 대가들, 심리학자들의 성공 이론에 관해 읽고 토론하는 기회를 가져왔지요. 더 중요한 점은, 각자가 마음속 깊이 간직했던 목표에 대해 자유롭게 토론하고 피드백을 얻을 수 있었다는 것입니다. 저 개인적으로는 앞으로 밝은 미래가 펼쳐질 독특하

고 재능 있는 사람들을 수업 덕분에 새로 알게 된 셈이지요. 수업에 참여한 학생들과 그들 저마다의 목표에 대해 각각 대화하는 시간도 가졌습니다. 그렇게 학생들이 본인의 두려움뿐 아니라 가족과 사회 같은 장애물에 맞서고 있다는 점을 알게 되면, 저는 그들에게 결국엔 그 장벽을 극복해 자신만의 길을 찾게 될 것이라고 행운을 빌어주지요.

제 성공학 수업을 듣는 학생들 대부분은 졸업반이기 때문에, 수업의 종강은 곧 사회인으로서의 삶이 시작된다는 의미이기도 합니다. 바로 우리가 학기 내내 얘기해왔던 '이행移行'의 시기인 것이죠. 그래서 종강일의 강의실에는 묘한 흥분과 불안이 가득합니다. 모두가 미래를 꿈꾸고 있죠.

그럴 때면 저는 가끔 앞서 이 수업을 들었던 선배 졸업생이 자신이 오디세이 시기가 어떻게 진행되고 있는지에 관해 적어 보내준 글을 읽어주기도 합니다. 지금 제 눈앞에 있는 학생들에게 이 강좌에서 그들이 얻은 도구와 자각이 마지막 수업 이후에도 지속될 수 있다는 점을 보여주고 싶기 때문이죠.

예를 들어, 1년 전에 성공학 강좌를 수강했던 필리핀 출신의 와튼 스쿨 졸업생 에반 첸에게서 한 통의 이메일을 받은 적이 있습니다. 그는 독실한 크리스천이었지만, 이 점을 수업 토론 과정에서 잘 드러내진 않았죠. 하지만 저는 그 사실을 첸이 제출한 보고서에서 발견한 후, 그의 신념이 의미 있는 일을 찾는 탐색에 얼마나 중요한지에 대해 첸과 이야기를 나눴습니다. 졸업할 때까지 취업을 하지 못한 첸은 다시 고향 필리핀으로 돌아가는 길을 선택했지요.

마닐라에서 일자리를 찾던 그는 우연히 새로운 비영리 조직을 설립하려는 사람들을 만나게 됐습니다. 바로 미국에서 큰 성공을 거둔 '티치 포 아메리카Teach for America'를 본딴 '티치 포 필리핀'이었죠. '티치 포 아메리카'처럼 그들도 재능 있는 대학 졸업반 학생들을 모집해 2년간 필리핀의 지방 초등학교에서 아이들을 가르치게 할 계획이었습니다. 조직의 설립은 거의 막바지 단계였죠. '티치 포 아메리카' 네트워크(티치 포 올)의 승인을 받았고, 젊은 교사들을 배치할 학교들과 이미 관계를 맺어두었으며, 첫 교사 그룹들로부터 지원서를 받을 준비가 한창인 상태였습니다.

몇몇 기업에 면접을 보고 있던 첸에게 '티치 포 필리핀' 측에서 교사 트레이닝 및 지원을 담당할 팀장 자리를 제안해왔습니다. 그 중에서도 주요 임무는 예비 교사들이 가을 수업에 투입될 수 있도록 준비시키는 8주짜리 여름 프로그램을 담당하는 것이었죠. 보수도 첸이 면접을 보던 기업들보다 적은 데다가, 비록 미국에서는 통했지만 이 조직의 사명使命이 필리핀 문화에서 받아들여지지 않을 위험도 있었습니다. 그래서 첸은 고민을 좀 해보겠다고 답했죠. 대학 졸업 후 곧장 기반이 불안한 비영리 조직에서 일하면 향후 커리어에서 선택지가 줄어들까봐 걱정됐던 겁니다.

그렇게 어떤 결정을 내려야 할지 고민하던 첸은 성공학 강좌에서 토론했던 일을 떠올렸습니다. 그는 제게 보낸 글에 이렇게 적었죠. "제 인생의 꿈 중 하나가 다른 사람들의 꿈을 실현시키도록 돕는 것이라고 얘기했던 일이 생생히 떠올랐어요. 그래서 당시 썼던 일기와 메모 등을 뒤적이다가 제 생각과 교수님의 피드백을 적어놓은 내용을 찾게 되었죠. 교수님은 제가 언젠가 코칭, 상담, 혹은 인적자원관리 분야에서 그 꿈을 이룰 수 있을 거라고 얘기해주셨더라고요. '그런 일들은 곧 자네의 신념을 통해 얻을 수 있는 사명이기도 하지. 도전해 보게!' 이렇게요."

이런 기억을 떠올린 첸은 필리핀에 있는 또 다른 멘토에게도 조언을 구했습니다. "그분이 제게 말씀하시길, 서른 살이 되어 동창회에 간다고 상상해 보라더군요. '그때 동창들에게 무슨 일을 한다고 말하고 싶은가? 자네가 면접 봤던 경영관리직인가 아니면 새로운 비영리 조직을 돕는 역할인가?' 어떤 일을 해야 한다고 말씀하시진 않았지만, 제 마음이 이끄는 대로 따라가야 한다고 얘기해주셨어요."

첸은 그러면서 의미 있는 일에 관해 토론했던 성공학 수업 시간을 언급하며 글을 맺었습니다. "실제 그 시간이 이렇게 빨리 찾아올 줄 몰랐어요. 하지만 저는 보수를 받고, 제가 열정을 느끼고, 다행히도 제가 잘할 줄 아는(아직 입증해야 하는 처지입니다만) 직업을 찾았습니다."

제가 이 책을 쓴 목적은 저의 성공학 수업 제자들이 인생, 관계, 재능, 미래의 목표에 대해 생각할 수 있었던 것과 똑같은 기회를 여러분에게도 제공하기 위해서입니다. 이런 종류의 성찰은 올바른 주제에 집중되기만 한다면 거의 언제나 든든한 결실을 선사하니까요. 그럼으로써 에반 첸이 그랬던 것처럼 자신만의 성공을 향해 이끌어줄 더 나은 기회를 포착하는 데 도움을 얻을 수 있습니다. 첸은 이제 막 첫발을 내디뎠을 뿐, 그 일을 계속하게 될지도 아직 모르고 인생을 바꿀 최후의 결정을 내린 것도 아닙니다. 하지만 미래를 위한 좋은 선례를 남겼지요. 자신의 진정한 성공 가치를 반영하여 선택했으니까요. 계속 그런 선택을 유지한다면, 분명 꽤 흥미로운 삶을 살아갈 수 있으리라고 저는 확신합니다.

그리고 이와 똑같이, 여러분이 지금까지 이 책에서 배운 것들이 여러분 앞에 자신의 길이 열린 순간을 알아보는 데 도움이 되길 희망합니다.

책을 마무리하면서 이제까지 각 장의 끝을 장식했던 아홉 가지 '와튼스쿨 라이프맵'을 다시 한 번 살펴보고자 합니다. 그와 함께 이제껏 다뤘던 인용문과 사례를 둘러보면 요점을 기억하는 데 도움이 될 겁니다.

첫 번째 질문 : 성공이란 무엇인가?

1장부터 4장에서는 "성공이란 무엇인가?"라는 질문에 대해 살펴보면서 자신이 가진 성공 신념의 뿌리를 점검해보도록 했습니다.

와튼스쿨 라이프맵 1 : 성공의 두 얼굴 사이에서 균형을 잡아라

1장에서는 여섯 가지 인생 실험을 만나봤었죠. 여러분이 어떤 인생을 1등으로 골랐는지 기억나나요? 지금 다시 1장으로 돌아가 여전히 같은 선택을 할지 살펴봐도 좋습니다.

이 연습을 통해 성공에는 언제나 균형이 필요하다는 사실을 깨닫게 됩니다. 성공은 성취와 행복, 둘 중 어느 하나가 아닌 두 가지가 섞여 있는 것이죠. 사회적으로 정의되는 외적인 성공이 있는가 하면, 만족 기반의 내적 성공도 존재합니다. 우리가 인생을 만들어나가면서 목표를 세울 때는 늘 이 성공의 두 측면 사이에서 균형을 잡아야 하는 거죠.

그렇다면 균형은 어떻게 잡아야 합니까? 자각自覺을 높임으로써 가능합니다. 1장은 몽테뉴의 잠언으로 시작했죠. "내면의 목소리에 귀를 기울이면 누구나 자신을 지배하는 패턴을 발견할 수 있다." 자기 목소리에 귀를 기울인다는 것은 자신을 진정 고양시키는 요인을 찾아내고 삶이 불만족스럽게 흘러갈 때 그 요인에 주의를 집중시킨다는 뜻입니다. 예를 들어 여섯 가지 인생 실험에서 석공(실제 이름은 프레드 햄프셔)은 자신의 일에서 무엇이 마음에 드는지 이해하고 있었기에 그 일에서 행복을 느꼈죠. 그는 이렇게 말했습니다. "벽돌이나 돌을 쌓는 건 즐거워요. 힘든 일이기는 하지만 제자리에 맞는 조각을 찾아 넣는 데 열중하다 보면 언제 해가 지는지도 모를 정도랍니다." 그리고 1장의 첫머리를 장식했던 사회적 기업가 에릭 애들러가 SEED 학교를 향한 성공 여정을 시작하게 된 계기는, 자신이 기존의 컨설팅 커리어에 불만족하고 있다는 사실을 인정한 일이었습니다.

마지막으로, 자신이 아니라 남이 재미와 흥미를 느끼는 대상에 집착하고 있지는 않은지 점검해야 합니다. 로마 황제 마르쿠스 아우렐리우스는 이 점을 다음과 같이 탁월하게 정리했고, 성공학 수업을 들은 많은 학생이 가장 인상적인 인용문으로 꼽았죠. "모든 인간이 남들보다 자신을 더 사랑하면서도 정작 자신보다 타인의 의견에 더 큰 가치를 둘 수 있는지, 나는 이해할 수가 없다." 또 프롤로그에서 저는 2005년 스티브 잡스의 스탠퍼드 졸업식 연설을 인용했습니다. 이 말에 우리가 찾는 정서가 반영돼 있기 때문이죠. "남의 의견을 듣느라 자기 내면의 목소리가 파묻히지 않게 하십시오. 정말 중요한 것은 가슴과 직관을 따르는 용기를 갖추는 일입니다. 가슴과 직관은 여러분이 진정 무엇이 되고 싶은지를 이미 알고 있으니까요."

와튼스쿨 라이프맵 2 : 자신에게 맞는 행복을 정의하라

2장은 성공의 내적 측면에 중점을 두었죠. 저는 우선 와튼스쿨에서 열린 행복에 관한 세미나에 참석했던 어느 나이 지긋한 노인에 관한 이야기를 했죠. 그의 직설적인 표현에 감명받은 저는 '현명한 천사'라는 별명을 붙였습니다. "행복은 건강한 몸, 의미 있는 일, 사랑, 이렇게 셋뿐이요. 이것들만 갖추고 있다면 행복한 거지요."

2장에서는 여러분에게 행복에 대해 자신만의 정의를 내려보라고 요구했습니다. 여러분 이전에 이미 많은 사람들이 이런 시도에 나선 바 있었죠. 그중 세 가지 예만 소개해 봅니다.

로마 철학자 에피쿠로스 : "우리가 행복하기 위해 필요한 모든 것은 쉽게 얻을 수 있다."

노벨경제학상 수상 심리학자 대니얼 카너먼 : "아주 약간의 과장을 보탠다면, 자신이 사랑하는 사람, 그리고 자신을 사랑해주는 사람과 함께 시간을 보내는 것이 바로 행복이다."

랍비 아키바 타츠 : "마땅히 해야 할 일을 실천하는 데서 발생하는 영혼의 경험."

이처럼 우리는 모두 행복이라는 단어에 대한 자신만의 정의가 있죠.

여러분은 행복을 뭐라고 정의했습니까?

와튼스쿨 라이프맵 3 : 가족과 사회의 신념을 구별하라

3장에서는 가족과 사회가 여러분의 성공에 대한 신념에 어떻게 영향을 미치는지 인식하라고 요청했습니다. 대개는 깨닫지 못하는 그 영향력을 파악하면 자신의 목표를 더욱 잘 통제할 수 있기 때문이죠.

이번 장은 기업가 칼 볼치 주니어가 성공학 수업에서 학생들에게 들려줬던 이야기로 시작했습니다. 커리어의 중간쯤에, 문득 그때까지 자신이 완전히 지지하지도 않는 목표를 이루는 데 인생을 허비했다는 점을 깨닫는다는 것의 의미에 관한 이야기였죠. 칼 볼치의 지인인 변호사는 그에게 이렇게 털어놨습니다. "고등학교 때는 좋은 대학에 들어가려고 공부했어. 대학교에 가서는 좋은 법학대학원에 들어가려고 공부했고, 법학대학원에서는 일류 로펌에 취직하려고 공부했다고. 로펌에 취직한 후에는 파트너 자리에 오르려고 일했지. 여기까지 와보니, 지금까지 내 삶이란 게 그저 계속해서 파이 먹기 대회를 치른 셈이구나 싶은 거야. 한 번 이길 때마다 늘 더 큰 파이가 주어지는 대회 말이야. 누가 그렇게 살고 싶겠나?"

우리의 성공관 중 일부는 부모나 다른 사람을 만족시키기 위한 욕구에서 비롯되는 경우가 있습니다. 라이너 마리아 릴케가 설명했듯 때로 자녀들은 "부모가 살아보지 못한 삶을 대신 살아주느라" 힘겨워하지요. 흔히 생각하는 대로 지위, 명성, 커다란 부가 과연 성공적인 삶의 척도인지 여러분이 판단할 수 있도록 저는 복권 테스트를 제안했습니다. 이미 지위, 명성, 부를 가졌다고 가정한다면, 여러분은 과연 어떤 일을 하겠습니까?

우리는 1억 1,200만 달러짜리 복권 당첨자이자 그 돈을 훌륭하게 사용했던 신시아 스태포드가 〈허핑턴 포스트〉와의 인터뷰에서 남긴 말에 귀를 기울였습니다. "이제는 저 자신이 편하게 느껴져요. 지금의 삶은 복권 당첨 전과 크게 다르지 않아요. 단지 제가 좋아하는 일을 할 수 있게 해주는 자원이 더 늘어났을 뿐이죠." 삶의 뿌리가 단단하지 않다면 명성과 재산에 의해 인생이 파괴될 수 있습니다. 만약 당신의 삶이 이미 튼튼한 기반 위에 서 있다면, 성공했다고 말하기 위해 군이 명예와 부가 필요할까요?

와튼스쿨 라이프맵 4 : 자신에게 의미 있는 일을 찾아라

"나쁜 직업에 매달리기에는 인생이 너무 짧다"라는 독일 온라인 채용업체의 광고 문구로 4장은 시작됐습니다. 이런 나쁜 직업에 갇힐 운명에서 벗어나도록 돕기 위해 직업과 커리어, 커리어와 '소명'의 차이점에 대해 깊이 생각해보는 시간을 가졌죠. 소명에 내포된 종교적 의미가 혼동을 줄 수 있기에 저는 '의미 있는 일'이란 표현을 사용하는 게 좋다고 주장했습니다.

의미 있는 일은 어디서 찾을 수 있을까요? 대가를 보상받을 수 있는 일, 재능과 장점을 활용할 수 있는 일, 열정과 목적의식을 자극하는 일, 이 세 가지 원圖이 겹치는 곳에 위치해 있다고 얘기했죠.

이 중에서 가장 파악하기 힘든 원은 세 번째, 정서적인 만족감을 주는 일이죠. 4장에서는 그 일을 파악하기 위한 방법들을 논의했습니다. 첫 번째는 조지타운대학교 컴퓨터공학과의 칼 뉴포트 교수가 걸었던 길로, 적성에 맞는 분야를 선택하여 충분히 숙달한 후, 커리어로부터 의미를 찾는 방법입니다. 두 번째는 포 브론슨의 주장대로 '마음 깊숙이 느낀 경험'을 통해 자신의 인생과 공명하는 활동을 찾는 것이죠. 저는 일에 부여할 수 있는 일곱 가지 의미를 제시함으로써 만족스러운 일을 탐색하는 과정을 자세히 설명했습니다. 각 범주의 앞글자를 따서 PERFECT라고 불렀지요.

P : 개인적 성장과 발전

E : 사업적 독립

R : 종교적, 정신적 정체성

F : 가족

E : 아이디어, 발명, 예술을 통한 자기표현

C : 대의에 기여하고, 궁핍한 사람들을 돕는 공동체

T : 재능을 기반으로 한 탁월함의 추구

마지막으로 제가 뉴욕에서 만난 화랑 투어 가이드 라파엘 리셈베르크는 의미 있는 일을 가졌다는 것에 대해 간결한 정의를 내려주었습니다. 그는 의사가 되었으면 하는 부모님의 꿈을 이뤄주려 노력했지만 환자들에 둘러싸인 삶을 싫어한다는 점을 깨닫고 그 길을 포기했죠. 그 후 미술 교육을 전공하는 종신교수가 되었고, 미술 관련 사업을 시작하면서 자신의 '스위트 스팟'을 발견할 수 있었습니다. "그 어느 때보다도 더욱 제 일에 지적이고 감정적인 열정을 품게 됐죠. 매일 아침마다 정말 벌떡 일어납니다. 제가 생각하는 의미 있는 일이란, 그날 일할 생각만 해도 아침에 눈이 번쩍 떠지게 만드는 그런 일이에요."

두 번째 질문 : 어떻게 성공할 것인가?

이 책의 2부에서는 성공에 대한 정의를 바탕으로 원하는 성공을 달성하기 위해 사용할 수 있는 자신만의 재능과 능력에 대해 다뤘습니다. 그리고 자신의 능력, 자신감, 마음의 힘, 동기, 사교술을 점검하는 5단계 프로세스를 제안했죠.

와튼스쿨 라이프맵 5 :
내면을 들여다보고 최적의 능력 조합을 발견하라

5장은 "빵은 자기 밀가루로 구워야만 한다"는 덴마크 속담과 전설적인 셰프 줄리아 차일드에 대한 이야기로 시작했습니다. 사람들은 성공에 필요한 능력을 자기 밖에서 찾으려는 경향이 있습니다. "내게 이런 능력이 있었다면…"이라는 주문은 뛰어난 재능을 가진 수많이 이들이 잠재력을 발휘하지 못하도록 방해해 왔죠. 하지만 이 장에서는 우리의 성취 능력은 늘 가까운 곳에 자리 잡고 있다고 주장했습니다. 줄리아 차일드가 깨달은 점은, 자신이 즐거움을 느끼는 일을 발견하면 그 일에 더 많은 투자를 해야 한다는 것이었죠.

그녀는 이렇게 말했습니다. "요리를 하면 할수록 요리가 더욱 좋아졌어요."

이어서 템플대학교 설립자인 러셀 콘웰 목사가 수천 번 반복했던 성공에 관한 고전적 강연을 소개했지요. 이 '다이아몬드 강연'이 전달하는 단순한 교훈은, 성공에 필요한 모든 것이 우리 뒷마당에 있으니 단지 시간을 들여 찾기만 하면 된다는 것입니다.

그런 다음 저는 여러분이 우리 가슴과 마음속에 있는 네 가지 다이아몬드를 찾도록 도왔습니다.

- 흥미와 열정
- 소질과 기술

- 과거의 경험
- 성격적 장점

5장의 핵심 내용 중에는 SAME 성격 평가도 있었죠. 자기 자신에 대해 잘 이해하면 강점에 적합한 활동을 선택할 수 있고, 동기를 강화하고 배움을 가속화할 수 있습니다. 자신의 주요 성격 특징을 파악하고 직업 선택의 도구로 활용한다면 좀 더 신속하게 성공에 이르는 길을 발견할 수 있을 겁니다.

와튼스쿨 라이프맵 6 : 자신에 대한 믿음을 키우고 유지하라

6장은 핵심 성공 요인 중 하나인 자신감에 대해 다뤘습니다. IQ 테스트의 창시자인 알프레드 비네를 인용하면서 시작했죠. "출발할 때 가장 똑똑했다고 마지막까지 가장 똑똑한 건 아니다." 간단히 말하자면 지능은 개인이 '가진 것'이 아니라 '키워야 하는 것'이라는 뜻입니다. 우리가 부여받은 거의 모든 재능이 다 그렇죠. 자신감은 우리에게 시도하고, 실패하고, 배우고, 성장하며, 궁극적으로 성공할 용기를 줍니다. 심리학자 윌리엄 제임스의 "인간이 실패하는 원인은 딱 한 가지다. 바로 진정한 자아에 대한 믿음이 부족하기 때문이다"라는 말은 같은 의미를 가리킵니다.

이 장에서는 두 가지 단계의 자신감을 다뤘습니다. 1단계 자신감은 우리의 '진정한 자아'에 대한 근본적이고 깊은 인식으로부터 비롯됩니다. 즉 자신의 자율성, 도덕적 인격, 행동하는 능력에 대한 믿음이죠. 1단계 자신감은 주로 부모, 교사, 코치, 멘토 등 우리가 신뢰하고 존경하는 사람이 "너는 할 수 있어"라는 말을 해줌으로써 발생합니다. 남들이 우리를 믿어줄 때 비로소 우리는 자신에 대한 믿음을 가지기 시작하는 거죠. 이외에도 자신을 시험하는 통과의례를 거치거나 자신을 초월하는 힘에 대한 믿음을 통해 "나는 할 수 있다"의 정신을 획득하기도 합니다.

2단계 자신감은 특정한 능력 기반의 활동과 관련이 있습니다. 어떤 일을 더 잘하고 싶다면, 먼저 실패하는 법을 배워야 하죠. 캐럴 드웩 교수가 주장하는 성장 마인드셋은 능력을 연마하고, 결과보다는 노력을 중시하고, 실패를 여정의 끝이 아닌 과정으로 여기도록 독려합니다.

올바른 자신감을 갖춘다면 세상은 우리가 관심을 가진 일들을 더 많이 배울 수 있는 교실이 되어줄 겁니다.

와튼스쿨 라이프맵 7 :
마음의 힘들을 장기 목표의 성취에 집중시켜라

우리 마음의 힘에 대해 소위 성공의 대가라는 사람들은 수많은 말장난들을 퍼뜨립니다. 《시크릿》의 론다 번 같은 저자들은 긍정적으로 생각하기만 하면 램프의 지니처럼 '끌어당김의 법칙'이 온갖 꿈과 희망을 이뤄줄 것처럼 얘기하죠. 물론 이 말이 사실이라면 원하는 사람은 누구나 복권에 당첨됐을 테고 우리가 응원하는 스포츠 팀도 매번 승리를 거뒀을 겁니다(물론 우리 절친의, 또 그 친구의 친구들의 팀도요).

마음의 실체는 훨씬 더 복잡하고 흥미롭습니다. 원치도 기대하지도 않았던 일들이 일어나고, 우리가 꿈꾸는 많은 것들은 손이 닿지 않는 곳에 있죠. 그럼에도 우리가 좌우할 수 있는 네 가지 마음의 힘, 열정, 상상력, 직관, 이성을 강화하고 자신이 믿는 목표에 집중시킨다면 장기 목표를 달성할 수 있습니다.

7장에서는 20세기의 놀라운 성취 사례인 찰스 린드버그의 무착륙 대서양 횡단 비행 이야기를 추적했습니다. 린드버그는 네 가지 마음의 힘 모두를 적절한 시기에 사용했죠. 그가 사용한 체계적인 접근법이 여러분에게도 적용 가능할지 살펴봅시다.

- 열정을 살피고 가치 있는 장기 목표를 찾아라
- 상상력과 직관을 동원하여 아이디어를 생산하라
- 구체적이고 도전할 만한 계획을 세워라
- 계획은 작은 단계들로 쪼개고 나눠라
- 즉흥적으로 조정하여 실현시켜라

와튼스쿨 라이프맵 8 :
만족과 보상의 동기부여를 결합해 에너지를 확보하라

8장은 동기를 성격과 연결시켰습니다. 우리가 목표를 달성하려고 할 때 '자신에게 불을 붙이기' 위해서는 어떻게 해야 할까요? 이 장에서는 사람들이 우리에게 돈, 지위, 칭찬, 인정을 제공할 때 따라오는 전통적인 보상 기반 동기는 물론, 다니엘 핑크가 '자유, 도전, 목적'이라고 묘사한 내적인 만족 기반 동기까지 살펴봤습니다. 성공학 분야에는 보상 기반 동기부여를 무시하고 오직 만족 기반 동기부여에 집중해야 한다고 주장하는 작가들이 많지만, 저는 그 생각에 동의하지 않습니다. 최대의 효과를 누리려면 두 가지 동기의 원천을 결합하고 균형을 잡아야 하죠. 만족 기반 동기는 지구력이 좋고, 보상 기반 동기는 전력 질주하기에 좋습니다.

여러분이 자신의 동기를 살펴보도록 돕는 동시에 저는 정체 상태의 에너지를 회복시키기 위한 아이디어 몇 가지도 제시했습니다. 항상 의욕이 넘칠 수는 없기에 불길을 다시 타오르게 만들 비결 몇 가지쯤은 갖고 있어야 하죠. 우리는 자신에게 책임을 부여하고, 롤 모델을 찾고, 동기부여 리추얼을 만들고, 자기 자신과 경쟁하고, 상대방이 틀렸음을 입증하는 일의 가치에 대해 이야기를 나눴습니다.

마지막으로 32,850이라는 숫자에 대해 곰곰이 생각해 보라고 권했지요. 이는 우리가 운 좋게 90세까지 산다고 가정했을 때 누릴 수 있는 '하루'의 수를 가리킵니다. 우리가 살아갈 날에 한계가 있다는 사실은 아마 가장 강력한 동기부여 요인일 겁니다. 그러면서 스티브 잡스가 남긴 말을 다시 한 번 인용했죠. "내가 곧 죽게 된다는 사실을 상기하는 일은 인생의 중대사를 선택하는 데 도움을 주는 가장 중요한 도구입니다. 왜냐하면 죽음 앞에서는 외부의 기대, 자존심, 당황하고 실패했을 때 느낄 두려움 등이 모두 사라지고 오직 진정으로 중요한 것만이 남게 되기 때문이죠. 여러분은 이미 벌거벗었습니다. 그러니 심장이 이끄는 대로 따르지 않을 이유가 없는 겁니다."

여러분의 가장 큰 동기부여 요인을 찾아보세요. 그런 다음 매일 그 에너지의 원천을 되새김으로써 자신이 걸어야 할 경로를 유지하세요.

와튼스쿨 라이프맵 9 : 남을 끌어들이고 영향력을 행사하라

9장은 마크 트웨인을 인용하면서 시작했습니다. "항상 올바르게 행동하라. 일부는 만족할 것이고 나머지는 깜짝 놀랄 것이다." 제가 이 말을 꺼낸 이유는 우리의 여정을 타인이 도와주도록 만들고자 할 때 신용이 왜 그토록 중요한지를 잘 강조해주기 때문이지요. 올바르게 행동함으로써 우리는 신뢰의 토대를 쌓고, 그 신뢰는 타인의 열성적인 협력을 이끌어 냅니다.

이 장은 미국 역사상 가장 영향력 있는 선박 설계자인 동시에 당대 가장 비호감이었던 인물, 프랜시스 '윌리' 깁스의 이야기를 다뤘습니다. 깁스의 사례는 친한 친구 몇 명을 제외하고는 결코 좋아할 수 없는 성격을 가졌다 해도 효과적인 사회생활을 영위하는 게 가능함을 보여주죠. 그럼으로써 과연 '친구'란 정말 어떤 의미인지를 묻고, 유용한 친구, 즐거운 친구, 미덕을 나누는 친구의 차이를 상세히 설명한 아리스토텔레스의 구분을 살펴봤습니다. 또 여러분에게 자신의 인간관계를 아리스토텔레스의 범주에 맞춰 점검해 보라고 권했죠.

'유용한 친구'를 다루는 사회적 능력을 향상시키기 위해 저는 미소 짓기, 친밀한 관계 형성, 유사성을 통한 긍정적 감정 쌓기와 관련된 과학을 설명했습니다. 하지만 동시에 사회적 관계에서의 성공은 종종 사회적 적응의 기술과 진정성을 전달하는 능력 사이에서 좋은 균형점을 찾는 데 달려 있다고도 경고했죠. 그 균형점을 발견하는 좋은 방법은 반갑게 인사를 건네는 사교 전략보다는 '신용'이라고 강조했습니다. 신용은 우리의 공식적, 비공식적 권위에 대한 타인의 인상과 지식, 능력에 대한 평판, 신뢰성으로 구성됩니다.

마지막으로 저는 우리의 가장 중요한 관계, 즉 미덕을 나누는 친구는 행복의 초석이라고 조언했지요. 그러니 절대 그런 친구를 여러분의 인생에서 무시해서는 안 됩니다.

당신의 책은 당신이 쓰는 것

성공학 강좌를 마무리하면서 학생들은 이 책에서 우리가 탐색해왔던 두 가지 질문에 대한 각자의 답을 보고서로 제출합니다.

성공이란 무엇인가? 어떻게 성공할 것인가?

그리고 성공에 대한 결론은 수업을 듣는 학생의 수만큼이나 다양하지요. 그 결론 중 몇 가지는 이 책에서도 소개한 바 있습니다. 3장에서 만난 플리겔먼은 우리가 정말 중요한 소수의 사람들로부터 얻어야 할 '이해 존중'을 간과하고 '인식 존중'에만 너무 집착한 나머지 명성과 부를 추구하다가 방향을 잃는 경우가 많다는 이론을 펼쳤지요. 7장에서 만났던 학생은 자기 인생의 각 단계마다 성취해야 할 목표를 100개 넘게 세워두기도 했습니다.

독자 여러분은 보고서를 제출하지 않아도 되니 저나 여러분에게나 모두 다행입니다만, 그래도 앞으로 어떻게 살아가야 할지는 물론 정해야만 하는 일이죠. 이것은 우리가 여태까지 함께했던 과제의 핵심이기도 합니다. 결국, 여러분은 성공이란 정말 뭐라고 생각하나요? 그걸 정의했다면, 그 성공을 이루기 위해 구체적으로 어떤 단계를 밟아야 할까요? 정말 원대한 질문이기에, 저는 여러분이 지금부터 이 질문에 대해 생각하고, 얘기하고, 가능하다면 글로 써서 여러분이 신뢰하는 사람들의 도움을 받을 수 있길 바랍니다.

수업의 맨 마지막에는 모두 함께 단체 사진을 찍습니다. 학생들은 3개월 동안 자신의 목표, 공포, 인생 이야기, 성공에 관한 이론을 나눠왔죠. 심지어 가장 친한 친구조차도 모르는 점들에 대해 배웠습니다. 다가올 졸업을 생각하면 마음이 설레지만, 친구들과의 이별이 슬프기도 하고 '진짜 세상'에서 본인들을 기다리는 것에 대한 약간의 두려움도 느끼죠. 사진에는 이런 특별한 순간이 담깁니다.

저로 말하자면, 마치 아주 긴 여행을 떠나는 친한 친구를 배웅하는 듯한 느낌이 들곤 합니다. 저는 부두에 서서 멀어져가는 배에 손을 흔들죠. 학생들은 이 감정을 진정으로 이해하지 못하겠지만, 제게는 이 강의실이 '진짜 세상'인데, 그들이 이 세상을 떠나는 중인 셈입니다.

이제 독자 여러분에게도 비슷한 작별을 고해야겠군요. 이 책의 집필은 제 인생에서 가장 힘들었던 일 중 하나였습니다. 물론 주제 자체가 벅차기도 했지만 무엇보다 어려웠던 점은 희망, 이상, 두려움을 품고 지금까지 제 곁에서 함께해 주었던 여러분을 직접 볼 수 없다는 것이었죠. 이 책에서 제시한 연습과 평가 과정을 통해 저의 학생들이 얻었던 학습의 경험을 여러분도 누릴 수 있길 바랍니다.

제가 목표했던 바는 그 경험을 여러분 자신, 여러분이 품은 열망, 그리고 여러분의 인생에 대한 살아 있는 워크북으로 만드는 것이었습니다. 만약 이 책을 통해 앞으로 어떻게 살아야 할지에 대한 유용한 교훈을 얻었다면 제 목표는 달성된 셈이죠. 왜냐하면 제게 성공이란, 남들이 자기 고유의 길을 찾고 발전하도록 돕는 것이기 때문입니다. 학생들을 가르치고 책을 쓰는 일 모두가 그 성공을 성취하기 위한 저의 방법이지요.

'인생'이나 '성공' 같은 전통적인 주제에 관해 책을 쓰는 일은 거대한 협곡을 가로지르는 외줄 위를 이리저리 흔들리며 걷는 것과 같습니다. 한쪽을 보면 해당 장르의 상투적인 표현들이 깊은 골짜기 아래에 산적해 있고, 다른 한쪽에는 제멋대로 자기 얘기를 늘어놓고 싶은 유혹이 도사리고 있죠. 만약 제가 어느 한 극단極端에 너무 자주 빠지지 않고 협곡을 건너는 데 성공했다면, 그건 모두 균형을 잃지 않고 집중하도록 도와준 사람들 덕입니다.

감사의 말을 적을 때마다 가장 먼저 떠오르는 사람은 아내 로비인데, 이 책도 예외가 아닙니다. 절친한 친구인 사이먼과 로잘리 오스터 부부와 점심을 함께하며 "다음에는 성공에 대한 책을 써요"라고 얘기해준 사람 역시 제 아내였죠. 이 책을 쓰는 동안 이런저런 일 때문에 힘도 들었지만 아내의 참을성 있고 건설적인 편집 실력과 은근한 재촉, 참신한 아이디어 덕택에 버틸 수 있었습니다.

두 아들 벤과 네드에게도 고맙다고 말하고 싶군요. 시간을 내어 원고를 읽어주고, 의견을 제시하고 용기를 북돋아 주었음은 물론 유용한 비판도 해주었고, 자기 세대가 생각하는 성공은 조금 다르다는 사실 또한 상기시켜 주었습니다. 제 가족은 행복, 노동, 정직한 대화, 사랑, 상호지원이 한 지붕 아래서도 가능하다는 점을 입증해 주고 있죠.

다음은 저의 성공학 수업을 수강했던 학생들 차례군요. 학생들은 10년 넘게 매년 성공에 대해 제가 던지는 똑같은 질문에 답하면서 저 자신의 내면을 들여다보도록 고취시켜 주었습니다. 학생들처럼 저 역시 저만의 성공 이론을 설명하는 보고서를 써야 한다는 권유가 결국은 이 프로젝트를 성사시킨 셈이죠. 학생들이 들려준 이야기는 이 책 곳곳에 담겨 있고, 자신의 여정에 대한 학생들의 헌신적 태도는 저를 계속 자극해주었죠.

특별히 다섯 명의 학생들에게 감사를 전합니다. 에릭 애들러는 자신의 이야기를 이 책에 가장 먼저 소개할 수 있도록 허락해주었지요. 그는 자신의 모든 행동으로 '성공'을 정의했고, 여러 해 전 그와 대화를 나눌 수 있었던 것은 제게 큰 행운이었습니다. J. J. 플리겔먼이 제출한 보고서는 그동안 제가 성공학 수업에서 받았던 보고서들 중에서도 최고였습니다. 그는 3장에서 그 보고서를 인용하고 자신의 아이디어를 사용하도록 허락해주었죠. 또한 이 책 원고 전체를 읽고 구성과 차례에 대한 의견을 주었을 뿐 아니라 유대인의 관습과 어휘에 관한 오류를 바로잡아 주기도 했습니다. 그러니 플리겔먼은 이 책의 출간에 기여한 진정한 협력자인 셈이죠.

평소 성공학 서적을 즐겨 읽는 존 피카소는 3장에서 다룬 안드레 애거시의 사례를 제안해주었고, 5장에서 소개한 SAME 성격 평가를 만드는 데도 참여했습니다. 졸업과 동시에 자신의 오디세이 시기를 시작한 캐서린 웨이는 여러 장을 수차례 읽으면서 특정 주제를 나누고 핵심 아이디어를 강조하라는 훌륭한 조언을 해주었습니다. 마지막으로 작가 겸 브랜드 컨설턴트인 제레미 힐드레스는 저의 펜실베이니아대학교 첫 강좌의 수강생이었으며, 고맙게도 이 책에 시간과 생각을 할애하여 제목을 짓는 데도 도움을 주었지요.

저의 멋진 친구이자 제 아들들의 대부이기도 한 거스리 세엔과 사이먼 오스터는 시의적절한 의견을 들려줬습니다. 이들은 원고를 읽고, 지원해주고, 참을성 있고 친절하게 비평을 전해주었지요. 또한 새먼 리버 캐피털의 설립자인 조시 루이스는 최종 편집 전 제가 가장 필요로 할 때 원고 전체를 꼼꼼하게 읽고 귀중한 의견을 제시해주었습니다. 저의 친구이자 펜실베이니아대학 동료이며 성취심리학의 최고 권위자인 앤절라 더크워스 교수 또한 성공에 대한 제 이론을 발전시킬 수 있도록 오랫동안 도와주었고, 성공에 관한 세미나를 함께 이끌어주었으며, 이 분야에 연구기반의 세심한 접근을 시도하는 롤 모델이 되어주고 있지요. 이 책의 내용을 구체화하기 시작할 때부터 고맙게도 함께 논의하고 격려해주었습니다.

저의 오랜 출간 파트너인 출판 에이전트 마이클 스넬은 이 책을 만드는 일에 자신의 재능 있는 아내 팻 스넬까지 참여시켰죠. 언제나처럼 마이클은 책의 콘셉트를 잡고 출간제안서를 작성하고 원고를 완성하기까지 멋진 유머, 긍정적인 에너지, 상상력과 관점을 지치지 않고 제공해주었습니다. 그가 보내온 제목안들로 인해 메일함이 넘쳐서 별도의 폴더에 저장해야 할 정도였죠. 출판 에이전트의 이런 열성적인 지원은 모든 저자가 응당 받아야 할 테지만, 그러나 실제로 누리는 사람은 매우 적습니다.

출판사 포트폴리오와 펭귄의 직원들은 왜 저자가 대형 출판사를 찾아야 하는지 그 이유를 다시금 입증했습니다. 이런 출판사들은 책을 쓰고 만드는 과정에 중대한 가치를 더해주는 편집자들을 고용하기 때문이죠. 이 책의 가능성을 보고 계약해준 에이드리언 자크하임에게 특별한 감사를 전합니다. 편집자 질리언 그레이는 초기 단계의 원고를 살펴봐 주었고, 선임 편집자 마리아 갈리아노는 출간에 임박해 원고를 맡아 완성시켜 주었죠. 최종 원고에 대한 갈리아노의 의견이 전반적인 집중도를 높여주었고, 최종 작업물에 대한 그녀의 열정은 유쾌한 에너지를 마지막까지 전해주었습니다.

마지막으로 10년 넘게 이 책에 투입된 자료들을 모을 수 있도록 도와준 연구조교들에게 감사를 전합니다. 그들의 지칠 줄 모르는 노력은 이 책의 토대가 되어주었죠.

위에서 언급한 모든 사람들과 함께, 제가 가장 좋아하는 성공학 서적의 집필자이자 제가 속한 대학의 설립자인 벤저민 프랭클린에게도 진심 어린 감사를 전합니다.

와튼스쿨은 딱 두 가지만 묻는다

초판 1쇄 발행   2022년 6월 22일

지은이   G. 리처드 셸
옮긴이   김윤재
펴낸이   서재필

펴낸곳   마인드빌딩
출판등록   2018년 1월 11일 제395-2018-000009호
전화   02)3153-1330
이메일   mindbuilders@naver.com

ISBN 979-11-90015-89-9 (13190)

마인드빌딩에서는 여러분의 투고 원고를 기다리고 있습니다. 출판하고 싶은 원고가 있는 분은 mindbuilding@naver.com으로 기획 의도와 간단한 개요를 연락처와 함께 보내주시기 바랍니다.